KB149114

AI 비즈니스

권오병 지음

도서
출판 범한

인공지능의 시대이다. 지난 수십 년간 지속한 '인공지능의 겨울'을 벗어나서 정확도와 처리시간 등 성능의 개선을 거듭하여 어느덧 산업에서 적용이 가능한 상태로 기술적 발전을 거듭해오고 있다. 또한, 이세돌 사범의 세기적인 알파고와의 대국을 통해서 사회적 충격과 함께 대중적 수용이 형성된 것도 인공지능의 화려한 부활에 한몫했다.

인공지능 기술은 전략적인 기업자원으로서 경영자의 의사 결정을 지원하여 기업의 경쟁력을 제고하고 새로운 제품과 서비스를 생성하는 등 경쟁적 전략을 구사하게 해주며, 수익성을 증대시키는 등 중요한 입지를 굳혀나갈 것이다. 또한, 인적자원, 물적자원, 재무자원 등과 어깨를 나란히 하는 주요 기업자원이 된 정보자원으로서의 인공지능 및 인공지능으로 말미암아 획득한 정보와 지식을 어떻게 잘 관리할 것인가를 익히는 것은 매우 중요한 일이 되었다.

본서는 크게 다음과 같이 네 가지 파트로 구성되어 있다. 먼저 인공지능의 개념이나 역사는 이미 선험지식이 있을 것으로 보고 곧장 본론으로 들어가 기업경영의 주요 기능별로 최신 활용 성공사례를 심층적이고도 풍부하게 다루었다. 두 번째 파트는 산업별로 분류하여 인공지능 기술이 어떻게 활용되고 있는지 살펴보아, 각 분야별 기업이 자신들의 상황에 적합한 인공지능 활용 방법을 찾을 수 있도록 도움을 주고 있다. 본서는 단순히 개념과 이론만을 다루지 않고 전산 실습도 병행할 수 있도록 했다. 특히 인공지능 응용을 준비하는 인문사회과학 분야의 대학생과 대학원생에게도 도움이 되도록 세 번째 파트에서 전통적 판별 알고리즘, CNN, RNN, LSTM 활용 방법에 대해서 비교적 쉽게 다루었다. 그리고 마지막 파트에서는 인공지능을 성공적으로 활용하기 위해 여러 정보시스템 성공 모형과 그 의의를 다루고 인공지능의 윤리적 사용 이슈를 다루었다.

본서는 인공지능을 기업의 전략적 자산으로 활용하려는 경영자, 실무자는 물론 인문사회과학 분야의 대학원 및 학부과정의 학생들에게 도움이 될 것으로 확신하며 적극적으로 추천한다.

본서는 기본적으로 본인이 개설한 MIS세미나 강의 시간에 공유하는 강의 노트를 근거로 한 것이다. 경영정보시스템의 특성상 강의 노트의 내용이 자주 변경되는 것 때문에 혼자서 책으로 내는 것을 엄두도 내지 못했는데, 제자들의 성원 덕분에 책을 내게 되었다. 도움을 준 김수현, 김혜린, 박준영, 오주은, 이유정, 이태희, 이희승, 한수현(이상 가나다순) 등 여덟 명의 제자들에게 고마운 마음을 표하고 싶다. 또한, 탈고에 도움을 주신 출판사 관계자분들께도 감사한 마음을 담아 드린다.

2020년 3월
오비스홀에서
저자 **권오병**

목 차

AI in BUSINESS

PART 1

경영 분야에서의
AI 활용

AI in BUSINESS

1장 인공지능 비즈니스

1.1 디지털 트랜스포메이션

디지털 트랜스포메이션(Digital Transformation, DT)은 비즈니스의 모든 영역이 디지털 기술과 결합하여 근본적인 변화를 일으키는 것이다. 즉, 디지털화를 통해 기업이 기존에 갖고 있던 경영 원칙과 기업의 환경을 변화시키는 것을 뜻한다. 이러한 변화에는 디지털 혁명에 맞는 새로운 비즈니스모델을 계획하거나 사용 중인 기기나 단말기를 디지털 기술을 내포한 단말이나 기기로 교체하는 것을 포함한다. 이러한 움직임은 과거의 단순한 '전산화'의 결과보다 더욱 혁명적인 결과물들을 만들어내고 있다.

Digital Transformation은 다음과 같이 크게 여섯 가지의 내용을 담고 있다.

① 고객(Customer)

고객에게 권한을 부여한다. 고객과의 관계를 강화한다. 고객 경험을 풍부하게 한다. 고객 분석의 질을 높인다. 옴니채널을 가능하게 한다.

② 가치명제(Value proposition)

더 혁신적인 비즈니스모델을 창출한다. 스마트 제품이나 서비스를 창출한다. 디지털화로 인한 서비스, 제품의 개인화는 새로운 부가가치를 창출한다. 다른 업체들과 디지털 생태계를 구축할 수 있다.

③ 운영(Operation)

IT 인프라로 기업 내부 운영을 변화시킨다. 유연한 운영 체제를 가능하게 한다. 디지털 제조업을 구축한다.

④ 데이터(Data)

예측 능력을 강화한다. 데이터 통합을 이룬다. 데이터 권한과 프라이버시(privacy), 데이터 보안을 해결한다.

⑤ 조직(Organization)

자동화된 과정, 발달된 분석을 통해 조직의 변화를 야기한다. 조직의 기민성을 높인다. 새로운 아이디어, 새로운 형태의 협력을 위해 조직 체계를 유연화한다. 종업원의 디지털 기술과 디지털 마인드를 조성한다.

⑥ 변화 관리(Transformation Management)

예상되는 신규 IT에 대한 의구심 등 조직의 이해 부족과 저항을 관리한다. 조직원 설득을 위한 디지털 가치 평가를 구축한다. 변화 혁신을 위한 지도력을 갖춘다.

성공적인 디지털 트랜스포메이션이 이뤄지기 위해서는 조직 기민성(Organizational Agility)이 필요하다. 이러한 기민함은 예측을 통해 선응적인 행동을 할 수 있어야 하

그림 1-1 스타벅스의 디지털 트랜스포메이션

고, 직원 및 고객과 긴밀한 협력이 있어야 하고, 혁신을 요구한다. 또한, 디지털 트랜스포메이션 프로젝트 책임자는 디지털 마스터, 즉 높은 디지털 역량과 리더십 역량을 모두 갖추어야 한다. 하지만, 모든 기업이 처음부터 디지털 마스터는 아니며 역량을 지속해서 키워나가야 할 것이다.

디지털 트랜스포메이션을 이룬 성공적 사례로 다음과 같은 것들이 있다. 먼저 스타벅스(Starbucks)는 인구통계데이터를 활용하여 입지를 선정하고, 디지털 메뉴를 활용하여 매일 시간대마다 메뉴 구성을 달리하고 있다. 또한, 단골에게 보상을 줌으로써 전 세계 수천만 명을 단골로 만들었다(《그림 1-1》).

다음으로 IKEA는 AR 기술을 활용하여 소비자가 자신의 집에서 IKEA 제품을 겹쳐 보이게 하는 시스템을 개발하고 배포하여 스마트 홈(Smart Home) 시장에 뛰어들고 있다. IKEA는 더 이상 오프라인 매장에서 가구를 파는 회사가 아니다(《그림 1-2》).

한편, 레고(LEGO)사는 온라인 커뮤니티를 통해 새로운 LEGO 아이디어를 받아 개발하는 제도를 채택하고 있으며, LEGO Boost로 아이들에게 코딩하는 법을 가르치고 LEGO Life를 통해 소셜 네트워킹과 브랜드를 홍보하고 있다. 이제 소비자는 오프

그림 1-2 IKEA의 디지털 트랜스포메이션

라인 매장보다 온라인에서 더 자주 레고와 접촉하고 있다.

이제 현대 기업은 디지털 트랜스포메이션을 통해 변화하는 시대에 맞춰 전략적 우위를 점하고, 새로운 비즈니스모델을 구축해야 한다. 이를 위해 크게 세 가지 관점에서의 디지털 트랜스포메이션 전략을 세울 수 있다. 첫째는 디지털화를 통해 공급사슬을 자동화, 가상화, 직접 연결하는 방식이며, 둘째는 신규시장을 개척하고, 플랫폼을 확장하며, 필요시에는 표준을 교체하는 것, 마지막으로는 신규 수요를 개척하고, 수요요인들을 개인화하며, 가격 최적화 능력을 강화, 제품/서비스를 분화시키는 것이다.

1.2 디지털 트랜스포메이션과 인공지능

인공지능은 디지털 트랜스포메이션을 수행하는 가장 강력한 기술로 떠오르고 있다. 특히 경영정보시스템이 예측 분석(predictive analysis)에서 처방적 분석(prescriptive analysis)으로 발전함에 따라 지능적 정보처리의 중요성이 더욱 부각되고 있다. 처방적 분석이란 가장 소망스러운 해결안을 제시하는 분석으로서 비즈니스 분석의 최상위 단계라고 볼 수 있고, 빅데이터 분석 및 AI, 그리고 최적화 기법 등을 같이 활용하게 된다.

이에 따라 경영학뿐 아니라 기업 현장에서 빅데이터 분석과 아울러 인공지능에 대한 기대가 커지고 있다. 인공지능은 사람보다 지치지 않고(Not Fatigue), 왜곡되지 않고(Consistent), 사라지지 않고(Immortal), 빨리 계산하고(Compute Better), 잘 듣고(Listen Better), 잘 보는 등(See Better) 여러 강점이 있어 기업경영에서도 활용될 수 있는 여지가 크다. 특히 최근의 디지털 트랜스포메이션 추세에 맞추어 기업의 경쟁력을 강화해주는 전략적 무기가 될 가능성이 크다. 이에 따라 인공지능은 영상처리와 음성인식, 자연어처리 등과 함께 기계학습 및 딥러닝 등 그 응용 영역을 넓혀가고 있다.

예전에 인공지능에 대해 기대가 큰 적도 있었다. 그러나 하드웨어 등이 받쳐주지 못

함에 따라 인공지능에 대한 회의가 이는 등 한때 인공지능의 겨울이 온 적도 있었다. 그러나 최근 몇 가지 중요한 전산 환경의 변화로 인공지능의 기업활용 가능성이 커지고 있다. 먼저 양질의 데이터가 있어야 좋은 AI 성과가 나오는데 최근 구글 데이터셋, 케이글 등 양질의 빅데이터를 쉽게 접근할 수 있게 되었다. 또한 Kara와 같이 일반인들이 자신의 자료를 스스로 제공하도록 하여 자료수집 비용을 줄이는 앱을 개발하여 안 질환 검진 AI 개발에 활용(Stanford Medical School in California)하는 것도 데이터 확보의 좋은 전략이다. 최근에는 GAN이라는 인공지능 기법을 활용하여 스스로 시뮬레이션 데이터를 생성하여 활용하는 방법이 고안되기도 했다. Facebook도 로봇이 다양한 작업을 하는 동안 발생한 자료를 수집하여 학습에 활용하는 등 경제적으로 양질의 데이터를 확보하는 시도가 성공을 거두고 있다.

또한, 인공지능 관련 투자자들은 처리 속도를 혁신적으로 끌어올리기 위해 별도의 AI 칩을 개발하거나 양자 컴퓨팅 기술에 관심을 가지고 있다. 한편 장시간 인공지능 학습을 하려면 전산 자원을 크게 소모해야 하고, 이에 따라 전력을 많이 사용해야 한다는 문제가 있다. 이를 위해 하드웨어적인 노력과 알고리즘 개선 노력과 함께 MLPerf Training과 같이 업체 및 대학이 참여하여 벤치마크 데이터에 대하여 AI 성능 및 전력 소모량을 측정한 결과를 공유하는 사이트(https://mlperf.org/training-results)를 운영하며 이러한 노력을 지원하고 있다.

1.3 인공지능과 경영

기업은 정보기술을 전략적 무기로 활용해 왔다. 정보기술은 단기적으로는 비용의 감축을 통해, 또한 중장기적으로는 기업의 자원(resource)으로서 차별화와 지속가능성에 이바지하기도 하고, 그 외에도 이전에 존재하지 않는 제품이나 서비스를 창출하게 하며 과거에는 구사할 수 없었던 경영전략을 구사하게 해준다. 또한 조직간 경계를 허물거나 근로 환경을 변경시키는 등 조직의 혁신에도 기여해 왔다.

인공지능은 4차산업혁명 시대에서 가장 주목받는 정보기술로서 기존의 정보기술보다 더 크고 광범위하게 제품 서비스의 창출과 경쟁전략 구축, 비용 감축에 기여할 수 있는 자원이다. 먼저 인공지능은 기업 의사 결정의 질을 제고할 것이다. 특히 딥러닝에 의한 판별 기법은 전통적인 판별 기법이나 통계기법보다 정확도(Accuracy)가 더욱 높은 것으로 보고되고 있는바, 의사 결정의 정확성을 높임으로 말미암아 기업의 경쟁력에 보탬이 될 것으로 기대된다. 둘째로, 인공지능은 노동 생산성을 제고할 것이다. 특히 단순 반복적인 인지적 작업이나 추론 작업은 인공지능에 맡기면 인간의 수준에 뒤지지 않는 품질로 24시간 가동됨으로써 그 효과성이 클 것이다. 셋째로, 인공지능은 사람이 생각하지 못하는 창의적인 결과물을 생성할 수 있다. 이를 통해 사람의 창의성을 자극하고 새로운 제품과 서비스를 창출할 수 있어 기업의 매출을 증대시킬 수 있다.

인공지능은 이미 기업 곳곳에서 적용 성공 사례를 보이고 있다. 본서에서는 인공지능의 응용 성공 사례를 기능적 관점(인자조직, 재무회계, 생산, 마케팅 등)과 산업별 관점(농수산업, 제조, 유통, 전자상거래, 서비스 등)으로 나누어 볼 것이다.

## 2장

마케팅

2.1 아웃백(Outback)의 컴퓨터 비전(Computer Vision)과 기계학습을 활용한 고객경험분석

> 아웃백은 컴퓨터 비전과 기계학습을 활용하여 로비에 있는 고객의 행동을 관찰함으로써 고객의 만족도 향상을 위해 노력하고 있다.

배경

기업들은 고객의 소리(Voice of Customer)를 듣고 해결하기 위해 노력을 기울여 왔다. 서비스 품질 분야의 세계적인 권위자 파라슈라만은(A. Parasuraman)'고객 만족을 고민하는 기업이라면 고객이 불편을 경험하기 전에 선제적으로 대응하는 자세를 가지는 것이 최선이다[1]"라고 조언한다.

이에 아웃백은 고객이 불만을 가지고 Yalp 등에 악평을 달기 전에 선제적으로 대응하기 위해 노력하고 있다. 이는 매장 관리자가 모든 곳을 동시에 관리할 수 없는 점에서 기인한다.

---

1) 조성준. (2018). 고객이 불편 경험하기 전에 선제적으로 대응해야. http://economy.chosun.com/client/news/view.php?boardName=C24&page=21&t_num=12925

방법 및 활용기술

아웃백은 프레스토(Presto)사의 **컴퓨터 비전 솔루션**인 프레스토비전(Presto Vision)을 사용한다. 프레스토 비전이라고 불리는 인공 지능 감시 카메라는 레스토랑 내에서 기존에 사용하던 CCTV 카메라에 AI를 접목함으로써, 고객과 종업원과의 상호작용을 평가하여 레스토랑 운영자에게 운영비를 절감시켜주고 수익 창출을 높여주고 있다.[2] 이 AI 프로그램은 '감시 카메라'와 **'기계 학습'**을 사용하여 음식이 얼마나 빨리 테이블에 도착하는지 등 최적화된 식당 운영을 위한 보조 역할을 하게 된다. 한편 프레스토비전은 이미 아마존 고(Amazon Go)에서 활용되고 있다.

〈그림 2-1〉처럼 아웃백은 프레스토비전을 통해 자리에 앉지 않거나 인사를 하지 않은 채 매장을 떠나는 고객의 수 등을 추적한다. 또한 로비가 얼마나 붐비는지, 고객의 대기시간 등을 추적한다. 이때 종업원, 고객 등 개인들은 실시간으로 태깅(Tagging)되며 행동들은 자동으로 분석된다. 이때 데이터는 고객이 온라인에 악평을 달기 전에 실시간으로 관리자와 종업원에게 전달되며 이를 통해 과도한 대기시간, 정돈되지 않은 로비 등 데이터 기반(Data-driven)의 인사이트를 얻을 수 있다. 이처럼 아웃백은 컴퓨터 비전을 통해 고객의 대기 시간 등 고객경험을 측정하고 기계학습을 통해 고객과 종업원과의 상호작용을 분석한다.

한편 아웃백은 사생활침해 이슈(Privacy issue)를 고려하여 식별가능한 개인 정보는 수집하고 있지 않으며, 수집된 동영상들은 한 달 후에 자동으로 삭제하고 있다.

---

2) 김영하. (2019). AI 탑재 CCTV로 운영되는 레스토랑...장단점은?. http://www.aitimes.com/news/articleView.html?idxno=120758

그림 2-1 컴퓨터 비전을 활용한 대기 손님 관찰

출처 : Dan Berthiaume. (2019). Outback Steakhouse minds the store with computer vision.
https://chainstoreage.com/outback-steakhouse-minds-store-computer-vision

의미와 전망

프레스토의 최고경영자(CEO) Rajat Suri에 따르면, 프레스토비전이 외식산업의 큰
변화를 일으킬 것으로 예상하고 있다[3]. 하지만 아웃백의 이러한 시도는 아직 로비에
만 집중되고 있다. 이후 범위를 식당 내부로 확장시킨다면, 고객이 음료수를 거의 다
마셨을 때 리필을 즉각적으로 제공하는 등 고객의 만족도를 높일 수 있을 것이다. 즉,
〈그림 2-2〉와 같이 각각의 테이블을 관찰함으로써 신속하게 고객의 필요를 선제적으
로 충족시킬 수 있다. 따라서 고객이 불만을 경험하기 전에 먼저 대응함으로써 고객
의 만족도를 향상시킬 수 있다.

3) Presto. (2019). Presto Launches Computer Vision Product for Real-Time Restaurant Operation
   Insight. https://presto.com/2019/10/16/presto-launches-computer-vision-product-for-
   real-time-restaurant-operations-insights-2/

반대로 부정적인 측면도 가지고 있다. 운영자에게는 효율적인 매장관리를 가능하게 해주지만 종업원들의 스트레스를 증가시킬 뿐만 아니라 직업 만족도에 부정적인 영향을 끼칠 수 있기 때문이다. 또한 한 달 후에 동영상을 삭제하여 고객 관련 정보를 유출시키지 않는다고 주장하지만 프라이버시 이슈의 문제는 여전히 존재한다.

하지만 아웃백의 시도는 고객의 표현보다는 고객의 경험에 집중함으로써 단순히 고객의 소리를 듣고 해결하는 방식이 아니라, 먼저 파악하여 해결한다는 점에 의의가 있다. 따라서 지니고 있는 문제점을 잘 해결한다면, 고객의 만족도를 향상시킬 수 있을 뿐만 아니라 매장의 매출 또한 올릴 수 있을 것이다.

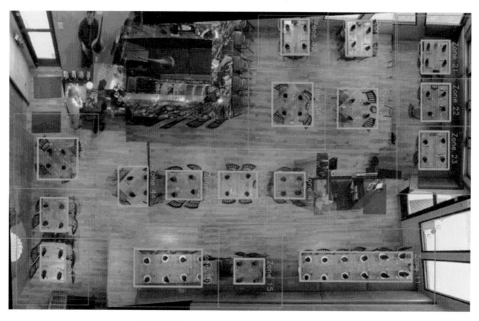

그림 2-2 컴퓨터 비전을 활용한 테이블 관찰

출처 : Louise Matsakis. (2019). At an Outback Steakhouse Franchise, Surveillance Blooms.
https://www.wired.com/story/outback-steakhouse-presto-vision-surveillance

2.2 마스터카드(Master Card)와 키오스크 회사 지벨로(ZIVELO)가 함께 개발한 AI를 활용한 주문응대 서비스

마스터카드와 셀프서비스(Self-service) 키오스크 제작사인 지벨로는 AI를 활용하여 주문응대서비스를 개선하고 있다. 계절, 날씨, 시간대 그리고 위치 등을 고려하여 메뉴(Menu)를 추천하는 등 동적응대를 통해 드라이브 인(Drive-in) 그리고 드라이브 스루(Drive-through)의 주문 경험을 강화하고 있다.

배경

드라이브 스루란 운전 중 차에서 내리지 않고 원하는 일을 신속하고 편하게 처리할 수 있는 시설을 말한다[4]. 국토의 면적이 넓거나 자동차 산업이 발달한 곳에서는 이미 보편화 되어 있지만 국내에는 맥도날드가 1992년 최초로 선보인 이후, 점점 보편화되고 있는 추세이다.

최근 미국에서는 기존 드라이브 스루 매장에 더 나아가 AI 도우미(AI Assistant)가 주문을 응대하는 매장이 나타났다. 지벨로가 마스터카드의 파트너가 되어 만든 AI 솔루션(Solution)으로 소닉(Sonic)에 설치한 매장이 가장 대표적인 예다. 지벨로의 최고경영자(CEO) 힐레이 사이퍼(Healey Cypher)에 따르면 "드라이브 스루는 퀵 서비스(Quick Service) 식당이 70%를 차지하고 있지만, 그 경험은 혁신적이지 못하며 고객들은 더 빠르고, 개인화된 그리고 맥락적(Contextual) 경험을 기대하고 있다"고 말한다[5].

---

4) 민소연, 이종희. (2017). 대형 유통매장의 고객을 위한 IoT기반 드라이브 스루 서비스 시스템 설계. 한국산학기술학회논문지, 18, 151-157.
5) Sarah Ely. (2019). Mastercard and ZIVELO Leverage Artificial Intelligence to Revamp the Ordering Experience at Quick Service Restaurants. https://newsroom.mastercard.com/press-releases/mastercard-and-zivelo-leverage-artificial-intelligence-to-revamp-the-ordering-experience-at-quick-service-restaurants/

따라서 이전보다 더 빠르게 주문을 가능하게 하고 고객들에게 새로운 경험을 제공하기 위해 결제전문회사인 마스터카드와 함께 개발하였다.

방법 및 활용기술

자동차가 매장 내에 진입하게 되면, AI-powered voice ordering assistant가 직접 주문을 받는다. 이때 기존 수집 데이터를 기반으로 계절, 날씨, 시간대 그리고 위치 등을 고려하여 메뉴를 동적으로 추천한다(〈그림 2-3〉). 이를 통해 두 회사는 고객들이 이전과 차별화된 주문 경험을 하기를 기대한다.

또한 이전에 주문했던 데이터를 축적하여 이후에 다시 방문할 때 이를 활용해 개인화된 메뉴를 추천하는데, 〈그림 2-4〉를 통해 그 모습을 확인할 수 있다. 이와 같은 추천 서비스는 **기계학습**을 기반으로 이루어진다. 애플리케이션(Application) 로그인(Log-in)을 통해 고객을 인식하고 클라우드(Cloud)에 연결된 알고리즘을 통해 고객이 과거에 구매한 내역을 고려해 제품을 추천하는 방식이다. 그뿐만 아니라 마스터카드 정보가 등록되어 있으므로 카드의 마지막 번호를 확인하

그림 2-3 날씨를 반영한 메뉴 추천

출처 : https://www.youtube.com/watch?v=Yj1w5Dl8Tlc

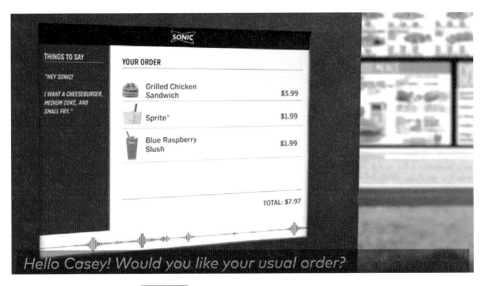

그림 2-4 과거 주문기록을 반영한 메뉴 추천

출처 : https://www.youtube.com/watch?v=Yj1w5Dl8Tlc

는 절차를 거치면 자동결제가 된다. 이는 마스터카드의 핵심역량을 활용한 사례이다. 이를 통해 음식을 더 빠르게 주문하고 제공받을 수 있게 하는 것이 두 회사의 궁극적인 목표이다.

의미와 전망

이와 같은 시도는 AI 도입을 통해 기존의 드라이브 스루 매장을 발전시켜 고객들의 필요(Needs)를 충족시켰다는데 의미가 있다. 또한 AI를 통해 고객들에게 새로운 경험을 제공하고 관리한다는 측면에서 의의가 있다. 마스터카드는 이와 같은 제휴를 통해 **기계학습** 주도의 추천 시스템을 갖춘 디지털 상거래에 대비할 뿐만 아니라 사물인터넷(IoT) 및 AI의 확산과 5G 도래에 따른 새로운 경쟁에도 대비 중이다[6].

---

6) CIO korea. (2019). AI 기반의 자동화와 초개인화… 마스터카드가 꿈꾸는 '결제 혁명'. http://www.ciokorea.com/news/124148

이외에도 마리끌레르(Marie Claire) 잡지는 제휴를 통해 이동식 매장을 시험 운영하고 있다. 소비자가 옷을 입어보고 결제도 하는 방식으로 계산 과정을 원활하게 해주는 '스마트 미러' 터치스크린을 통해 결제한다. 또, ODG 스마트 안경을 착용한 소비자가 제품의 디지털 영상을 보고 마스터카드의 마스터패스 디지털 결제 시스템을 통해 구매할 수 있다. 이처럼 마스터카드는 다양한 분야에서 현금이나 카드 없이 결제하는 '결제 혁명'을 꿈꾸고 있다.

하지만 제휴 관계는 Open API를 통해 디지털 서비스와 애플리케이션, 네트워크에 연결한다. 새로운 서비스 생태계를 만들려면 Open API가 필요하지만 API로 인해 서비스 지연이 발생할 수 있고 보안이 취약해질 우려도 있다. 마스터카드의 디지털 솔루션 부사장 존 램버트에 따르면, "이 두 가지 모두 네트워크 운영 측면에서 치명적이다[7]"라고 지적했다. 따라서 이 두 가지 문제를 해결하는 것이 관건으로 보인다.

---

7) CIO korea. (2019). AI 기반의 자동화와 초개인화… 마스터카드가 꿈꾸는 '결제 혁명'. http://www.ciokorea.com/news/124148

2.3 오랄비(Oral-B)의 AI를 활용한 스마트 칫솔 (Smart toothbrushes), Oral-B Genius X

> 오랄비는 자신들의 기존 전동 칫솔에 AI를 도입하여 스마트 칫솔, Oral-B Genius X를 개발했다. 블루투스(Bluetooth)와 스마트폰(Smart Phone)을 연결함으로써, 양치 중에 어느 곳을 더 닦아야 하는지를 알려준다. 이는 AI가 신제품 개발에 활용될 수 있음을 보여준다.

배경

대부분의 사람들은 자기 전에 그리고 아침에 일어나서 양치를 한다. 하지만 종종 치과의사가 추천한 방식으로 양치질을 하지 않고 몇 곳을 놓친 채 양치질을 마무리 하기 쉽다. 우리는 이를 완벽하게 닦고 싶지만, 얼마나 닦였는지 정확하게 알 수 없으며 이는 치아 건강에 나쁜 영향을 주게 된다. 이때 오랄비는 자신들의 기존 전동 칫솔에 AI를 적용하여 이가 얼마나 닦였는지 그리고 어느 곳을 더 닦아야 하는지 제안해주는 Oral-B Genius X를 개발했다. 이는 소비자들이 생활 속에서 가지고 있는 불편함과 습관을 파악하고, AI를 적용한 신제품을 통해 해결해준 사례로 볼 수 있다.

방법 및 활용기술

오랄비의 발표에 따르면, 오랄비는 60개 국가의 2,000건이 넘는 양치질 방식을 통해 **AI 알고리즘**을 개발했다.[8] 전 세계 사람들의 양치질 행동으로 부터 인사이트를 얻었으며, 데이터를 통해 사람마다 각자 고유한 양치질 방식이 있음을 알아냈다. 오랄비는 양치질 방식에 상관없이 서비스를 제공하기 위해 애플리케이션을 개발했으며 이를 통해 개인화된 피드백을 제공한다. 이 애플리케이션은 사용자의 프로필(Profile)

---

8) Drug Store News. (2019). Oral-B launches Genius X, artificial intelligence toothbrush. https://drugstorenews.com/oral-b-launches-genius-x-artificial-intelligence-toothbrush

과 모든 양치질 세션(Session) 데이터를 저장하는데, 블루투스를 통해 연결이 가능하다. 이를 통해 사용자의 양치질 습관을 파악한다. 그리고 데일리 클린(Daily Clean), 잇몸 케어(Gum Care), 민감함(Sensitive), 화이트닝(Whitening) 그리고 혀 클리너(Tongue Cleaner)를 포함한 총 6가지의 모드(Mode)를 제공한다. 뿐만 아니라 애플리케이션 안에 있는 AI 알고리즘은 사용자에게 다양한 정보를 제공한다.

① 〈그림 2-5〉을 보면, 현재 사용자가 치아의 어느 곳을 닦고 있는지 그리고 양치질을 시작한지 얼마나 시간이 지났는지 스마트폰을 통해 실시간으로 알려주는 것을 볼 수 있다.
② 최근 양치질의 요약 결과를 알려준다. 〈그림 2-6〉을 보면, "Wow! Your last session was fantastic!"이라는 결과를 확인할 수 있다.
③ 〈그림 2-7〉을 보면, 더 자세한 양치질 결과를 확인할 수 있다. 대표적으로 양치질 범위를 알려주는 토탈 커버리지(Total Coverage), 압력이 강했던 시간(Too Much Pressure), 양치질 점수(Brushing Score) 그리고 잇몸에 피가 났는지 여부(Gum Bleeding)를 알려준다.

그림 2-5 Oral-B Genius X

출처 : https://www.youtube.com/watch?v=LLXDFvTx59c

그림 2-6 Oral-B Genius X

출처 : https://www.youtube.com/watch?v=LLXDFvTx59c

그림 2-7 Oral-B Genius X

출처 : https://www.youtube.com/watch?v=LLXDFvTx59c

의미와 전망

P&G의 북미 오랄 케어(Oral Care) 부사장에 따르면, "Oral-B Genius X는 구강 건강과 연관된 우리의 첫 시도"라며 "오랄비는 구강 청결이 인간의 건강과 직결된다는 것을 알고 있고 따라서 계속해서 발전시키고 사람들이 자신들의 양치질 모습을 완벽하게 보고 홈케어(Home Care)가 가능하도록 도와주겠다"고 말했다[9]. 실제로 라스베가스(Las Vegas)에서 2020년 1월 7일부터 10일까지 진행됐던 국가전자제품박람회(CES)에서 오랄비는 한 단계 발전된 Oral-B iO를 공개했다.

오랄비의 이러한 노력은 소비자들의 일상에서 나타날 수 있는 행동을 파악하고 이를 해결하기 위해 AI를 적용했다는 점에 의의가 있다. 이외에도 콜게이트(Colgate)도 구강 내 플러그(Plaque)를 발견하고 없애주는 기술을 공개했다. 앞으로 더 정교하고 소비자들의 건강한 양치질 습관을 만들어주기 위한 다양한 제품들이 나올 것으로 예상된다.

---

9) Drug Store News. (2019). Oral-B launches Genius X, artificial intelligence toothbrush. https://drugstorenews.com/oral-b-launches-genius-x-artificial-intelligence-toothbrush

2.4 IBM 연구소와 맥코믹 앤 컴퍼니(MaCormick & Company)가 함께 기계학습을 활용해 개발한 새로운 맛의 경험을 개발 해주는 AI 시스템

> IBM 연구소가 맥코믹 앤 컴퍼니와 함께 기계학습을 활용하여 제품 개발자들이 더 효율적 이고 효과적으로 새로운 맛의 경험을 만드는데 도움을 주는 AI 시스템을 개발했다.

배경

소비자들과 식품 회사들은 계속해서 새로운 맛을 찾고 있다. 하지만 IBM의 블로 그(Blog)에 따르면, 전통적으로 새로운 음식을 개발하는 것은 많은 시간이 소모되는 데 때때로 시장에 출시되기 전까지 수개월 혹은 수년이 소요된다[10]. 그 이유는 새로 운 맛의 경험을 개발하는 과정이 복잡하기 때문이다. 그리고 제품 개발자가 이용할 수 있는 재료는 수천 가지이며 사용할 재료의 조합뿐만 아니라, 필요한 양의 비율도 결정해야 하는 문제가 존재한다.

또한, 인간이 어떻게 맛을 경험하는지에 대해서는 과학적으로 잘 설명되지 않는 다. 혀가 신맛, 단맛, 짠맛 그리고 쓴맛을 느낀다는 것 그 이상의 복잡한 과정이 숨어 있기 때문이다. 대부분의 과학자들은 적어도 하나의 맛 이상이 존재하며 맛을 본다 는 것은 단순히 혀 하나 이상의 더 많은 장소에서 일어난다는 것에 동의한다.

이처럼 새로운 맛의 경험을 만드는 것은 매우 어려우며 능숙해지기 위해서는 오랜 기간을 필요로 한다. 이러한 문제점을 해결하기 위해 IBM 연구소와 맥코믹 앤 컴퍼 니는 함께 기계학습을 이용해 데이터(Data)를 학습해 이 과정을 간단하게 만들어주 는 AI 시스템을 개발했다.

---

10) Kimberley Mok. (2019). How AI Will Help Us Find New, Innovative Flavors of the Future. https://thenewstack.io/how-ai-will-help-us-find-new-innovative-flavors-of-the-future/

방법 및 활용기술

이 AI 시스템은 IBM의 기계학습 & AI 전문성과 맥코믹 앤 컴퍼니의 수십 년간 쌓아온 데이터가 합쳐져 만들어졌다. 이때 맥코믹 앤 컴퍼니가 쌓아온 맛 공식(Flavor formula), 원재료 구성요소, 실험 결과 그리고 소비자 테스트 결과 등의 데이터를 활용하였다. 그리고 시장의 수요와 트렌드를 충족시키는 맛 공식을 예측하고 개발하는데 데이터를 사용하는 IBM의 AI를 활용하였다. 그 결과 **기계학습**을 활용하여 다음과 같은 네 가지를 학습하고 예측할 수 있다[11].

① 공식을 위한 대체 가능한 원재료 보완재 및 대체물(Possible alternative raw material complements and substitutes for a formula)
② 사용 패턴에 따른 원재료의 적정 비율(Appropriate ratios of raw materials based on usage patterns)
③ 사람들의 반응(Human response)
④ 파생된 거리 함수로 측정한 시스템 생성의 신규성(Novelty of system-generated flavor formulas as measured by a derived distance function)

---

11) Robin Lougee. (2019). Using AI to Develop New Flavor Experiences. https://www.ibm.com/blogs/research/2019/02/ai-new-flavor-experiences/

의미와 전망

IBM과 맥코믹 앤 컴퍼니가 함께 개발한 이 AI 시스템은, 그간 오랜 시간이 걸렸던 새로운 맛 경험을 개발하는 과정을 최소화하는데 의미가 있다. 이를 통해 제품 개발 자들이 지금까지 개발하지 못했던 독특한 맛 프로필(Flavor Profile)을 개발하고 소 비자들의 선호를 파악해 더 발전된 맛을 제공할 것이다. 실제로 〈그림 2-8〉에서 볼 수 있듯, 2019년도 중반에 위의 AI 시스템을 활용해 개발한 제품이 출시되었다.

맥코믹 앤 컴퍼니는 현재까지 예상되는 결과를 토대로, 500여 제품 및 맛 개발자 그리고 지원 인력을 포함하여 14개 국가 그리고 20개 이상의 연구소에 이 AI 시스 템을 배포할 예정이다. 이 AI 시스템은 현재 제품 구성을 위한 IBM 연구소의 시작 에 불과하다. 이 기초 기술은 나중에 화장품, 향료, 세제, 접착제, 윤활유 그리고 건 축 재료 등과 같은 다른 제품에도 적용될 수 있다.

그림 2-8 AI가 개발한 양념을 활용하여 요리하는 모습

출처 : McCormick & Company

2.5 MIT와 카타르 컴퓨팅 연구기관 (Qatar Computing Research Institute)이 함께 개발한 GAN을 활용한 새로운 피자메뉴를 제안하는 PizzaGAN

MIT와 카타르 컴퓨팅 연구기관은 함께 GAN을 활용해 새로운 피자 메뉴를 추천해주는 AI 를 개발했다. MIT 연구팀은 이 AI를 PizzaGAN이라고 명명했으며 현재는 음식에만 적용 되지만 패션(Fashion) 산업에도 적용될 것이라고 예상하고 있다.

배경

PizzaGAN 프로젝트(Project)를 이끌었던 MIT 박사후 연구원인 디미트리오스 파파도풀로스(Dimitrios Papadopoulos)에 따르면, "그와 동료 연구자들은 음식과 관련된 AI 프로젝트를 진행하고 싶었다"라고 말하며 "조리법의 순서와 음식 이미지 를 층(layer)으로 나눌 수 있는 음식을 생각하다가 피자가 떠올랐다"고 말했다[12]. 또 한, 피자로 연구를 시작한 이유를 "피자 사진은 온라인(Online)에서 찾기가 쉬웠으 며, 대부분의 피자는 위에서 동그란 파이(Pie)모양으로 사진이 찍히며 그 위에는 도 우(Dough), 소스(Sause) 그리고 토핑(Topping)이 있어 연구 목적과 부합하다"고 말했다[13].

방법 및 활용기술

MIT 연구진은 PizzaGAN을 만들기 위해 먼저 인위적인(Synthetic) 피자를 만들 었다. 먼저 다양한 도우, 플레인 피자(Plain Pizza) 그리고 다양한 토핑을 클립아트

---

12) CEB Detroit. (2019). Artificial Intelligence Can Now Make a Pizza. https://detroit.cbslocal. com/2019/07/01/artificial-intelligence-can-now-make-a-pizza/
13) CEB Detroit. (2019). Artificial Intelligence Can Now Make a Pizza. https://detroit.cbslocal. com/2019/07/01/artificial-intelligence-can-now-make-a-pizza/

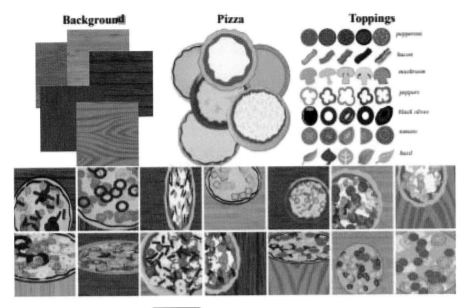

그림 2-9 인위적인 피자를 만들기

출처 : Papadopoulos, D. P., Tamaazousti, Y., Ofli, F., Weber, I., & Torralba, A. (2019). How to make a pizza: Learning a compositional layer-based GAN model. In Proceedings of the IEEE Conference on Computer Vision and Pattern Recognition (pp. 8002-8011).

(Clipart)로 만들었다. 〈그림 2-9〉를 통해 확인할 수 있으며, 총 5,500개의 이미지 중에 5,000개는 훈련용(training) 그리고 500개는 테스트(test)로 활용하였다.

그리고 인스타그램(Instagram)을 통해 9,213장의 실제 피자 이미지를 모았다. 그 이후 Amazon's Mechanical Turk를 통해 사람들이 그 피자에 어떤 토핑들이 올라가 있는지 레이블링(Labeling)하게 한 후 **GAN**을 통해 학습시켰다. 그 결과 77.4%의 평균정확도(mAP)를 보였다[14]. 이렇게 인위적인 피자와 실제 피자를 학습한 후 PizzaGAN은 토핑 종류를 구분할 수 있을 뿐만 아니라 토핑들의 층을 구분할 수 있게 되었다. 그 결과 PizzaGAN은 하나의 사진을 이용하여 처음부터 피자를 만드는

14) Papadopoulos, D. P., Tamaazousti, Y., Ofli, F., Weber, I., & Torralba, A. (2019). How to make a pizza: Learning a compositional layer-based GAN model. In Proceedings of the IEEE Conference on Computer Vision and Pattern Recognition (pp. 8002-8011).

```
pizzaPepperoniOlives():
    add(pepperoni);
    add(olives);
    cook(pizza);
```

add   add   cook
remove   remove   uncook

그림 2-10 피자를 만드는 방법을 제안하는 PizzaGAN

출처 : engadget.com

과정 하나하나를 제안할 수 있게 되었다. 〈그림 2-10〉을 통해 그 과정을 확인할 수 있다.

의미와 전망

이 연구를 통해 이전에 존재하지 않았던 새로운 피자를 만들 수 있게 되었다. 이는 소비자들로 하여금 다양한 피자메뉴를 제공하고 맛볼 수 있게 해준다는 점에서 의미가 있다. 그러나 이 연구는 단순히 새로운 피자를 제안하는 그 이상의 의미를 지닌다.

현재 PizzaGAN는 이름 그대로 피자에만 적용될 수 있는 단계이다. 하지만 MIT 연구진의 논문에 따르면 "앞으로 햄버거, 샐러드, 샌드위치와 같이 층으로 구성되어 있는 음식에도 적용될 수 있다"고 말하며, "자신들의 모델(Model)이 음식을 넘어서 패션 산업에도 적용될 수 있고, 이때 중요한 것은 서로 다른 층을 가진 가상의 옷 조합이다"라고 말했다[15]. 이처럼 이 모델을 통해 이미지 상에 겹쳐있는 것들을 구분해 낼 수 있게 되었고 음식 산업 뿐 아니라 다양한 산업에도 적용될 수 있을 것으로 예상된다.

15) Papadopoulos, D. P., Tamaazousti, Y., Ofli, F., Weber, I., & Torralba, A. (2019). How to make a pizza: Learning a compositional layer-based GAN model. In Proceedings of the IEEE Conference on Computer Vision and Pattern Recognition (pp. 8002-8011).

IBM과 심라이즈(Symrise)가 기계학습을 활용해 개발한
새로운 향을 만들어주는 AI, Philyra

IBM과 향과 맛을 개발하는 독일의 회사 심라이즈는 기계학습을 활용해 새로운 향을 효율적으로 만들어주는 AI 소프트웨어인 Philyra를 개발했다. 이를 통해 수천 가지의 향 공식, 재료 등을 정리할 수 있을 뿐만 아니라 이전에 존재하지 않았던 새로운 조합의 향을 발견할 수 있게 되었다.

배경

소비자들이 세재, 공기 청정제 등과 같은 물건에 대해 긍정적 혹은 부정적 의견을 형성할 때 향은 중요한 역할을 한다. 따라서 소비자들에게 인상을 남기는 향을 개발하는 것은 매우 중요하다. 하지만 새로운 향을 개발하는데 보통 6개월에서 4년이 소요된다[16]. 이때 IBM 연구진과 향과 맛을 개발하는 회사인 심라이즈는 AI가 전문가들이 새로운 향을 개발하는 과정을 도와주거나 혹은 새로운 향을 개발하는 방식을 찾아내는데 도움을 줄 수 있다는 문제의식을 가지고 Philyra를 개발했다. 이 AI 시스템은 향 공식, 원재료, 역사적으로 성공을 거뒀던 향의 데이터 그리고 산업 동향에 대해 학습할 수 있다.

방법 및 활용기술

IBM과 심라이즈 연구진들이 만든 **기계학습**의 알고리즘은, 인위적인 향과 꽃, 과일 등으로부터 추출한 향을 포함해 1,300개의 향 원재료, 심라이즈가 가지고 있는 170만 개의 이미 테스트된 향 조합들 그리고 이전에 성공했던 향들의 향 공식들에

---

16) Bernard Marr. (2019). Artificial Intelligence Can now Create Perfumes, Even Without A Sense Of Smell. https://www.forbes.com/sites/bernardmarr/2019/07/29/artificial-intelligence-can-now-create-perfumes-even-without-a-sense-of-smell/#48ccb8586e62

의해 학습되었다. 그리고 특정 타겟(Target) 소비자, 선호 그리고 세일즈(Sales) 자료들을 추가해 Philyra는 이전에 한 번도 시도되지 않았던 새로운 형태의 향을 제안할 수 있다.

Philyra는 다음과 같은 것들을 배우고 예측할 수 있다.

① 공식에 사용될 수 있는 대체 가능한 원재료 보완재 및 대체품(Alternative raw material complements and substitutes that could be used a formula)

② 사용패턴에 기초한 원재료에 대한 적정 투여량(The appropriate for a raw material based on usage patterns)

③ 사람들의 반응(The human response)

④ 상업적으로 이용 가능한 여러 향들과 비교하여 만들어낸 향기의 신규성(The novelty of the fragrance by comparing it to a large set of commercially available fragrances)

실제로 브라질의 화장품 회사인 O Boticário는 브라질 밀레니얼(Millennials) 세대를 겨냥해 두 가지 버전의 제품을 출시했다. 두 가지 버전 중 하나는 "페누그리스 씨(Fenugreek Seeds), 그린카다멈 포드(Green Cardamom Pods), 당근 씨(Carot Seed)"와 같은 냄새가 나며, 다른 하나는 "우유(Milky), 버터(Buttery) 그리고 풍부한 베이스 노트(Rich Base Notes)"로 구성된 향기로 여성들을 겨냥하고 있다. 두 제품 모두 매우 긍정적인 평가를 받았다. 〈그림 2-11〉을 통해 확인할 수 있다.

의미와 전망

이 연구를 통해 그동안 오랜 시간이 필요했던 새로운 향을 효율적으로 개발할 수 있게 되었을 뿐만 아니라 이전에 시도되지 않았던 새로운 조합을 시도해볼 수 있게 되었다. 즉, AI는 인간을 위협하는 것이 아니라 인간이 가지고 있는 창의성의 한계를 극

그림 2-11 AI를 통해 만든 향수

출처 : Perfumemaster.com

복하게 도와주고 새로운 아이디어를 제공해주는 역할을 할 것이다. IBM 연구진에 따르면, "우리의 연구는 AI를 이용하여 인간의 전문성을 증대시키고 AI가 창의성을 요구하는 중요한 영역에서 어떻게 인간에게 도움을 줄 수 있는지를 입증하기 위해 계속 추진하고 있다[17]"고 말했다.

기계학습을 바탕으로 하여 이와 같은 IBM의 제품 조합에 대한 연구는 샴푸, 세탁세제와 같은 향을 필요로 하는 제품들 그리고 접착제, 윤활제 또는 건설 자재등과 같은 산업제품들에도 적용될 수 있다.

---

17) IBM Research Editorial Staff. (2018). Bringing Art and Science Together. https://www.ibm.com/blogs/research/2018/10/ai-fragrances/

2.7 데이터그리드(DatatGrid)의 GAN을 활용한 전신 가상 모델 생성

일본 기술 회사 데이터그리드는 GAN을 활용해 가상 모델을 생성해내는 AI를 개발했다. 이를 통해 패션(Fashion) 광고주들의 비용을 절감시켜줄 수 있다.

배경

일본의 기술 회사 데이터그리드는 가상의 패션 모델 이미지를 생성해낼 수 있는 AI를 개발했다. 지금까지는 전신 생성 모델은 선례가 없고, 얼굴만 이미지로 생성할 수 있는 한계점이 존재했다. 하지만 데이터 그리드는 한층 더 나아가 전신을 생성하기에 이르렀다.

방법 및 활용기술

데이터그리드는 GAN을 활용하여 전신 가상 모델을 자동 생성해주는 AI를 개발했다. 한 알고리즘이 가짜 모델 이미지를 만들면 다른 한 알고리즘이 가짜 모델 이미지를 판별함으로써 대량의 전신 모델 이미지를 학습하였다. 이를 통해 자동으로 고해상도(1024×1024)의 가상 모델을 생성해낼 수 있게 되었다. 〈그림 2-12〉를 통해 다양한 모델이 다른 옷을 입고 있는 모습을 확인할 수 있다.

의미와 전망

자동으로 가상 모델을 생성해주는 이 AI는 브랜드 광고와 온라인 스토어(Online Store)에서 '광고비 절감'이라는 비즈니스(Business) 효과를 가져올 수 있다. 지금까지는 어떤 제품, 서비스의 광고를 하기 위해 비싼 값을 주고 모델을 고용했다. 하지만

그림 2-12 AI가 만들어낸 가상 모델

출처 : DataGrid/Youtube

이 AI를 활용하면 광고 모델을 고용하지 않아도 더 다양한 모델을 생성해내 활용할 수 있어 모델 이용료를 줄일 수 있다. 또한 조명 비용, 뷔페 비용 등 비용 절감에 도움이 될 것이다. 데이터그리드에 따르면, "데이터그리드는 이후 광고회사들과 함께 실제 사용에 있어 필요한 기능들을 개발하기 위해 실험을 진행할 것"이라고 밝혔다[18]. 현재는 가상 모델로써 광고에 활용되는데 제한되지만, 이 기술은 이후 영화 그리고 가상현실 영역까지 나아갈 수 있다.

하지만 비용 절감이라는 긍정적인 부분만 있는 것이 아니다. 일부 비판론자들은 GAN이 가짜 사진이나 범죄 사진을 제작하는데 사용되어 디지털 미디어에 대한 대중의 신뢰를 떨어트릴 수 있다고 말한다.

---

18) Vardaan. (2019). AI to Steal Fashion Model Jobs?, New AI Able to Generate Entire Bodies of People Who Don't Exist. https://www.indianweb2.com/2019/05/05/ai-to-steal-fashion-model-jobs-new-ai-able-to-generate-entire-bodies-of-people-who-dont-exist/

2.8 브러드(Brud)의 AI 가상 인스타그램 스타, Lil Miquela

소셜미디어(Social Media)가 발전하면서 인플루언서 마케팅(Influencer Marketing)이 주목받고 있다. 이때 브러드는 AI 가상 인스타그램 스타 Lil Miquela를 개발했으며 큰 인기를 얻고 있다.

배경

최근 들어 소셜미디어를 통한 바이럴(Viral)의 중요성이 부각되면서, 제품 및 서비스의 인지도를 재고하고 판매를 촉진시키기 위해 인플루언서 마케팅을 활용하는 기업이 점차 증가하고 있다.[19] 인플루언서란 '영향력 있는 개인'이라는 뜻으로, 주로 소셜 미디어에서 콘텐츠를 공유하고 여론을 선도하며 충성도 높은 팔로워(Follower)뿐만 아니라 일반 이용자들에게까지 영향력을 미치는 파급효과가 높은 개인들을 말한다.[20] 하지만 인플루언서를 고용하는 것은 많은 비용을 요구한다. 이때 브러드는 가상 인스타그램 스타 Lil Miquela를 만들었으며, 1월 현재 188만 명의 팔로워를 가지고 있다.

방법 및 활용기술

Lil Miquela는 모션 그래픽(Motion Graphic)으로 만들어진 디지털 인플루언서(Digital Influencer)이다. 먼저 캐릭터(Character)를 정하고 포즈(Pose)를 정하며 마지막으로 주변 환경을 정하는, 총 6단계로 만들어진다. 완벽한 AI의 창

---

19) 이신형, & 김샛별. (2019). 인플루언서 마케팅의 부메랑 효과: 인플루언서 유형과 사회적 거리의 상호작용이 부정적 구전 의도에 미치는 영향. 대한경영학회지, 32(11), 2005-2028.

20) Wiedmann, K. P., Hennigs, N., & Langner, S. (2010). Spreading the word of fashion: Identifying social influencers in fashion marketing. Journal of Global Fashion Marketing, 1(3), 142-153.

작품은 아니지만, 이 모든 과정이 기술발달과 함께 AI에 의해 만들어질 것이다. 〈그림 2-13〉은 그 과정 중 한 단계이다.

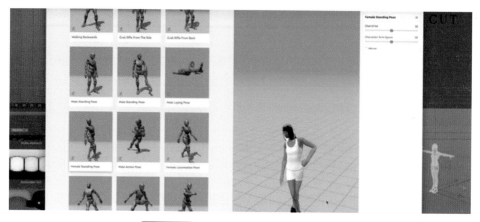

그림 2-13 가상 인플루언서를 만드는 과정

의미와 전망

재밌는 점은 여러 브랜드(Brand)들이 Lil Miquela와 함께 작업한다는 것이다. 대표적으로 켈빈 클라인(Calvin Klein)의 경우 함께 광고 영상을 제작했다. 이 광고 비디오는 켈빈 클라인 유튜브(YouTube)에 업로드(Upload)된 것 보다 Lil Miquela의 인스타그램 계정에서 더 많은 약 140만 회의 조회수를 기록했다(〈그림 2-14〉). 또한 〈그림 2-15〉를 보면, 국내 기업인 삼성 또한 자신들의 캠페인에서 Lil Miquela를 활용한 것을 볼 수 있다. 이처럼 가상 인플루언서의 활용도는 점점 높아질 것으로 보인다.

Lil Miquela는 완벽하게 AI로 만들어진 창작품은 아니다. 하지만 Lil Miquela의 성공은 베타웍스(Betaworks)와 같은 벤처 자본가(Venture Capitalist)들이 가상 크리에이터(Virtual Creator)에 투자하는데 영향을 주었다. 실제로 베타웍스는 더 발전된 디지털 인플루언서를 만들기 위해 필요한 기술에 $200,000달러를 투자

할 계획이라고 밝혔다. 또한, Lil Miquela를 개발한 브러드는 실리콘 밸리 투자자(Silicon Valley Investors)로 부터 600백만 달러의 펀딩(Funding)을 받았다. 이처럼 앞으로도 이러한 가상 인플루언서에 대한 투자가 계속될 전망이다.

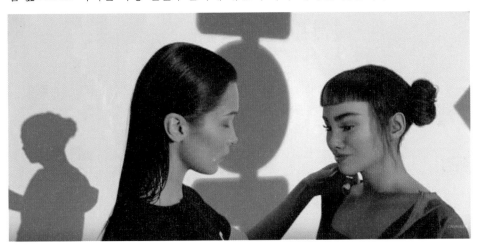

그림 2-14 켈빈 클라인과 Lil Miquela

출처 : https://www.youtube.com/watch?v=h2jdb3o2UtE&feature=youtu.be

그림 2-15 삼성과 Lil Miquela

출처 : https://www.instagram.com/p/Bz_0ntPnsyt/

2.9 세일즈포스(Salesforce)의 기계학습을 활용한 고객관계관리 어시스턴트(CRM Assistant) AI, 아인슈타인(Einstein)

> 세일즈포스는 아인슈타인을 활용하는 마케팅 클라우드(Marketing Cloud) 사용자들을 위해 4가지 새로운 도구를 출시했다. 이 도구들은 시의적절한 이메일(E-mail) 발송을 통해 고객의 참여를 높일 수 있게 도와주는 것을 목표로 한다.

배경

〈그림 2-16〉에서 볼 수 있듯, 마케팅은 불특정 다수를 타겟(Target)으로 하는 매스 머천다이징(Mass Merchandising)에서 실시간으로 개인화된 정보를 제공하는 마케팅으로 변화하고 있다[21]. 테크놀러지 전문 매거진 벤쳐비트(Venturebeat)에 따르면, 개인화 마케팅은 크게 웹(Web), 모바일(Mobile), 이메일로 분류할 수 있으며 그중 마케터(Marketer)들이 개인 콘텐츠 전달을 위해 가장 많이 사용하는 채널은 이메일인 것으로 조사 되었다. 뿐만 아니라 세일즈포스에 따르면, "소비자들의 64%는 여전히 이메일을 선호하고 있다"고 밝혔다.[22] 즉, 다양한 매체가 발전했지만 소비자들은 아직 의사소통 채널(Channel)로 이메일을 선호하고 있다. 따라서 이메일을 통해 개인화된 정보를 전달하는 것이 중요하다고 볼 수 있다. 이때 세일즈포스는 자신들의 AI 아인슈타인을 활용해 시의적절한 이메일 발송을 통해 효율적으로 그리고 효과적으로 소비자들의 참여를 이끌어낼 수 있게 도와주는 도구를 개발하여 기존의 마케팅 클라우드에 추가하였다.

---

21) Tnooz & Boxever. (2015). A brief History of Personailzation : Past, Present, Future. https://cdn2.hubspot.net/hubfs/328080/Reports%20and%20ebooks%20/Boxever-Tnooz-History_of_Personalization_June_2015_1.pdf
22) Brian Anderson. (2019). Salesforce Launches 4 Einstein AI Engagement, Tagging Tools For Marketing Cloud.

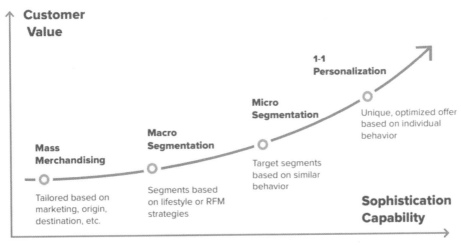

그림 2-16 마케팅 변화과정

출처 : Tnooz & Boxever

방법 및 활용기술

세일즈포스가 기존의 마케팅 클라우드에 추가한 도구들은, 사용자가 이메일을 통해 잠재 고객과 소통할 수 있는 최고의 상태, 타이밍(Timing) 및 메시지를 알려주는데 목표가 있다. 그리고 총 4가지 기능을 포함하고 있다.

① 아인슈타인 참여 빈도(Einstein Engagement Frequency)

아인슈타인 참여 빈도는 이용자의 이메일 활동을 분석하고 얼마나 많은 메시지를 보내야 하는지에 대한 최적의 개수를 알려준다. 또한 구독자가 이메일을 적게 받았는지 혹은 너무 많이 받았는지 또한 알려준다.

② 아인슈타인 전송 시간 최적화(Einstein Send Time Optimization)

소비자에게 언제 이메일을 보내야 하는지 아는 것은 얼마나 많은 이메일을 보낼지 아는 것 만큼 중요하다. 아인슈타인 전송 시간 최적화(STO)는 기계학습을 활용하여 마케팅 이메일을 보낼 최적의 시기를 예측한다. 이를 통해 구독자가 이메일을 확인할 가능성이 높은 시간대에 이메일을 보낼 수 있게 도와준다.

③ 아인슈타인 콘텐츠 태깅(Einstein Content Tagging)

아인슈타인 콘텐츠 태깅은 이용자의 마케팅 클라우드 계정에 있는 이미지 파일에 검색 가능한 태그를 자동으로 적용시켜준다. 이미지 당 최대 25개의 태깅이 가능하다. 이때 사용자가 추가한 태그와 구별하기 위해 구성하는 접두사가 각 아인슈타인 태그에 추가된다. 그리고 24시간마다 한 번 씩 새로운 이미지를 분석하고 태그를 하게 된다.

④ 트랜잭션 메시징(Transactional Messaging)

기업이 고객에게 보내는 이메일과 모바일 메시지의 종류는 크게 홍보 그리고 거래 두 가지가 있다. 거래 메시지에는 구매 확인서, 배송 알림 등이 포함된다. 이때 트랜잭션 메시징을 통해 소비자는 홍보와 거래 메시지를 하나의 메시지를 통해 받아볼 수 있다. 이를 통해 기업은 소비자의 모든 소비 여정을 이해할 수 있으며 하나의 목소리를 통해 메시지를 전달할 수 있고 거래 메시지 속에 홍보 메시지를 전달할 수 있게 된다.

의미와 전망

소비자들의 취향과 선호가 다양해지면서 더 이상 기존의 마케팅 방식은 통하지 않게 되었다. 점점 개인화된 정보를 전달하는 개인화 마케팅이 주목을 받으면서 다수의 기업들도 데이터 기반의 소비자 분석을 시작하였다. 최근에는 실시간으로 맞춤화된 정보를 전달하는 초개인화 마케팅(Hyper-personalization)이라는 용어가 등장하였다. 이처럼 다수를 겨냥하는 것이 아니라 개개인을 겨냥해 마케팅하는 방식이 트렌드가 되었다.

이때 세일즈포스는 이메일을 통해 효율적으로 개인화된 메시지를 보내는데 있어 도움을 줄 수 있는 AI를 개발했다. 이는 기업들로 하여금 더욱 효율적 그리고 효과적으로 자신들의 메시지를 전달할 수 있게 도와주어, 소비자들의 참여를 높일 수 있게 도와준다는 점에서 의미가 있다. 최근에는 **자연어처리**를 통해 고객을 이끌기 위한 가장 매력적인 단어, 문구, 이메일의 제목 등을 찾아주는 도구 또한 추가되었다.

앞으로 더 세분화된 메시지를 전달할 수 있는 보조 도구들이 추가적으로 등장할 것으로 보이며, 이러한 개인화된 마케팅은 기업뿐만 아니라 소비자들에게도 긍정적으로 작용할 것이다. 기본적으로 인간은 자신이 원하는 정보만 지각하는, 즉 선택적 지각을 지니고 있다. 이때 개인화된 정보 전달은 소비자들로 하여금 관심있어 하는 정보만 전달함으로써 정보 과부하에서 벗어날 수 있게 해주므로 그 기술은 점점 더 발전할 것으로 보인다.

스팀(Steam)의 기계학습을 활용한 게임추천 시스템, 인터 렉티브 레코멘더(Interactive Recommender)

스팀은 기계학습을 활용해 게임 활동시간 등을 분석함으로써 새로운 게임추천 시스템 '인 터렉티브 레코멘더'를 개발했다. 이는 기존 시스템을 대체하는 것이 아니라, 새로운 방식으 로 맞춤형 게임을 추천해주는 시스템이다.

배경

지금까지 스팀은 게임 이용자들에게 게임추천 서비스를 제공해왔다. 하지만, 게임 이용자마다의 선호도를 반영한 맞춤형 추천 시스템은 아니었다. 이에 스팀은 외부 데 이터를 활용하지 않고, 기계학습을 통해 사용자가 무엇을 하는지(What users do) 를 학습함으로써 게임 이용자가 선호하는 게임의 속성을 예측하는 새로운 시스템을 개발했다.

방법 및 활용기술

스팀의 새로운 게임 추천 시스템인 인터렉티브 레코멘더는 기계학습을 활용해 개발 되었다. 이 시스템은 사용자가 제공하는 태그(Tag), 리뷰(Review) 점수의 총합 그리 고 세일즈 데이터(Sales Data) 등과 같은 메타데이터(Metadata)에 의존해왔던 기존 시스템의 한계점을 극복한 시스템이다.

게임 이용자가 '주로 어떤 게임을 하는지' 뿐만 아니라, '게임을 얼마나 오래 하는지' 의 데이터를 활용한다. 이때 특정 이용자가 각 게임마다 얼마나 시간을 투자하는지에 대한 정보를 수백만 명의 다른 이용자와 비교한다. 이를 통해 알고리즘은 게임 이용자 가 좋아할 만한 종류의 게임을 추천한다. 〈그림 2-17〉을 통해 특정 게임 이용자에게 추천된 게임을 확인할 수 있다.

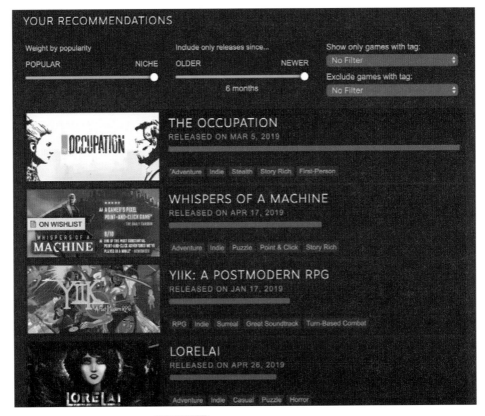

그림 2-17 스팀의 인터렉티브 레코멘더

출처 : theverge.com

〈그림 2-17〉을 통해 확인할 수 있듯, 추천된 게임 중에서도 인기도에 가중치 (Weight)를 줄 수 있으며 출시된 시점 또한 선택 할 수 있다. 이때 추천된 게임의 이용을 강요하지 않기 위해 게임의 가격, 광고 등은 표기하지 않은 모습을 볼 수 있다. 비록 이용자들이 게임에 대한 더 상세한 내용을 알 순 없지만, 가격과 광고 등은 이용자들의 선택에 영향을 줄 것이기 때문이다. 이를 통해 이전 시스템처럼 인기 태그 혹은 호의적인 리뷰를 통해 추천하는 것이 아니라, 이용자가 즐길 수 있는 게임을 추천하는 것을 목표로 한다.

의미와 전망

인터렉티브 레코멘더의 가장 큰 장점은 게임 이용자가 선호하는 맞춤형 게임을 추천해준다는 점이다. 이는 유명하지는 않지만, 게임 이용자의 성향에 맞는 게임을 추천할 수 있다는 것을 의미한다. 즉, 인기에 뒤처져 알지 못했던 게임을 추천받을 수 있으며 이는 소비자 뿐만 아니라 게임 개발사에게도 자신들의 게임을 알릴 수 있는 장점이 있다.

하지만 이 알고리즘은 새롭게 출시된 게임에는 적합하지 않다. 새롭게 출시된 게임은 아직 이용자가 많지 않아, 활용할 만큼의 데이터가 쌓이지 않았기 때문이다. 기존의 게임 추천 시스템을 폐기하지 않은 이유가 여기에 있다. 새롭게 개발한 시스템이 기존의 것을 대체하는 것이 아니라 서로 상호보완적인 역할을 할 수 있기 때문이다.

## 3장

제조

3.1 패션기업 Glitch에서 cycle GAN을 이용하여 창의적 의류디자인을 생성하다

패션 스타트업 회사 Glitch가 옷을 디자인하는 알고리즘을 이용해 드레스를 판매하고 있다. AI가 만들어낸 옷에 대한 긍정적인 반응이 이어지는 가운데 자세한 기술 및 전망에 대해 알아보겠다.

배경

Glitch는 MIT의 컴퓨터 사이언티스트이자 이제는 패션디자이너가 된 Pinar Yanardag와 Emily Salvador에 의해 창립되었다. 이 패션스타트업은 AI가 사람들의 일자리를 대체하여 실직자가 많이 생길 거라는 우려보다는 인간과 기계가 상호 보완적으로 강점과 기술을 향상하기 위해 함께 일하는 것에 집중했다. "인간과 기계가 협력할 때 가장 창의적이면서 생산적인 결과를 달성할 수 있을 것"이라고 말했다. 즉, AI를 통해 창의성의 경계를 넓히고 인간의 능력을 극대화시킴에 따라 인간이 생각하지 못했던 것들을 떠올리게 하여 사람들에게 영감을 줄 수 있는지 탐구하고 있고, AI가 이전에 없던 새로운 것을 창조하도록 한다.

방법 및 활용기술

1920년대의 "Little Black Dress"컨셉에서 영감을 얻어 "Little Black Dress-AI(LBD-AI)"로 패션 사업을 시작했다. 검은색 미니 드레스는 여성의 옷장에 필수적인 아이템으로 AI가 어떻게 창조할 수 있는지에 관심을 두었는데 그 결과 예상치 못한 매력과 매혹적인 조합이 나타났다. 이렇게 시작된 패션스타트업 Glitch는 다음 〈그림 3-1〉과 같은 검은색 미니 드레스(little black dress)를 만들었고 판매 중에 있다. 이 디자인에는 일반 소매와 벨 슬리브, 비대칭 디테일 등이 포함되었다.

그림 3-1 Gitch의 little black dress

출처 : glitch-ai.com

Glitch는 과학, 기술, 공학 및 수학(STEM)분야의 여성들과 LBD-AI작업을 같이 한다. 그들의 피드백은 긍정적이었고 STEM분야의 여성들과 Glitch가 협력해서 사업이 진행되고 있다. 현재는 9개의 드레스로 이루어진 3개의 컬렉션을 가지고 있다. 그리고 수익의 50%는 STEM 비영리단체인 Anita Borg Organization에 기부된다.

Glitch는 어떠한 방식으로 디자인을 생성하고 채택하는지 그 과정을 간단히 살펴보겠다. 먼저 이미지를 이미지로 변환하기 위한 모델을 학습하려면 일반적으로 쌍을 이룬 예제의 대규모 데이터의 집합이 필요하게 된다. 하지만 이 경우 데이터 셋을 준비하기 어렵고 비용도 많이 든다. 따라서 짝을 이룬 예제 없이 이미지를 이미지로 변환하는 모델을 자동학습하는 기술인 CycleGAN이 주목받는데 이 기술을 Glitch에서 이용하고 있다. 다음 〈그림 3-2〉는 CycleGAN을 이용하여 말을 얼룩말로 변환하거나 얼룩말을 말로 변환한 것이다. CycleGAN을 통해서 관련없는 데이터나 대상 이미지의 모음을 사용하여 감독되지 않는 방식으로 학습된다. 이 과정에서 수만 가지의 패션 디자인의 인사이트를 얻게 되며 기존에 없던 새로운 디자인이 나타날 수 있다.

그림 3-2 CycleGAN의 예제

출처 : machinelearningmastery.com

이와 같은 방식으로 AI는 드레스, 블레이저 혹은 신발 등의 패션아이템의 이미지를 살펴보고 중요한 특징들과 이들 간의 연관성을 학습한다. 그 후 기존 컬렉션에 존재하지 않았던 즉, 이전에 없던 새로운 디자인을 생성하게 된다. AI를 사용하여 새로운 디자인을 생성하고 흥미로운 디자인을 선별하는 알고리즘이 Glitch의 핵심 알고리즘이다. 또한 고객이 새로운 디자인을 생성하고 가장 베스트라고 생각하는 디자인에 투표할 수 있도록 소비자들을 직접 생산과정에 참여하도록 한다. 이러한 데이터를 활용하여 이후의 컬렉션들도 개선하기 위해 노력하고 있다.

즉 Glitch의 생산과정은 다음과 같다. GAN을 사용하여 패션 디자인을 생성하고

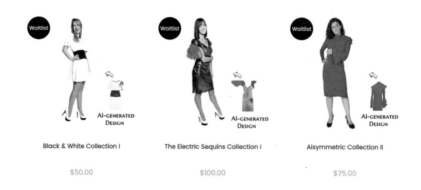

그림 3-3 Glitch 사이트에 올라온 AI디자인 옷

출처 : glitch-ai.com

그렇게 생성된 수많은 후보들 중 머신러닝을 이용하여 가장 독창적인 디자인을 선별한다. 그 다음 비로소 사람들이 최고의 후보자를 선택하고 생산하게 된다. 다음 〈그림 3-3〉처럼 Glitch홈페이지에 AI가 만든 디자인이라고 설명되어 있다.

의미와 전망

기계가 할 수 있는 일이 늘어남에 따라 AI가 실업자를 늘릴 것이라는 우려가 있다. 하지만 Glitch는 반대로 인간과 기계가 협력하여 가장 창의적이고 생산적인 혁신을 달성하기 위해 상호보완적인 강점과 기술의 발전을 가능하게 한다고 생각한다. AI는 많은 양의 데이터를 분석하고 특징들을 추출하여 생각하지 못한 아이디어를 제공할 수 있도록 최적화되어있으며 인간은 감정, 공감, 창의성 및 비판적 사고를 통해 독특한 인사이트를 제공한다. 이렇게 인간과 기계가 협력하는 '휴먼AI협력'은 긍정적 결과를 이끌어 낼 것으로 전망된다.

그뿐만 아니라 Glitch는 위의 〈그림 3-3〉처럼 AI가 생성한 디자인이라는 표시를 넣음으로써 소비자들로부터 관심을 끌 수 있다. 그리고 설계과정에서 소비자들이 직접투표를 할 수 있기 때문에 참여도를 높일 수 있다. 투표결과를 통해서 패션에 대한 문화간 선호도의 차이 등의 추가적인 데이터 수집도 가능하다. 그렇게 된다면 국가별 브랜드 런칭에도 큰 도움이 될 것이다.

이전에 없는 새로운 디자인을 AI가 만들어낸다는 점에서 디자이너에게 새로운 아이디어에 대한 영감을 줄 수 있다. 또한 AI의 발전이 패션 및 뷰티 산업에서 창의성의 폭을 넓히고 있으며 AI만이 아니라 인간과 협력하여 같이 가는 '휴먼 AI협업'을 통해서 디자인 설계 및 제조 프로세스의 강력한 조력자가 될 것으로 보인다. 마지막으로 낭비를 줄이는 최적의 드레스 패턴을 생성하는 AI시스템이 개발된다면 의류제작 비용부분에 있어서도 긍정적일 것으로 예상된다.

노스웨스턴 대학교에서는 수천 개의 화합물 데이터베이스와 그를 통해 알아낸 문법규칙으로 학습하여 새로운 신소재를 제안하는 AI를 개발했다.

배경

이제까지 하나의 물질이 발견되기까지는 수백 년 이상 걸렸다. 또한 희구하는 물성을 가지는 신소재를 개발하는 것은 화학적 직관과 실험적 시행착오를 통해 이루어지기 때문에 개발에 많은 시간과 비용이 든다. 대부분 소재 개념화부터 상용화까지 평균 30년 정도 걸린다. 하지만 AI를 이용한다면 그 속도를 높일 수 있을 뿐만 아니라 인류에게 도움이 되는 신소재 개발에 한 발짝 더 빠르게 다가갈 수 있다. 이러한 상황에서 신소재 개발의 효율성을 높이기 위해 다양한 연구자들이 기계학습을 이용하고 있다. 기존의 수만 개의 물질과 그 물질들이 가지는 물성을 학습하여, 원하는 물성을 가지는 물질을 알고리즘이 생성하는 등의 노력이 계속되고 있다. 최근 노스웨스턴 대학의 연구원들은 기계학습을 통해서 실험실에서 실험하는 것보다 200배 빠르게 새로운 금속 유리 하이브리드를 만드는 방법을 알아냈다. 자세한 과정을 살펴보겠다.

방법 및 활용기술

노스웨스턴 대학의 연구원들에 따르면, 수천 개의 화합물에 대한 데이터베이스를 구축하여 알고리즘이 어떤 화합물이 결합하여 흥미롭고 새로운 재료를 형성하는지 예측할 수 있다. 여기서 사용한 기계학습 방법은 사람들이 새로운 언어를 배우는 방식과 유사하다고 말한다. 언어를 배우는 한 가지 방법은 앞서서 모든 문법 규칙을 외우는 것이며 또 다른 방법은 경험과 다른 사람의 말을 듣는 것이기 때문에 '조합'에 집중해서 소재개발에 접근했다.

연구원들은 다양한 유형의 금속 유리가 어떻게 만들어졌는지에 대한 많은 데이터를 찾기 위해 출판된 논문을 조사했다. 이러한 "문법 규칙"(소재생성규칙)을 기계학습 알고리즘에 제공하였고 어떤 조합이 새로운 형태의 금속유리를 만들지에 대해 예측했다.

간단한 예시를 통해 설명하겠다. 다음 〈그림 3-4〉는 탄소 동소체의 종류를 보여준다. 이 그림에서 연필에 사용되는 흑연과 새로운 신소재 그래핀(graphene)의 공통점이 있다. 바로 벌집 모양의 육각형 그물 구조이다. 이처럼 화합물은 각자 규칙을 가지며 그 규칙을 기계학습을 통해 잘 훈련하면 새로운 신소재 개발에 속도를 높일 수 있을 것이다.

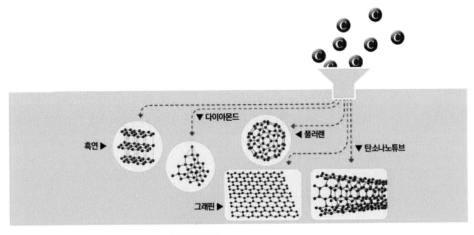

그림 3-4 탄소 동소체의 종류

출처 : 비상교육 고등학교 화학 교과서

의미와 전망

미국국립표준기술원(NIST) 소재관련 소장 제임스 워렌은 기존의 지식을 활용하여 전문가가 연구를 하는 것보다 데이터베이스와 연산을 사용하여 무엇이 물질을 더 튼

튼하게 하며 더 가볍게 만드는지에 대해 정확히 만들 수 있고, 그것이 미래 신소재산업에 혁신을 가져올 잠재력을 가진다고 말했다. 또한 신소재와 같은 물질로 만들어진 것은 무엇이든 개선 가능하다고 말했다. 이처럼 소재와 같은 물질개발에 있어서 AI의 사용은 필수적일 것으로 예상된다. 인간이 모든 것을 기억할 수 없는 하나의 물질이 가지는 다양한 화합물들의 특징을 계속 학습하여 새로운 결과물을 만들어낸다. 여기서 그치는 것이 아니라 인간과 AI가 함께 개발한다면 조금 더 우리에게 도움이 되는 물질을 많이 개발할 것이며, 소재의 질과 소재를 만드는 효율성이 상승될 것이다. 또한 신소재의 경우 헬스/의료부분과 함께 사용될 가능성이 높기 때문에 소재개발과 의료산업에서의 융합도 예측된다.

하지만 소재가 나쁜 방향으로 쓰이지 않도록 감독하는 역할도 필요할 것이다. 그리고 이 연구에는 몇 가지 한계점이 존재한다. 첫 번째로 컴퓨터는 단순히 모든 것을 예측할 수 없다. 현실 세계를 고려하지 않는 단순화된 자료 모델에서 작동하기 때문에 온도 및 습도와 같은 환경요인을 배제한 채 예측할 수 있다. 따라서 예측 자체에 오류가 있을 수 있다. 두 번째로 아직 모든 화합물에 대한 데이터가 충분하지 않다는 것이다. 아직 이러한 한계점이 존재하지만 발전할 수 있는 분야가 넓고 소재개발의 시간을 단축시킬 수 있는 이점도 있으므로 함께 고려해서 발전시켜야 할 것이다.

실시간 불꽃이미지 데이터분석을 이용한 히타치
조선소각장의 자원투입량 예측

히타치 조선 소각장은 실시간 불꽃 이미지로 투입쓰레기 양 및 투입 산소량을 최적화하여
석유 등의 보조 연료 사용량을 80%만큼 감축하여 비용 절감에 성공했다.

배경

생활 쓰레기 등 다양한 폐기물의 양은 산업의 발달 혹은 인구의 증가와 함께 증가
하고 있다. 이러한 상황에서 폐기물 처리에 대한 규제도 강화되고 있는 상황이다. 대
부분의 폐기물은 매립방식으로 처리되었다. 하지만 국토의 좁은 면적 및 매립지 확보
등의 어려움이 존재하며, 혹여 매립에 의해 폐기물이 처리된다고 하더라도 수십 년 동
안 그 매립지가 관리되지 않는다면 2차 오염으로 이어질 수 있다. 따라서 폐기물의 성
분이 상당 부분 가연성 물질로 이루어졌기 때문에 연소로 처리하는 소각시설이 주목
받고 있다. 또한 소각시설을 환경적으로 이용하기 위한 연구도 다양하게 진행 중이다.

2016년 히타치(Hitachi) 조선은 도쿄의 Clean Authority와 소각시설에 대한 첨
단 제어 기술의 조사, 연구 및 개발에 협력하기로 합의했다고 발표했다. 도쿄에서 운
영하는 소각시설에서 대규모 데이터 세트를 이용하여 이를 분석 후 최적의 소각장을
만드는 것이다. 이후 2017년 10월 최적의 운영 및 제어 시스템을 갖춘 소각장 건설이
완료되었고, 빅데이터 분석을 이용하여 폐기물을 처리, 비용감축에 성공했다. 히타치
조선 소각장이 활용한 이미지 데이터 분석기법 및 비용 절감 방안에 대해 알아보겠다.

방법 및 활용기술

소각장에서는 연소를 위해 산소투입량 및 투입될 쓰레기의 양이 중요하다. 연소에

는 완전연소와 불완전연소가 있다. 완전연소는 산소를 충분히 공급하고 적정한 온도를 유지시켜 반응물질이 더 이상 산화되지 않는 물질로 변화하도록 한다. 반면 불완전연소는 물질이 연소할 때 산소 공급이 충분하지 않거나 온도가 낮으면 그을음이나 일산화탄소가 생성되면서 연로가 제대로 연소되지 못하는 현상으로 일산화탄소, 탄화수소 배출의 원인이 된다. 불완전연소보다는 완전연소가 더 좋기 때문에 현재 과잉공기를 주입하여 완전연소를 유도하고 있다고 한다. 하지만 과잉공기의 주입도 문제를 발생시키기 때문에 최적의 산소투입량을 찾는 것이 중요하다. 따라서 히타치 조선 소각장은 실시간 불꽃 이미지 데이터 분석을 통해 적절한 산소 투입량 및 쓰레기 투입량을 예측했다.

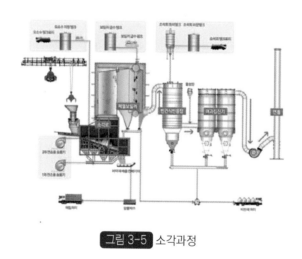

그림 3-5 소각과정

출처 : byats.com

〈그림 3-5〉는 소각과정을 보여준다. 그림에 있는 소각로에서 불꽃을 관찰할 수 있는데 이 불꽃 이미지 데이터를 이용하게 되는 것이다. 다음 〈그림 3-6〉을 보면 불꽃색이 금속에 따라 다양하게 나타난다는 것을 알 수 있다. 물론 금속만이 불꽃색에 영향을 주는 것은 아니다. 탄소, 일산화탄소, 이산화탄소, 물도 독특한 파장에 의해 색상을 나타낸다. 또한 〈그림 3-7〉은 산소투입량의 변화에 따른 색상변화를 관찰한 것으로 오른쪽으로 갈수록 산소투입량을 증가시킨 것이다. 이처럼 산소투입량과 투입된 폐기물의 종류에 따라 다양한 불꽃 색상을 나타내게 된다.

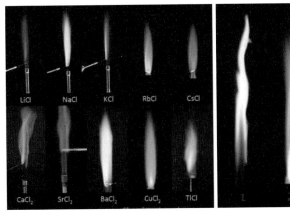

그림 3-6 다양한 불꽃색상   그림 3-7 산소투입에 따른 불꽃 색의 변화

출처 : forensic science lab   출처 : forensic science lab

    따라서 실시간 불꽃 이미지 데이터로 투입할 쓰레기의 양과 투입할 산소량을 최적화할 수 있었으며 그 결과 석유 등의 보조연료 사용량을 80% 가량 감축하여 비용 절감에 성공할 수 있었다. 확보된 불꽃 이미지 데이터 처리로 소각열 기술 혁신에 성공했다.

의미와 전망

    폐기물을 처리하는 방법에는 매립, 소각이 있다. 매립에는 앞서 말한 한계가 있기 때문에 소각하는 방법에서 환경에 문제를 일으키지 않게 최적의 조건을 찾는 것이 중요하다. 히타치 조선 소각장의 불꽃 이미지 데이터 분석을 통한 최적화는 소각에 있어서 한가지 방안을 찾아냈다는 점에서 의미가 있다. 앞으로 소각시설은 더 자동화되고 최적화될 것으로 예측되는 가운데 이제는 소각 후 자원으로 재사용할 수 있도록 만드는 기술연구도 활발하게 일어나고 있다고 한다. 인구의 증가, 산업의 발달이 폐기물의 증가를 초래했고, 그렇게 만들어진 폐기물을 환경에 피해가 안 가도록 처리하는 방법에 관한 연구는 계속해서 필요할 것이고 이를 위한 이미지 데이터 분석 및 센서의 활용은 더욱 활발해질 것으로 예측된다.

AI in BUSINESS

## 4장

재무금융

4.1 크래프트 테크놀로지스(Qraft Technologies)가 딥러닝을 활용하여 개발한 상장지수 펀드 운용 인공지능, 에이아이-인핸스드 이티에프(AI-Enhanced ETF)

수집한 데이터들을 가공하여 딥러닝을 통해 최적의 투자안을 제시해준다.

배경

투자에는 가치투자라는 기업의 내재가치를 분석하고 투자하는 기법부터, 여러 재무수치를 기반으로 코드를 작성하여 자동매매를 하는 퀀트투자, 차트를 보며 순간적인 흐름을 파악해 투자하는 트레이딩 등 다양한 방식이 있다. 이러한 기존 투자 방식은 매니저가 실시간으로 모니터를 검토하거나(퀀트, 트레이딩), 수많은 자료를 보면서 펀드매니저의 직관에 의존하는 방식(가치투자)으로 나뉜다. 하지만 이러한 공모 투자 방식의 성과가 적으면 자금이 부동산 혹은 사모 펀드로 흐르거나, 또는 공모 펀드에서도 직접 투자를 하기보다는 '상장지수펀드(Exchange Traded Fund, ETF)'라는 상품에 투자하기도 한다.

상장지수 펀드란, 펀드가 시장에 상장되어 거래된다는 뜻이다. 이 펀드는 주로 시장 전체의 기업의 지분을 조금씩 쪼개어 확보해 거래하는 방식이다. 예를 들어, 코스피 상장지수 펀드를 한 주 가지고 있다면, 소유자는 코스피에 속한 모든 기업의 지분을 가지는 것이다. 〈그림 4-1〉과 같이 이러한 상장지수펀드로 자금이 흐르는 것은 최근 몇 년간의 추세이며, 세계에서 가장 운용자금이 큰 거대 헤지펀드 브리지워터 어소시에이츠(BridgeWater Associates)의 포트폴리오가 모두 상장지수펀드의 조합으로 형성되어 있다.

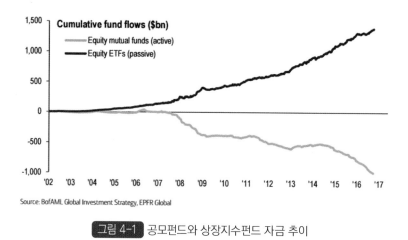

그림 4-1 공모펀드와 상장지수펀드 자금 추이

출처 : Bank Of America Merill Lynch

방법 및 활용기술

한국의 크래프트 테크놀로지스(Qraft Technologies)는 이러한 추세에 맞춰, 인공지능이 상장지수펀드를 운용하는 상품을 뉴욕증권 거래소에 출시하였다. 본 상품은 딥러닝에 기반해 자산운용상품을 만드는 업무를 한다. 상장지수펀드 자체가 시장을 추종하기 때문에 적극적인 투자를 하는 사람을 필요로 하지 않으므로 상장지수펀드의 조합 선정까지 인공지능이 하게 되면 투자 영역에서 사람이 하는 일은 전보다 훨씬 줄어들게 된다.

인공지능 기술이 자산운용에 구체적으로 어떻게 관여하는지는 〈그림 4-2〉를 보면 알 수 있다. 투자의 흐름은 왼쪽에서 오른쪽으로 나아간다. 먼저 원시 데이터(raw data)를 찾아내는 것에서 시작한다. 여러 데이터를 수집하는 과정에서 뉴스에서 질적인 정보를 추출해야 하므로 '자연어 처리 엔진'이 중요한 역할을 하게 된다. 반면, 각종 통계치 등 수치 데이터 역시 함께 가져온다. 이를 실행하는 애플리케이션 프로그래밍 인터페이스(Application Programing Interface, API) 시스템은 '기린(KIRIN)'이라는 크래프트 에이피아이(QRAFT API)이다. 이를 이용하면 이전 단계에서 끌어온 데이터를 재가공해 유의미한 정보로 바꿀 수 있다. 'QRAFT API(KIRIN) 기능 사항'이라는 박스를 보면 주식의 시세나 재무 데이터를 로드하고, 주식 시장에 대한 변동성을 나타내는 베타 값을 계산하고, 투자 판단에 중요한 성장성, 자산성 등 재무 수치인 재무 비율(Financial Ratio)을 계산한다. 마지막으로 딥러닝에 기반한 인공지능 알고리즘이 지금까지의 데이터들을 근거로 투자 행위를 집행하게 된다. 어떤 자산 배분이 최적화인지는 딥러닝을 통해서 학습하며, 동시에 일 단위로 이 전략이 유용한지를 판단하며 재조정에 들어간다. 이 과정에서 사람이 필요한 부분은 없으며 인공지능 스스로 처음부터 끝까지 다 해낼 수 있다.

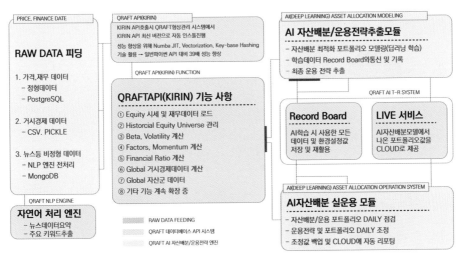

그림 4-2 크래프트사의 인공지능 자산 배분 전략 개요

출처 : 크래프트 테크놀로지스

의미와 전망

뉴욕증권 거래소에 티커명 'QRFT'라는 이름으로 상장된 이 상장지수펀드는 2019년에 연 13%의 수익률을 보였다.

Cumulative (%)

	1 Month	3 Month	YTD	Since Inception
Fund NAV	4.05%	6.71%	TBD	13.14%
Market Price	4.24%	6.79%	TBD	13.26%

그림 4-3 뉴욕증권거래소에 상장된 QRFT의 성과

출처 : 크래프트 테크놀로지스

앞으로 투자 시장은 〈그림 4-4〉에서 보는 것처럼 운용뿐만 아니라 상품을 판매하는 영역까지도 인공지능이 담당할 가능성이 크다.

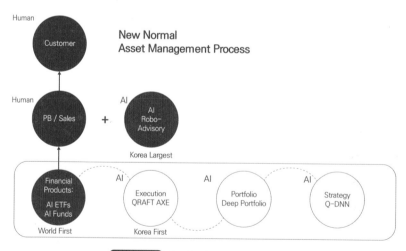

그림 4-4 새로운 자산관리절차의 미래

출처 : 크래프트 테크놀로지스

'로보어드바이저(Robo-Advisor)'라는 기술이 있다. 아직은 직접 투자를 운용하는 기술은 아니고, 시장 상황에 따라 어느 자산에 투자하는 것이 더 효과적인지 자문해 주는 기술이다. 기존 산업에서 프라이빗 뱅커(Private Banker)가 했던 역할을 하는 것이다. 앞으로는 프라이빗 뱅커가 해오던 영업 업무마저 상당 부분 로보어드바이저의 상장지수펀드 상품 추천 서비스로 대체될 것으로 전망된다. 프라이빗 뱅커는 이해관계 때문에 특정 유형의 상품을 많이 팔아야 하는 유인이 생길 수 있지만, 로보어드바이저는 감정이 없어서 이해관계와 상관없이 투자자에게 필요한 조언을 해줄 수 있기 때문이다. 이러한 점들로 미뤄보았을 때, 앞으로는 인간이 아닌 인공지능의 도움을 받아 각자의 재산을 관리하는 방식으로 바뀌게 될 것이다.

4.2 스타트업 기업인 '지속가능발전소'가 만든 비재무 정보를 기반으로 기업을 평가하는 '후즈굿(Who's good)' 서비스

재무데이터 뿐 아니라 환경 데이터까지 수집하여 분석 및 시각화로 최적의 투자안을 제시해주는 인공지능을 개발하다

배경

데이터 활용에 있어서 성공의 첫 단계는 '어떤' 데이터를 선택하여 분석할 것인지다. 기업의 가치를 평가하는 데에도 데이터를 중시하려는 움직임이 있다. 과거에는 재무 성적표가 좋은 흔히, 돈을 잘 버는 회사가 시장에서 높은 평가를 받아왔다. 반면, 오늘날은 사회 책임 투자(Environment Social Governance, ESG)도 강조되고 있다. 일례로 2013년에 방글라데시의 수도인 다카 외곽 사바르에서 발생한 의류공장 라나플라자 건물 붕괴 사건이 있다. 라나플라자는 H&M, 베네통 등 글로벌 브랜드의 주문을 받아 싼값에 옷을 만드는 공장이었는데, 붕괴 사건으로 1,136명이 사망하면서 글로벌 브랜드에 큰 타격을 준 바 있다. 따라서 현재에는 재무적 성과 정보를 넘어 기업의 지배구조와 리더십, 노사관계와 업무 문화, 환경 보전 기여도 등을 종합적으로 평가하는 것이 중요하다. 기업 책임 투자를 분석하는 시장의 규모는 2019년 기준 110억 달러(약 13조 5,000억 원)으로 추정된다. 그러나 기업 책임 투자 정보를 기반으로 인공지능을 활용하여 기업을 평가하는 회사는 전 세계에서 4곳에 불과하다.

방법 및 활용기술

그 중 하나가 '지속가능발전소'라는 한국의 스타트업 기업이다. 지속가능발전소는 기업 책임 투자 정보, 즉 비재무 정보를 기반으로 기업의 가치를 평가하는 '후즈굿(Who's good)' 서비스를 개발했다.

그림 4-5 후즈굿 홈페이지

출처 : http://www.whosgood.org/

후즈굿은 자체 개발한 '케이론-알파(Chiron-α)'라는 이름의 분석 알고리즘을 활용하여 기업의 비재무와 연관된 환경, 사회 및 지배구조 관련 각종 데이터를 분석, 수치화해 인포그래픽스·데이터 시각화를 통해 자동 해설과 함께 그 결과를 보여준다. 〈그림 4-6〉이 바로 그 검색 결과이다.

이때, 소셜 네트워크 서비스(SNS) 내에서의 정보는 큰 의미를 두지 않는데 온라인 상의 기업 평판은 실제와 다를 수 있기 때문이다. 따라서 감성 인공지능과 달리 철저하게 지표와 뉴스를 중심으로 판단하고, 기업의 환경 사회 지배 구조 이슈와 관련하여 실제 위험 요인이 어느 수준인지 정확히 가늠해낸다. 서비스는 ESG 성과분석(Performance analytics)과 사건 분석(Incidents analytics)으로 이뤄져 있다. ESG 성과분석은 지속가능경영 평가 수치를 인공지능이 자동으로 분석해 알려주는 솔루션이고, 사건 분석은 매일 벌어지는 사건 사고를 분석해 기업 리스크를 알려주는 솔루션이다.

'후즈굿'을 통해 열람할 수 있는 리포트에는 기업의 물, 전기 사용량, 폐기물 처리 여

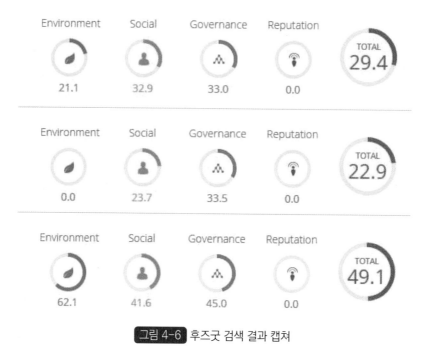

Environment	Social	Governance	Reputation	TOTAL
21.1	32.9	33.0	0.0	29.4

Environment	Social	Governance	Reputation	TOTAL
0.0	23.7	33.5	0.0	22.9

Environment	Social	Governance	Reputation	TOTAL
62.1	41.6	45.0	0.0	49.1

그림 4-6 후즈굿 검색 결과 캡쳐

출처 : http://www.whosgood.org/

부, 환경활동, 사회공헌활동, 기부, 고용, 산업재해, 임원 보수 대비 직원 평균 임금 격차, 지배구조의 투명성, 남녀고용, 비정규직 및 장애인 고용 현황, 소셜평판 지수에 이르기까지 실로 다양한 분야의 지표가 포함돼 있다.

의미와 전망

이 플랫폼에서는 기업 각각의 데이터 분석을 바탕으로 기업별 점수가 공개되며, 비재무적 요소에 대한 기업 간 데이터 비교도 가능하다. 빅데이터를 활용한 광범위한 정보수집을 통해 특정 기업의 협력업체가 가지고 있는 리스크까지 파악할 수 있어 잠재적 활용도가 높다.

지속가능발전소는 '후즈굿' 서비스가 제공하는 비재무적 데이터의 중요성을 인정받아 지난 10월 세계은행(World Bank)의 공식 글로벌 파트너로 선정되기도 했다. 또한, 현재 싱가포르투자청(GIC), 미국 텍사스퇴직연금 등 전 세계 기관투자가 111곳 소속

펀드매니저와 애널리스트 200여 명이 지속가능발전소 보고서를 이용 중이다. 지속가능발전소는 향후 세계은행의 '기후변화를 위한 연대(Connect4Climate)'가 운영하는 지식 플랫폼에 기업의 온실가스 배출 저감 및 신재생에너지 사용 확대 등 기후변화 대응에 동참할 수 있도록 하기 위한 정보를 제공할 예정이다.

4.3 스타트업 기업 '모인(MOIN)'이 만든 블록체인을 활용한 해외 송금 서비스

블록체인 기술을 활용하여 송금 수수료를 기존 대비 최대 80%까지 낮춘 해외 송금 서비스

배경

핀테크(Fintech)란 전통적 금융서비스에 데이터분석 기술 등이 더해져 재탄생한 새롭고 혁신적인 금융서비스 및 그 기술이다. 기존 금융서비스는 핀테크라는 새로운 물결을 맞아 큰 발전을 이루어냈고, 그 가능성으로 인해 핀테크 분야는 여전히 많은 관심을 받고 있다.

최근에는 블록체인(blockchain) 기술을 응용한 핀테크가 금융서비스에서 활용되면서 또 다른 혁신을 위한 시도들이 진행되고 있다. 블록체인 기술의 활용으로 가장 큰 변화가 기대되는 핀테크 분야는 송금, 특히 국경을 넘나드는 해외 송금 서비스이다. 전 세계 국가 간 송금 시장은 연간 600조원 규모로 꾸준히 성장하고 있다. 오늘날의 송금 서비스는 은행들 간의 전통적 해외 송금 지급 결제망인 국제은행간통신협회(SWIFT)를 통해 이루어지고 있다. 국내 은행에서 해외 송금을 신청하면 해외에 보유한 계좌의 잔액에서 돈을 보내는 구조이며 그 과정에서 각 은행 간의 직접 교류가 아닌 중개은행까지 섞여 있어 청산 및 결제까지는 여러 날이 소요되는 비효율적인 구조다. 이로 인한 수수료는 G20 국가 기준 평균 7%대에 달하며 연 400억 달러의 규모로 나타나고 있다.

방법 및 활용기술

한국의 핀테크 스타트업인 '모인(MOIN)'은 해외 송금 시장을 공략하기 위해 블록체인 기술을 사용하여 송금 수수료를 기존 대비 최대 80%까지 낮춘 해외송금서비스

를 개발하였다.

블록체인이란 블록(block)을 잇따라 연결(chain)한 모음이다. 블록에는 일정 시간 동안 확정된 거래내역이 담긴다. 블록에 담을 거래내역을 결정하는 주체는 사용자다. 모든 사용자는 각자 블록체인 사본을 가지고 있다. 과반수의 사용자가 동의한 거래 내역만 진짜로 인정하고 영구적으로 보관할 블록으로 묶는다. 새로 만든 블록은 앞서 만든 블록체인 뒤에 덧붙인다. 이런 과정은 일정 간격으로 반복한다. 대표적인 사례 가 가상화폐 비트코인(Bitcoin)이 있다. 블록체인에서는 은행이나 신용카드 회사같 이 거래를 중개하고 보증하는 제3자가 없어도 가치를 주고받을 수 있다. 이러한 구조 때문에 블록체인은 중앙집중적 조직이나 구조가 필요 없다. 블록체인 시스템 자체가 그 안에 담긴 기록의 무결성을 증명하고 보증한다. 따라서 블록체인을 활용하면 고도 의 인프라를 구축하지 않고도 안전하고 편리한 금융 서비스를 제공할 수 있다. 시스 템 구축 및 유지 보수 비용이 줄어드니 당연히 금융거래에 드는 비용도 절감된다. 또 한, 인터넷처럼 분산된 구조이므로 중앙집중적인 기존 금융 시스템보다 안전하다. 은 행은 서버를 해킹당하면 데이터가 조작될 수 있지만, 블록체인은 일정 규모에 도달하 면 사실상 조작이 불가능하다. 이뿐 아니라, 블록체인은 고객 정보가 필요 없지만, 거 래 내역이 투명하게 공개되기 때문에 개인정보 유출의 위험이 없다.

이러한 블록체인을 이용하여 해외송금이 이뤄지는 과정을 살펴보면, 송금인이 보 낼 금액을 '모인'의 은행 계좌에 이체하면 '모인'은 해당 금액을 시세에 맞게 국내 비 트코인거래소에서 비트코인으로 환전해 블록체인을 통해 수취인에게 보낸다. 현지에 서는 해당 비트코인을 다시 비트코인거래소를 통해 현지 통화로 환전해 수취인 계좌 에 입금해주는 방식이다.

의미와 전망

'모인'은 블록체인 외에도 새로운 여러 기법(풀링·네팅·프리펀딩 등)을 동원해 해외 송 금 수수료를 획기적으로 낮췄다. '풀링(Pooling)'과 '프리펀딩(Pre-funding)' 등과 같은 다양한 기법이다. 풀링은 일종의 '공동구매'다. 예를 들어 일본으로 송금을 희망하는 고객이 있으면 신청이 들어올 때마다 개별적으로 송금을 하는 게 아니라 하루 동안 일본에 송금을 신청하는 고객들의 돈을 묶어서 한 번에 보내는 것이다. 그러므로 발생 수수료를 여러 명이 나눠서 부담해 개인별 수수료를 낮추게 된다. 프리펀딩은 국내 송금 업체가 외국 제휴기관에 일정 금액의 목돈을 송금해 놓고, 고객의 요청이 있을 때마다 현지에 보내놓은 돈을 필요한 만큼 수취인에게 전달하는 방식이다. 이러한 기술과 기법 덕분에 소비자는 기존보다 90% 저렴한 가격에 해외 송금을 할 수 있다. 과거 3~5일 걸렸던 송금 기간도 사실상 실시간에 가까울 정도로 빨라졌다.

해외송금의 혁신을 이뤄낸 모인은 〈그림 4-7〉에서 보듯이 2019년 글로벌 회계 컨설팅업체 KPMG 인터내셔널과 핀테크 벤처투자기관 H2벤처스가 발표한 '올해의 핀테크 100대 기업'에 간편송금 서비스 토스를 운영하는 비바리퍼블리카와 함께 선정되었다. 일본, 중국, 미국, 싱가포르, 호주 5개의 나라에서 서비스되고 있으며 블록체인에 대한 기대가 세계적으로 커지고 있어 전망이 긍정적이다.

세계 100대 핀테크 기업 선정

모인 해외송금
2019 세계 핀테크 100대 기업 선정

KPMG 인터내셔널과 H2벤처스가 발표한 '2019 Fintech100 - Leading Global Fintech Innovators'에 모인이 선정됐습니다.

그림 4-7 2019 세계 핀테크 100대 기업으로 선정된 '모인'

출처 : https://www.themoin.com/

그러나 국내에서는 2017년 비트코인 등 암호화폐의 투자가 과열되면서 정부가 규제한 이후, 암호화폐를 매개로 한 블록체인 기술 기반의 해외 송금이 허용되지 않는다. 따라서 본 서비스에서 블록체인이 제대로 활용되지 못하면서 효율적인 측면이 다소 낮아졌다. 암호화폐 규제에 대한 사회적 논의가 필요한 상황이다.

4.4 스타트업 기업 '엠마우스'가 개발한 블록체인 기반의 실시간 근로자 출퇴근 인증/급여 지급 플랫폼

블록체인 기술을 기반으로 한 근로자 출퇴근 인증 및 급여 지급, 임금 가불, 소액 체당금 서비스를 통한 사회적 가치 창출

배경

금융서비스의 발전을 이뤄낸 금융에 정보통신기술(ICT)을 접목한 핀테크 분야가 지속적으로 커지면서, 핀테크에 사회적 책임을 더한 '임팩트 핀테크'가 주목받고 있다. 임팩트 핀테크는 핀테크 기반 기술로 수익뿐 아니라 사회문제를 해결하는 것을 의미한다. 기존 금융서비스에서 소외되어온 저소득, 저신용자를 돕는 등 기존 금융권이 제공하지 못하던 부분들을 새롭게 서비스한다. 해외여행 후 쓸모가 없어진 국내외 동전을 받아, 포인트로 적립해주는 서비스가 등장하는가 하면 소액 체당금을 먼저 지급하는 블록체인 기반 금융서비스도 등장했다.

방법 및 활용기술

국내 핀테크 스타트업 기업 중 하나인 엠마우스도 애플리케이션으로 제공되는 '알바워치'와 '페이워치'라는 비정규직 근로자와 영세 고용주를 위한 임팩트 핀테크 서비스를 개발했다. 알바워치는 블록체인 기술을 기반으로 근로계약서와 출퇴근 인증과 기록 등을 서비스한다. 예를 들어 〈그림 4-8〉처럼 알바가 출근 기록을 알바워치에 찍으면, 근무 시작 시간과 함께 위치기반서비스(GPS)를 기반으로 근무 시작장소도 기록된다. 퇴근할 때도 마찬가지다. 알바워치에는 자동으로 알바생이 이날 하루 근무한 시간이 몇 시간인지 자동으로 기록된다.

그림 4-8 알바워치가 제공하는 출퇴근 기록 서비스

출처 : http://albawatch.net/14

〈그림 4-9〉에서 보이듯이 근로계약서도 알바워치 플랫폼에서 쓸 수 있다. 현행 근로기준법이 계약서에 자동으로 반영되므로 고용주와 일용직 근로자 모두 간편하게 계약서를 작성할 수 있다. 더욱이 모든 근무 데이터들과 계약서들은 공증효과를 위해 블록체인에 올려지기 때문에 안전하다.

그림 4-9 알바워치가 제공하는 근로계약 서비스

출처 : http://albawatch.net/14

한편 최근에는 임금 가불 서비스도 기획되었다. 근로자가 약 500원 정도 수수료를 지급하면 근무 기록과 근로계약서 등을 기반으로 임금을 가불받을 수 있다. 알바워치가 먼저 지급한 뒤 고용주에게 청구하는 방식이다. 알바워치는 저소득층이나 아르바이트생들이 생계 어려움 때문에 일한 즉시 임금을 받고자 하는 수요가 높다는 점에 착안했다. 임금 체불액 서비스도 기획했다. 알바워치는 노동자에게 체불임금을 먼저 지급한 뒤, 정부 소액 체당금 신청 절차를 돕는다. 소액 체당금 제도는 사업주가 법원에서 파산 또는 회생절차 개시 결정을 받거나 노동관서장이 해당 기업의 도산을 인정하면, 정부가 사업주 대신 먼저 근로자에게 못 받은 임금을 지급하는 제도다.

의미와 전망

엠마우스의 알바워치나 페이워치를 이용하면 사업자와 근로자는 1분 만에 근로계약을 체결할 수 있고, 정확한 근로 시간을 기록할 수 있다. 고용주 입장에서는 근태에 대한 걱정을 줄일 수 있고, 근로자는 부당하게 급여를 덜 받을 가능성을 줄일 수 있는 것이다.

엠마우스는 금융위원회의 혁신금융 사업자에 선정되어 금융 소외자를 위한 포용적 금융 서비스와 핀테크 기술력을 인정받기도 했다. 핀테크 산업의 사회적 가치 창출 가능성을 보여주었다.

4.5 인공지능을 기반으로 금융회사를 감독 · 지원하는 기술, 레그테크(RegTech)

> 빅데이터 분석 인공지능을 기반으로 하여 금융사의 감독을 효율적으로 하는 기술인 레그테크가 핀테크의 새로운 분야로 떠오르고 있음

배경

핀테크가 발달함에 따라 금융권 고객을 위한 다양한 가치를 창출하고 있는 동시에 데이터 보호 및 사생활침해, 사이버 보안, 데이터 관리 등의 우려를 심화시켰다. 따라서 디지털 데이터, 컴퓨터 네트워크, 인공지능 등의 데이터 분석 기법을 이용하여 금융과 관련된 규제와 준법 의무를 더 효율적으로 준수하도록 하는 '레그테크(RegTech: Regulatory Technology)'가 핀테크의 새로운 분야로 등장하였다. 레그테크는 크게 금융회사 입장에서의 레그테크(RegTech for Financial Institutions)와 감독자 및 규제자 입장에서의 레그테크로 나눌 수 있다. 감독자 및 규제자 입장에서의 레그테크는 섭테크(SupTech: Supervisory Technology)라고도 불리며, 감독 업무에 혁신적인 정보기술을 사용하는 것을 이른다. 레그테크의 목표는 크게 ① 금융사의 감독 정보 보고 부담의 경감과 ② 시의적절 하고 유의미한 분석의 두 가지이다.

방법 및 활용기술

영국, 미국 등 해외 주요국에서는 금융회사의 법규준수를 돕는 레그테크 회사가 서비스를 제공하고 있는데, 주요 분야는 ① 감독 자료 보고, ② 위험관리, ③ 신원관리 및 통제, ④ 법규 준수, 그리고 ⑤ 거래 모니터링이 있다. 우선, 레그테크 서비스를 위해서 금융기관은 데이터들을 DAML이나 OWL과 같이 기계가 읽을 수 있는 온톨로지 언어 형식으로 보고서를 제출해야 한다. 이렇게 제출된 데이터들을 빅데이터 분석

과 실시간 보고 및 클라우드 컴퓨팅을 사용하여 감독당국이 요구하는 데이터를 제공하고 보고하는 것을 자동화한다. 위험관리 서비스 분야에서는 법규를 준수하는지와 위험노출을 평가하며 미래의 위협을 예측할 수 있다. 신원관리 및 통제를 위해서는 거래상대방으로서 상당한 주의를 기울일 의무와 고객파악 절차를 용이하게 하고, 자금세탁을 방지하거나 기타 금융사기를 방지 및 적발할 수 있다. 법규 준수 서비스를 제공하는 레그테크 회사는 금융회사의 법규준수 상태와 새롭게 적용될 규제에 대한 실시간 감시 및 추적 서비스를 제공한다. 한편, 블록체인 기술과 암호화폐를 통해 분산원장(Distributed Ledger)의 장점을 이용하여 실시간 거래 모니터링과 회계감사를 제공하는 프로그램이나 컴퓨터 애플리케이션을 제공하기도 한다.

실제로, 오스트리아 중앙은행(OeNB: Oesterreichische Nationalbank)은 섭테크를 활용한 통계집적 시스템을 통해 금융데이터 집적을 효율화하였다. 미국 증권거래위원회(SEC: The U.S. Securities and Exchange Commission)의 DEAR(the Division of Economic and Risk Analysis)는 머신러닝을 사용하여 투자자문사의 위법행위 적발률을 높일 수 있었다. 이때, 먼저 데이터만을 사용한 자율학습 알고리즘을 통해 데이터에서 독특하거나 평범한 패턴에서 벗어난 보고 행태를 감지한 후, 동 결과를 과거 검사결과와 조합하여 각 투자자문자의 위법 가능성을 예측하는 2단계 데이터 분석을 사용하였다.

의미와 전망

레그테크는 이처럼 법규준수 과정을 단순화하고 표준화, 자동화함으로써 법규준수 비용을 크게 절감시킬 수 있다. 금융기관이 재무건전성을 유지하기 위해 규제를 강화하면서 증가한 법규 준수 비용을 경감시킨다. 즉, 금융회사를 감독할 때의 효율성을 향상시킨다. 그러나 일원화된 디지털 데이터 사회 기반 체계로의 이행은 사이버 공격, 도난, 사기 등에 대한 위험 노출을 증가시킬 수 있다는 우려도 존재한다. 아울러 금융회사는 레그테크 회사에게 업무를 위임하지만 자신의 법규준수와 리스크관리 활동의 책임을 위임할 수는 없기 때문에 궁극적인 책임은 규제를 받는 금융회사가 가진다는 한계도 존재한다. 변화하는 금융환경에 대응하고 금융회사의 법규준수를 효과적으로 유도하기 위해서는 레그테크 도입을 위한 기술개발과 협력이 필요할 것이며, 레그테크 도입시 발생할 수 있는 디지털보안 관련 문제에 대한 대비도 필요하다. 실제로 영국 FCA는 TechSprints를 주관하여 정보기술을 사용한 해결책을 찾기 위해 감독자, 사용자, 기술 개발자 등이 함께 협력하여 해법을 찾아내고 있다.

## 5장

인사조직

5.1 마이다스 아이티의 뇌신경과학 알고리즘 기반 역량 분석 게임을 통한 AI 역량평가, inAIR

> 마이다스아이티는 지원자의 미래 성과를 82%의 정확도로 예측하고, 직무수행에 필요한 인성 및 인지능력을 파악할 수 있는 게임을 개발했다.

배경

'AI면접', 'AI역량평가' 등이 취업준비자들에게 핫이슈가 되고 있다. 대기업 중심으로 빠르게 채용에 AI도입을 확대했으며, 수백개의 한국 기업이 이미 AI면접을 시행하고 있다. 지원자가 답변하면 AI가 지원자의 표정, 목소리, 단어를 분석하여 주관적인 시선보다는 객관적으로 검사할 수 있다. 또한 지원자의 특성과 기업의 특성을 잘 연결해주기 때문에 기업의 입장에서는 비용이 절약될 수 있다는 장점이 있다. 이런 상황에서 마이더스 아이티는 언제 어디서나 가능한 AI 역량검사인 인에어(inAIR)를 소개했다.

방법 및 활용기술

1) P6 분석 기술(게임 수행)

인에어는 뇌신경과학 알고리즘을 기반으로 한 역량분석게임이다. 직군별로 제시되는 게임을 수행하는 과정에서 지원자의 무의식적 행동 및 수행결과를 분석하여 전전두엽 6개의 영역과 관련된 역량(정서, 추론, 계획, 작업기업, 멀티태스킹, 조절, 의사결정 등)을 측정하고 직무수행에 필요한 인성 및 인지능력 보유여부를 판단하게 된다. 〈그림 5-1〉은 게임을 하고있는 지원자와 그를 분석하여 지원자의 역량으로 보여주는 모습이다. 이것을 통해 지원자의 성과 역량과 직군 적합도를 파악하는 것이 가능하게 된다.

이를 P6 역량 강화 게임이라고 하며 이는 다음의 절차를 따른다. 우선 게임을 수행할 때 나타나는 지원자의 실시간 행동 반응 데이터를 추출한다. 그 다음 지원자 응답 패턴 분석을 하게되며, 직군별로 기존의 고성과자 데이터를 학습한 AI가 지원자의 행동반응을 분석하게 된다. 마지막으로 전의 절차에서 분석된 결과를 토대로 지원자의 성과역량과 직군/직무 적합도를 판단하게 된다.

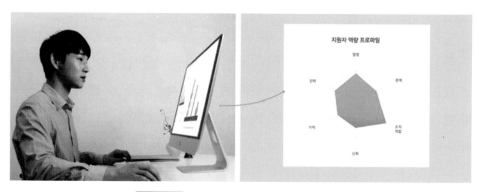

그림 5-1 뇌신경과학기반 P6 역량 강화 게임

출처 : midashri.com

P6 기술은 마우스 클릭이나 키보드 사용 등의 행동 데이터를 처리한다. 게임별로 응답 반응 시간, 의사결정의 종류와 방향, 문제풀이, 학습 속도 등을 파악할 수 있다. 기존의 채용 방법인 서류, 인적성, 면접 등으로는 파악하기 어려운, 〈그림 5-2〉처럼 작업

수행 과정에 대한 누적된 데이터를 활용할 수 있게 된다. 이를 통해 단편적인 정보에 의한 평가의 오류를 최소화하고 지원자에 대해 심층적으로 이해 가능하다.

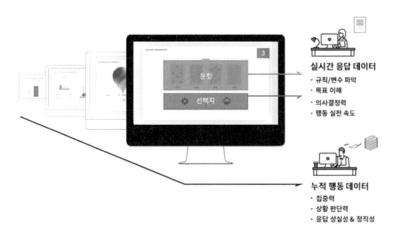

그림 5-2 인에어의 지원자 데이터 분석

출처 : midashri.com

이 분석의 방법은 머신러닝 기술을 응용하기 때문에 매일매일 성능이 개선된다. 또한 게임에 집중하는 동안 집중력의 변화, 의사결정, 반응 등의 데이터가 누적해서 쌓이게 된다. 지원자들 입장에서는 자신의 사고와 행동을 그대로 나타내게 된다. 한편으로는 동일 문제 출제에 대한 우려가 있을 수 있다. 하지만 이 게임은 실시간으로 문항을 생성하기 때문에 응시자들은 동일한 유형의 검사를 실시하는 것이지 동일한 문제를 풀지는 않는다.

2) V4 분석기술 (질의 응답)

인에어는 질문에 답변하는 지원자들의 영상을 보고 면접관들이 평가한 데이터를 수집하여 주요 특징을 추출하고 머신러닝 알고리즘으로 우수 면접관 판단 메커니즘을 학습한다. 이를 통해 지원자의 의사소통능력, 감정전달능력, 호감도 등의 외적인 역량을 판단한다.

다음 〈그림 5-3〉은 소통능력 상/하 지원자들의 주요 특징들을 보여준다.

그림 5-3 소통능력 평가 기준

출처 : midashri.com

학습 과정을 더 자세히 살펴보겠다. 다양한 기업, 다양한 직무에서 일하는 1~3년차 재직자들을 대상으로 〈그림 5-4〉처럼 AI역량검사 응시데이터와 성과데이터를 익명화하여 수집하고, 직군별 고성과자의 핵심요인을 분석하여 성과 예측모형을 도출한다. 이를 통해 실제 지원자와 고성과자의 반응을 패턴분석하여 지원자의 성과역량과 직무적합도를 판단할 수 있다.

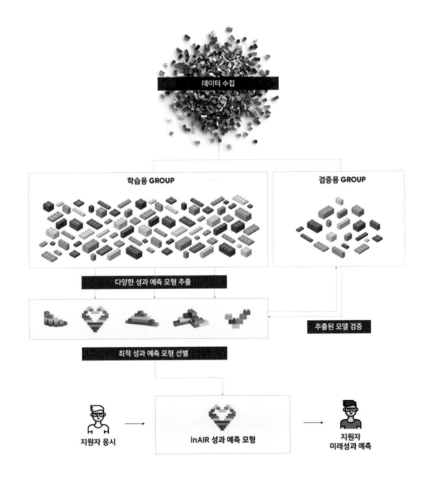

출처 : midashri.com

질의응답을 통해 지원자를 예측하는 V4기술에서 V4는 Visual(시각), Vocal(청각), Verbal(언어), Vital(생체신호)정보를 인식하고 처리하는 인공지능 기술이다. 영상 정보와 음성정보를 통해 응시자의 외현적 특성을 측정할 수 있다. 각각의 V에서 〈그림 5-5〉와 같은 요소를 측정하게 된다.

영상 정보를 인식할 수 있는 기술
인간의 시각 기능 모방
표정 변화, 감정 표현, 안구 움직임, 얼굴 움직임 등

음성 정보를 인식할 수 있는 기술
인간의 청각 기능 모방
목소리 톤, 크기 변화, 속도, 휴지 변화, 발음 등

언어 정보를 인식할 수 있는 기술
인간의 언어 기능 모방
STT(Speech to Text), TTS(Text to Speech)
단어 의미 파악, 어휘 사용량 등

생리적 데이터 측정 기술
영상 정보 처리 기술의 응용
얼굴 근육과 색상의 미세한 변화를 탐지하여 맥박 정보를 측정

그림 5-5 V4기술에서 측정요소

출처 : midashri.com

또한 이 기술은 인지적인 속임이 없도록 하여 잠재적인 역량을 정확하게 측정하기 위해 개발되었다. 다음 〈그림 5-6〉은 지원자의 얼굴/표정분석 과정이다.

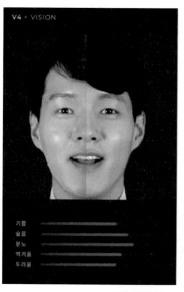

그림 5-6 지원자 시각 분석

출처 : midashri.com

시각기술은 영상정보에서 지원자들의 시선 처리, 화면에서의 얼굴 이동 및 회전 변화량 등을 측정 및 데이터화하여 필요한 값을 추출하여 그 값을 바탕으로 표정 변화나 화면 내 움직임의 정도, 더 나아가 동일 인물 판단에 활용된다. 청각 및 음성 기술은 〈그림 5-7〉처럼 지원자들의 음성 파형을 추출하여 발성 시간, 속도, 소리 크기를 추출하여 지원자의 음성을 분석하게 된다.

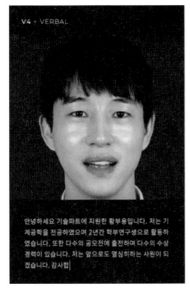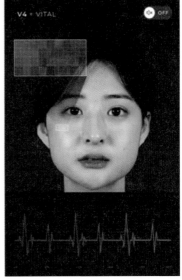

그림 5-7 지원자 음성분석

출처 : midashri.com

Verbal은 음성기술과 마찬가지로 음성을 추출하여 지원자의 언어 습관, 특정 단어의 사용횟수 등을 추출해 지원자의 언어행동과 경향을 분석한다. 마지막으로 생리적 데이터는 개인의 상태가 혈류량 및 맥박과 관련된 점을 이용하여 지원자들의 정서 상태나 속임수 등을 측정할 수 있다.

실제 면접관들은 언어적인 단서평가와 얼굴표정이나 말투, 행동과 같은 비언어적 단서로 나름대로의 기준을 가지고 평가에 활용했었다. 그러나 비언어적 단서에 대한 객관적인 채점 기준이 부재한 상황에서 개인의 주관적 판단에 따라 평가하는 경우가 많았다. 즉 객관성이 확보되지 않는 평가는 기업의 인재상에 알맞지 않은 지원자를 채용하여 이후 업무 성과나 조직 결속에 악영향을 줄 수 있다. 따라서 비언어적인 단서에 대한 객관적인 평가가 우선시되어야 하며 그에 대한 타당한 근거가 뒷받침되어야 한다. 이러한 점에서 V4기술은 판단의 근거가 될 수 있는 시각, 청각, 언어, 생리적 데이터를 보다 객관화하여 타당한 평가지표로 활용할 수 있는 방향성을 제시한다.

3) 인에어의 정확도/타당성

인에어는 분류정확도분석과 상관분석을 통해 정확도를 파악할 수 있다. 분류 정확도란 대상을 얼마나 정확하게 분류하는지를 의미하며, 상관분석은 두 변수 간의 관련성 정도를 파악하는 것이다. 인에어는 아래 [표 5-1]처럼 영업마케팅직군, 엔지니어 직군, 경영지원/연구개발 직군 등 모든 직군에서 70%이상의 분류 정확도가 도출됐다. 최대 82%의 분류정확도를 가진다고 한다.

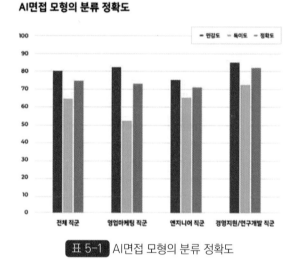

표 5-1 AI면접 모형의 분류 정확도

출처 : midashri.com

의미와 전망

지원자가 답변하면 AI가 지원자의 표정, 목소리, 단어를 분석하여 주관적인 시선이 아닌 객관적으로 검사할 수 있다는 것이 가장 큰 장점이다. 하지만 아직 취준생들에게는 반갑지 않은 소식이었다. 일례로 한 대기업 공채를 본 취업준비생은 '딥러닝 이미지 처리에도 사진이 수만 장이 필요한데, AI면접은 데이터가 많이 쌓이지 않아 신뢰가 가지 않는다.'고 말했다. 또한 일부에서는 기계한테 떨어졌다고 생각하니 기분이 좋지 않다는 등 부정적인 의견이 나오고 있다.

하지만 마이더스 아이티는 "2030세대 모집단 5만 명과 뇌 신경연구 논문 450편, 심리학 전문가, 기업 인사담당자 등의 전문가 200명의 사람들의 성향판단 기준, 국내 기업에 재직 중인 최고, 최저성과자 6,000명의 데이터를 학습시킨 프로그램"이라고 강조했다. 그리고 데이터는 갈수록 쌓일 것이고 아직은 합격, 불합격을 나누는 유일한 기준이 아니라 참고용으로만 쓰인다.

반면 취업준비자들은 "편한 곳에서 응시할 수 있고 외모 등의 외부 조건의 영향이 없는 점"에서는 긍정적인 반응을 보이고 있다. 또한 상대적으로 스펙, 서류가 부족한 지원자 중에서도 좋은 역량을 갖춘 사람이 분명히 있다며 AI면접이 공정한 기회를 부여할 것이라고 예측하는 전문가도 있다.

하지만 타당도와 정확도는 현재진행형 상태로 수집된 데이터들을 가지고 지속적으로 학습시켜서 개선해 나갈 것이라고 밝혔다. 뿐만 아니라 심층적인 개인 역량을 측정하기 위해 AI면접에서는 자기보고식 설문, 게임 기술, 면접 영상분석 기술 등 다양한 측정 및 평가 방법으로 확장시켜 나가고 있다.

아직까지는 AI면접이 합격, 불합격을 결정하는 기준이 되지는 않는다. 취준생들의 말처럼 아직 많은 데이터가 모이지 않았고, 완벽하다고 할 수 없기 때문이다. 하지만 기술은 발전하고, 시간이 흐를수록 데이터는 기하급수적으로 늘어나게 된다. 이러한 상황에서 AI면접이 줄어들 것으로 보이지는 않는다. 무엇보다 인사담당자들의 부담이 줄을 것이며 따라서 기업의 입장에서는 비용을 절감할 수 있는 시스템이기 때문에 놓치지 않고 발전시키려 할 것이다. 이러한 상황에서 취준생들은 자신들의 역량에 집중해야할 것이며 AI면접을 실시하는 국내 기업, 해외 기업에 대해 알아보는 자세가 필요할 것이다.

5.2 글롯(Gloat)의 AI 기반 직업 매칭 플랫폼

> 글롯의 직업 매칭 플랫폼은 대기업에서 평균 4억 달러의 비용이 드는 문제를 해결하고 채용담당자와 구직자의 니즈를 만족시키고 있다.

배경

밀레니얼 세대(1980년 이후 출생)나 경력단절 여성을 중심으로 종일근무(풀타임)가 아닌 시간제나 특정 프로젝트 등 여건에 따라 근로형태를 선택하는 경우가 증가하고 있다. 이러한 상황에서는 단순히 일자리를 늘리는 것은 도움이 되지 않는다. 구직자는 자신의 목적과 니즈에 맞는 직장을 찾고 회사는 원하는 인재상을 찾는다. 따라서 개인의 업무 만족도와 기업의 생산성을 동시에 높이는 방향이 더 효과적이고 그 방법으로 AI챗봇이 주목받고 있다.

AI기반 챗봇 등을 채용 정보 검색 및 과정에 도입하면 기업과 구직자 간 일자리 불일치를 해소할 수 있어서 기업과 구직자가 모두 만족할 수 있다.

방법 및 활용기술

〈그림 5-8〉은 글롯의 모바일 앱 모습이다. 글롯은 AI기반 경력개발 플랫폼으로 사용자는 완전히 익명으로 유지되면서 실시간으로 개인화된 경력을 공개할 수 있다. 사용자가 프로필을 완성하면 글롯의 AI는 익명으로 유지하면서 실시간으로 관련된 포지션(일자리)만을 제공한다. 인력의 80%를 프로파일링하여 사용자의 기술과 경력을 다양한 조건들과 비교하여 개인별 데이터 중심으로 권장 사항을 제공한다. 회사가 한 사람의 익명 프로필에 관심을 보이면, 자신의 신원을 공개할지의 여부를 결정할 수 있도록 회사의 전체 프로필과 회사 위치 등을 알림으로 받게 된다. 자신에게 꼭 맞는 일자리는 구하는 구직자와 자신의 직무와 잘 맞을 수 있는 사람을 채용하고 싶은 회사,

어느 쪽이든 글롯을 통해 기회를 가지게 된다.

그림 5-8 글롯 모바일 앱

출처 : gloat

　글롯은 단어삽입, 온톨로지 구축 및 개체 추출에 의존하기 때문에 NLTK, Spacy, genism과 같은 트렌디한 NLP(자연어처리)연구에 중점을 두고 있다. NLTK(Natural Language Toolkit) 패키지는 교육용으로 개발된 자연어처리 및 문서 분석용 파이썬 패키지이다. 말뭉치, 토큰 생성 및 형태소 분석, 품사 태깅들의 역할을 수행한다. 〈그림 5-9〉처럼 자연어처리를 위해서 긴 문자열을 작은 단위로 나누게 된다. Spacy는 파이썬의 자연어처리를 위한 오픈소스 기반 라이브러리로 아직 한국어를 제공하지는 않지만, 텍스트 전처리에서 좋은 성능을 보여주고 있다. 따라서 글롯은 협업 필터링에 중점을 둔 머신러닝 추천시스템이라고 볼 수 있다.

```
from nltk.tokenize import word_tokenize
word_tokenize(emma_raw[50:100])
```

```
['Emma',
 'Woodhouse',
 ',',
 'handsome',
 ',',
 'clever',
 ',',
 'and',
 'rich',
 ',',
 'with',
 'a']
```

```
from nltk.tokenize import RegexpTokenizer
retokenize = RegexpTokenizer("[\w]+")
retokenize.tokenize(emma_raw[50:100])
```

```
['Emma', 'Woodhouse', 'handsome', 'clever', 'and', 'rich', 'with', 'a']
```

그림 5-9 토큰 생성

출처 : datascienceschool.net

의미와 전망

글롯을 통해 익명으로 경력 기회를 발견하고, 구직자의 가치를 알고, 잘 맞는 회사를 찾을 수 있다. 오라클(Oracle), WeWork(위워크) 등 회사와 파트너십을 맺어 헤드헌터의 역할도 하고 있다. 특히 익명성은 고용편견을 피하게 해주는 이점이 있다. 또한 채용전문가가 채용하는 방법에 대해 생각을 해보면 엄청난 비용이 절감된다는 것을 알 수 있다.

또한 내부적으로도 긍정적인 효과를 거둘 것으로 예측된다. 최근 글롯은 InnerMobility라는 새로운 시스템을 개발했다. 이 시스템은 AI를 기반으로 회사 내부에서 성장을 주도하는 인재들의 개발을 촉진할 수 있다. 직원들이 현재 회사 내에서 자신들의 역량을 성장시키고 실질적으로 그 역량을 확장할 기회를 제공하도록 설계되었다. 글롯의 플랫폼 및 모바일 앱은 AI를 사용하여 직원을 대상으로 하는 내부 기회를 스마트하게 일치시키는 직관적인 내부 탐색기 역할을 한다. AI플랫폼 및 모바일 앱을 통해 직원들은 개선하고자 하는 것을 바탕으로 원하는 직책, 프로젝트, 멘토십 또는 직무를 신청할 수 있으며 기존 인재풀에 대한 전례없는 내부 가시성을 제공할 수 있다.

5.3 MIT의 강화학습을 이용하여 스케쥴링을 자동으로 학습하는 Decima

> MIT는 여러 번의 시행착오를 통한 강화학습이라는 기계학습 방법을 이용해 특정 작업에 대한 스케쥴을 최적화할 수 있는 기술을 개발했다.

배경

기본적으로 사람은 몇 가지 규칙과 다양한 트레이드오프에 기반해서 스케줄을 조정한다. 예를 들어 시간적 여유가 없는 경우 특정 작업을 신속하게 처리하도록 알고리즘을 코드화하거나 작업 간에 리소스를 균등하게 분할하게 된다. 하지만 여러 사람이 참여하는 일에서는 스케줄을 최적화하기 매우 어렵다. 왜냐하면 워크로드(복합된 작업 그룹)는 다양한 크기로 제공되기 때문에 사람이 특정 작업에만 최적화 할 수 없으며 고려해야 하는 것들이 많아지기 때문이다. 혼자서 보고서를 쓰는 것과 학교에서 팀플레이 발표를 위해 발표 준비를 하는 것을 비교해보면 이해가 쉽다. 복합된 작업에서는 최적화된 스케줄링이 매우 어렵다. 하지만 MIT에서 강화학습을 이용하여 스케줄을 자동으로 학습하고 조정하는 기술을 개발했다.

방법 및 활용기술

MIT가 개발한 새로운 시스템의 이름은 'Decima'이다. 이 시스템은 수천 대의 서버에 걸쳐서 데이터 처리 작업을 스케줄링하는 방법을 자동으로 학습한다. 이들은 선택 가능한 대안들 중 보상을 최대화하는 행동 혹은 행동순서를 선택하는 강화학습(Reinforcement Learning, RL)을 활용한다. 특정 서버 클러스터의 특정 워크로드에 대한 스케줄링 결정을 조정하는 시스템을 제시한 것이다. 시스템은 들어오는 워크로드를 서버 전체에 할당하기 위해 가능한 여러 가지 방법을 시도하고, 결국 연산 리소스와 빠른 처리 속도를 활용함에 있어 최적의 절충점을 찾는다. 작업 완료 시간 최소화와 같은 단순한 지시를 넘어서는 사람의 개입이 요구되지 않는다.

Decima는 DAG 구조 작업에 대한 스케줄링 알고리즘을 학습하기 위한 일반적인 프레임워크이다. 탈중앙화 네트워크 구조를 위한 방법의 하나인 DAG(Directed Acyclic Graph)는 〈그림 5-10〉처럼 방향성 비사이클 그래프로, 역방향으로 흘러서도 안 되고 모든 곳을 동시다발적으로 거쳐야 하는 것을 의미한다. 일반적으로 비사이클 그래프이기 때문에 작업의 우선순위를 표현할 때 DAG의 구조를 가지게 된다. 만약 우선순위에서 사이클이 존재한다면 가장 먼저 할 일이 구분되지 않기 때문에 작업이 끝나지 않게 된다.

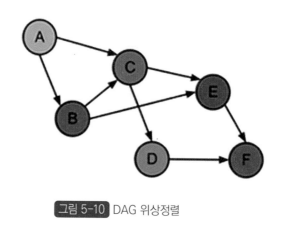

그림 5-10 DAG 위상정렬

출처 : steemit.com

Decima의 강화학습 프레임워크에서 스케줄링 에이전트(scheduling agent)는 클러스터 상태를 관찰하여 클러스터 환경에 대한 스케줄링 작업을 결정하고, 높은 수준의 목표에 따라 보상을 받는다. Agent는 그래프의 인공신경망을 사용하여 작업 DAG를 정책 네트워크의 벡터로 변환하여 작업을 종료한다. 정리하자면, Decima는 커리큘럼 학습(curriculum learning)과 분산 감소를 통해 확률적인 작업 도착을 통한 훈련을 지원한다. 그리고 확장 가능한 그래프의 인공신경망을 활용하여 임의의 작업 DAGs를 처리하여 기존보다 성능이 뛰어나고 다른 어플리케이션에 유연하게 적용 가능하다. 다음 〈그림 5-11〉은 Decima의 추가기능이 강조되는 클러스터 아키텍처이다.

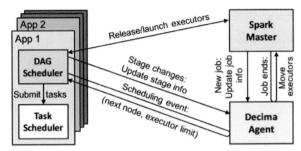

SIGCOMM '19, August 19-23, 2019, Beijing, China

Figure 8: Spark standalone cluster architecture, with Decima additions highlighted.

그림 5-11 Decima의 추가기능 강조된 클러스터 아키텍처

출처 : MIT Laboratory

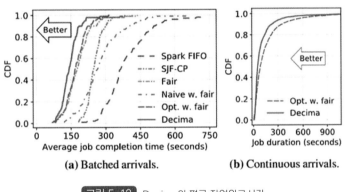

그림 5-12 Decima의 평균 작업완료시간

출처 : MIT Laboratory

의미와 전망

다음 〈그림 5-12〉처럼 데이터 처리 시간을 획기적으로 줄일 수 있는 이 모델을 이용한다면 기업의 정보시스템에 큰 영향을 줄 수 있을 것이다. 방대한 데이터에서 의미

있는 정보를 발굴하기 위해서는 많은 시간과 노력이 필요하다. 이 시스템을 도입한다면 고객 정보 관리, 유통 정보시스템, 생산 관리 등 경영의 여러 측면에서 데이터 처리 작업이 효율적으로 이루어질 수 있을 것이다. 또한 인사관리 시스템에서 가장 최적화된 팀을 구성할 수 있게 된다. 기업의 업무는 혼자서 할 수 있는 게 거의 없다. 그만큼 개인의 능력들이 잘 발휘될 수 있는 팀에 속해서 프로젝트를 진행하는 것이 비용효율적이라고 할 수 있다. 이러한 스케줄링 시스템을 이용하면 시간적으로도 효율적이며 기대효과도 크게 나타날 것으로 예측된다.

6.1 아마존(Amazon)의 컴퓨터비전, 센서융합, 딥 러닝을 활용한 O4O 스토어 아마존고(Amazon Go)

아마존은 AI와 이미지인식 소프트웨어를 활용하여 O4O(Online for Offline) 스토어 아마존고(Amazon Go)를 개발했다: No lines, no check out – Just grab and GO!

배경

아마존은 세계 최대의 온라인 쇼핑 중개회사이다. 1995년 아마존닷컴이라는 이름으로 도서를 판매하는 온라인 사업을 시작하였고 사업을 확장하여 현재의 아마존, 'The everything store'가 되었다. 아마존은 2015년 처음 오프라인 서점인 아마존 북스토어를 개점한 이후 2017년 미국 유명 슈퍼마켓 체인인 홀푸즈마켓(Whole Foods Market)을 인수하면서 오프라인 소매에 본격적으로 뛰어들었다. 2018년에는 아마존닷컴에서 소비자 리뷰가 좋은 상품만을 모아 판매하는 오프라인 매장인 '아마존포스타(Amazon 4-Star)' 매장과 '아마존고(Amazon Go)'를 개점하며, 오프라인 소매에서 영향력을 확대하고자 하는 노력을 지속하고 있다. 아마존고는 무인상점으로 재고 정리를 위한 직원을 제외하고는 다양한 카메라, 센서, 소프트웨어가 매장을 운영한다. 앱(App) 하나만 있으면 매장에 들어가 제품을 고르고 캐셔나 키오스크를 통한 계산절차 없이 매장을 나오면 앱에 구매금액이 청구되어 구매가 완료되는 'Just grab and Go!'할 수 있는 매장이다.

방법 및 활용기술

〈그림 6-1〉에서 아마존고의 운영 방식을 확인할 수 있다. 아마존고의 매장 입구로 들어가면 마치 지하철 출입구를 통과하는 느낌을 받을 수 있다. 왜냐하면 매장 입장을 위해 소비자는 입구에 설치된 게이트에서 앱을 스캔해야 하기 때문이다. 매장에 입장하면 천정에 설치된 네트워크가 연결된 카메라가 여러 각도에서 제품을 추적하는 것을 확인할 수 있다.

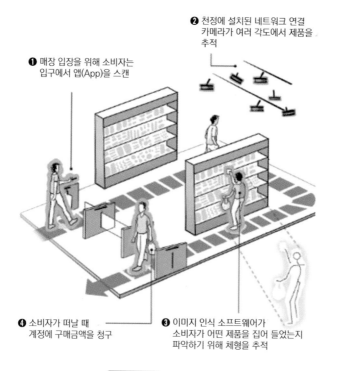

❶ 매장 입장을 위해 소비자는 입구에서 앱(App)을 스캔

❷ 천정에 설치된 네트워크 연결 카메라가 여러 각도에서 제품을 추적

❸ 이미지 인식 소프트웨어가 소비자가 어떤 제품을 집어 들었는지 파악하기 위해 체형을 추적

❹ 소비자가 떠날 때 계정에 구매금액을 청구

그림 6-1 아마존고의 운영방식

출처 : 월스트리트저널

또한 이미지 인식 소프트웨어가 소비자의 체형을 추적한다. 이는 소비자가 어떤 제품을 집어 들었는지 파악하기 위함이다. 제품을 고른 소비자는 입장했던 게이트로 매장에서 나오면 된다. 카메라, 센서, 소프트웨어가 소비자가 선택한 제품들을 확인했고, 소비자가 매장을 나가는 순간 소비자의 앱 계정에 구매금액이 청구되어 계산이 완료된다. 무인매장이지만 매장을 위해 일하는 직원이 있다. 이 직원들은 재고관리를 하거나, 스크린 뒤에서 알고리즘을 관리하는 업무를 담당한다.

아마존에 따르면 아마존 고의 무인매장은 자율 주행차에 활용되는 기술과 유사한 유형으로 컴퓨터 비전(Computer vision), 센서 융합(Sensor fusion), 딥 러닝 (Deep learning) 등을 활용해 구현하였다. 무인매장으로 운영되기 때문에 매장 내에서 위 기술들을 사용해 높은 수준의 모니터링이 진행된다. 수백 대의 카메라가 천장, 통로, 선반 사이에 위치하여 제품과 소비자를 인식한다. 프라이버시 문제로 얼굴 인식 기술은 사용이 제외되었다. 대신, 카메라들은 컴퓨터 비전 기술을 사용한다. 컴퓨터 비전이란 기계가 그 앞에 놓여있는 물체를 보고 물체가 무엇인지 결정하게 하는 과정의 기술이다. 아마존이 2014년에 제출한 특허를 〈그림 6-2〉에서 확인할 수 있다. 카메라나 RFID와 같은 기술을 통해 고객의 손을 집중 촬영해 고객의 손이 선반에 닿자마자 연속 촬영해 어떤 물건을 선택했는지 확인할 수 있다. 소비자가 제품을 구매하지 않으려 제품을 다시 선반에 올려놓는 것도 감지가 가능하다. 수백 대의 카메라 네트워크로 아마존은 실시간으로 소비자의 행동을 인식하고 어떤 소비자가 어떤 제품을 가져가는지 정확하게 파악하여 얼굴 인식 기술 없이도 모니터링이 가능하다. 컴퓨터 비전의 기반은 딥 러닝이며 발전된 패턴인식 기술이다. 머신 러닝을 통해 기계는 방대한 데이터셋에서 결과를 도출한다. 센서 융합 기술 또한 활용되는데 이 시스템에서는 무게를 인식하는 센서를 비롯하여 다양한 센서들로부터 인식된 데이터가 융합하여 분석된다.

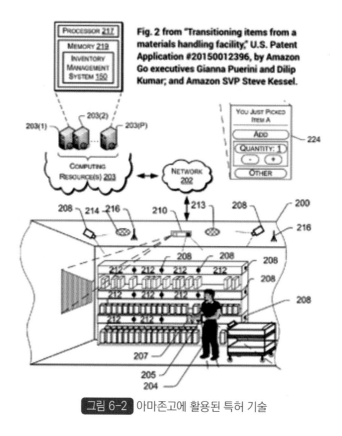

출처 : 아마존

의미와 전망

아마존의 선두 아래에 소매방식의 변화가 가속화될 것으로 전망된다. 아마존 고는 아직까지 기술적 제약으로 인해 비교적 소규모 매장에서 제한적인 품목만을 판매하고 있다. 하지만 매장 수는 빠르게 증가하고 있고 기술적 제약이 해소된다면 아마존 고는 대도시에서 흔히 찾아볼 수 있는 소매 매장의 형태가 될 것으로 예상된다. 미국 시장 내 무인상점의 증가는 관련 소프트웨어, 카메라, 센서 등 관련 장비의 수요를 높일 것으로 전망된다.

아마존이 다른 소매업체에게 무인판매 기술을 제공하게 되면 기존 아마존의 경쟁업체와 유대관계가 형성되고 따라서 아마존의 클라우드 컴퓨팅 플랫폼인 AWS(Amazon Web Service) 사업의 성장을 이끌 수 있을 것으로 전망된다.

6.2 아마존(Amazon)의 얼굴 인식을 통한 배달원 신분 증명

아마존은 아마존 플랙스(Amazon Flex)의 배달원으로 하여금 셀카를 찍어 신분을 증명하는 과정을 의무화했다.

배경

아마존 플랙스를 통해 물건을 배달하는 배달원들은 자신의 차량을 사용하여 배달을 하는 개인 사업자들이다. 진짜 배달원들을 확인하는 방법으로 아마존 플랙스는 배달원들로 하여금 셀카를 찍게 하였다. 배달을 하기 전 배달원들은 아마존 플랙스 앱을 사용하기 위해 셀카를 찍어 본인인증 절차를 의무적으로 거쳐야 한다. 앱에서는 얼굴 인식 기술을 활용하여 배달원의 계정에 등록되어 있는 사진과 셀카를 대조하여 본인인증 프로세스를 진행한다. 개인정보 보호를 위해 셀카는 인증절차에만 사용되며 다른 용도로 사용되지 않는다. 이로써 배달원들의 아마존 플랙스 계정이 무단으로 사용되는 것을 막을 수 있다. 얼굴 인식 프로세스가 사용되기 이전에는 배달원이 생체인식 정보를 비롯해 운전면허증, 차량등록증 등의 정보를 제공해야 했다.

그림 6-3 얼굴 인식 요청에 응하고 있는 아마존 플랙스 운전사

출처 : 아마존

방법 및 활용기술

아마존은 셀카를 요청하기 전에 운전자에게 사진과 생체 데이터의 수집 및 저장에 동의하도록 요청했다. 수집 및 동의의 내용은 아래와 같다.

"Amazon Flex는 제출된 사진(이미 저장한 사진 포함), 운전 면허 또는 정부 발급 ID (이 사진 및 파생 된 생체 데이터는 총칭하여 '아이덴티티 데이터')에서 생체 데이터를 수집, 저장, 사용 및 파생 할 수 있습니다. Amazon Flex는 자격 증명 데이터를 사용하여 때때로 자격 증명을 확인합니다. Amazon Flex는 관련 법률이 허용하는 한 또는 삭제를 요청할 때까지 자격 증명 데이터를 유지합니다."

이 정보를 통해 아마존의 자체적인 얼굴 인식 기술인 아마존 레코그니션(Amazon Rekognition)이 사용되는 것이 아니냐는 의심이 생겨났다.

아마존 레코그니션 서비스는 영상, 및 이미지를 스스로 분석할 수 있는 기술이다. 레코그니션을 통해 이미지를 분석하기 위해 인풋(Input)과 아웃풋(Output) 사이 수많은 계층구조(Hidden Layer)를 가진 인공지능인 딥 러닝 기술과, 이미지와 영상을 처리·분석하는 인공지능인 컴퓨터비전이 사용되었다.

그림 6-4 아마존 레코그니션을 통해 얼굴분석을 한 결과

출처 : 아마존

컴퓨터비전은 이미지와 비디오에서 얼굴을 분석하며, 비스토리지 작업을 기반으로 한다. 이미지에서 얼굴을 감지한 위치에 대한 정보, 눈, 코, 입, 눈썹의 얼굴표식에 대한 정보, 최소 및 최대 연령대에 대한 정보를 제공한다. 또한 이미지에서 감지된 얼굴과 얼굴 속성의 백분율 신뢰 점수까지 제공한다.

아마존 레코그니션의 얼굴분석 API는 DetectFaces라는 함수를 기반으로 한다. API 활용과정은 다음과 같다.

---

1. Amazon Rekognition 권한을 가진 계정 생성 및 얼굴이 포함된 이미지를 S3 버킷에 업로드
AmazonRekognitionFullAccess, AmazonS3ReadOnlyAccess 권한을 가진
IAM 사용자를 만들어 업데이트
한 개 이상의 얼굴이 포함된 이미지를 S3* 버킷에 업로드

↓

2. DetectFaces호출
Java, AWS, CLI, Python, NET, Ruby, Node.js 등 다양한 프로그램으로 DetectFaces를
호출가능

↓

3. DetectFaces작업요청
응답으로 얻고자 하는 파라미터**와 표식*** 요청
(파라미터의 기본 값은 경계상자, 신뢰도, 포즈, 품질, 랜드 마크
기본 표식은 eyeLeft, eyeRight, nose, mouthLeft, mouthRight)

↓

4. DetectFaces작업응답
요청한 표식에 대한 정보 제공

*S3: 아마존의 인터넷용 스토리지 서비스, 객체에 대한 정보를 저장 및 추출
**파라미터로 경계상자, 신뢰도, 얼굴표식, 얼굴속성, 품질, 포즈 감정을 포함

의미와 전망

아마존이 아마존 플랙스 운전사들의 신분 증명 과정에 아마존 레코그니션 기술이 사용되었다면 설명을 해야 할 부분들이 있다. 레코그니션은 정확도에 문제가 있으며 인종 편견을 일으킬 수 있고 헌법에 보장된 표현의 자유를 침범할 우려도 있다는 의심을 받고 있다. 또한 아마존이 어떻게 정밀도를 테스트했는지, 이들 테스트는 독립적 및 객관적으로 실시되었는지, 그리고 사람에 따른 편향적인 특성에 대해서 어떻게 테스트했는지 불확실한 상황이다.

6.3 월마트(Walmart)의 이미지 인식을 활용한 인텔리전트 리테일 랩(Intelligent Retail Lab)

월마트는 이미지 인식 기술이 활용된 인텔리전트 리테일 랩(이하 IRL)에서 고객에게 새로운 쇼핑 경험을 제공한다.

배경

대형마트가 직면하는 가장 큰 어려움은 재고관리를 효율적으로 하는 것이다. 2003년 월마트는 RFID(Radio Frequency Identification) 기술을 활용해 공급망을 관리하고자 했다. 하지만 2009년에 이 기술은 쓸모없게 되었다. RFID에서 활용하는 방사주파수(Radio Frequency)가 액체나 고철을 통과하지 못해 물체를 정확하게 인식하는데 어려움이 있었기 때문이다. 월마트는 그 이후에 이미지 인식 기술을 사용해 재고관리 비용을 줄이려고 노력했다. 그 결과로 월마트 인텔리전트 리테일 랩에서는 월마트가 센서와 카메라를 활용해 재고관리를 하고자 하는 노력을 확인할 수 있다. 월마트는 이미 머신러닝을 최적 배달루트를 설계하는 데에 활용하고 있다.

방법 및 활용기술

그림 6-5 재고관리가 필요한 선반

출처 : 월마트

미국 최대 소매업체 월마트는 4월 25일 AI 기술로 구현된 인텔리전트 리테일 랩 (IRL, Intelligent Retail Lab)을 뉴욕에 오픈했다고 발표했다. 인텔리전트 리테일 랩 (Intelligent Retail Lab)은 줄여서 IRL로 부른다. IRL은 미국 뉴욕주 롱아일랜드에 있는 월마트 네이버후드 마켓(Neighborhood Market)에 위치하고 있다. 해당 매장은 월마트 매장 중 가장 붐비는 매장 중 한 곳이다. 실제 이용이 활발하게 이뤄지기에 인공지능 시스템을 테스트하기에 적합한 장소다. IRL에서는 인공지능을 이용해 매장 안을 실시간으로 모니터링한다. 인공지능 카메라와 대화형 디스플레이 기술이 이런 일들을 가능하게 했다. 천장에 카메라 수천 대를 설치했고, 선반에는 각종 센서들을 적용했다. 아마존의 무인숍 '아마존 고'와 비슷한 개념의 매장이지만, 무인이 아닌 AI 가 점원의 업무에 편의를 제공하는 것은 다르다. 이 매장에는 아마존 고와 마찬가지로 다수의 카메라와 센서가 설치되어 있지만, 이들은 자동 결제가 아닌 실시간 재고 관리 용으로 사용된다. 〈그림 6-5〉에서 볼 수 있듯이 카메라와 센서들은 재고관리가 필요한 선반들을 실시간으로 관찰한다. 만약 진열대에서 상품이 없어지거나 장바구니 정리가 필요한 상황이면 점원이 보유한 단말기에 알림이 울린다. 상품을 보충하거나 카트를 정리하는 것은 점원의 몫이다. 인공지능의 도움을 받은 점원은 고객 서비스에 더욱 많은 시간을 할애할 수 있다고 월마트는 밝혔다.

그림 6-6 재고 관리 알람을 받은 직원

출처 : 월마트

즉, 기술 팀은 실시간 정보를 사용하여 효율성을 탐색하여 직원이 언제 재고를 확보해야 하는지 보다 정확하게 알 수 있도록 하여 필요할 때 고객들이 선반에서 품목을 사용할 수 있게 한다. 데이터를 캡처하기 위해, 상점에 위치한 데이터 센터로 진행 중인 작업을 전송하는 카메라와 센서가 상점 전체에 설치되어 있다. 카메라와 센서들은 초당 1.6TB의 데이터를 생성한다. 뿐만 아니라 매장 내에는 고객에게 IRL에 구현된 기술을 설명하기 위한 디스플레이와 정보 단말기가 설치되어 있고 Q&A용 웰컴 센터도 설치되어 있다. 이미지인식 기술에서 까다로운 점은 카메라와 센서가 선반 위에 있는 상품을 정확하게 인식해야 한다는 점이다. 즉, 600g의 소고기와 1kg의 소고기를 구별할 수 있어야 한다는 것이다.

의미와 전망

〈그림 6-7〉의 월마트가 등록한 특허를 보면 월마트의 다음 계획은 IoT 태그를 활용해 제품의 사용경로를 모니터링하는 것임을 알 수 있다. 이 시스템을 통해 월마트는 제품이 소진되거나 교환이 필요할 때를 파악하여 자동으로 재구매가 이루어지도록 한다. 이 태그를 통해 월마트는 제품이 얼마나 자주 사용되는지, 어느 위치에 제품이 보관되는지 등의 정보를 얻는다. IoT기술과 IRL 등 여러 혁신적인 기술을 보유하고 있는 월마트의 행보가 기대된다.

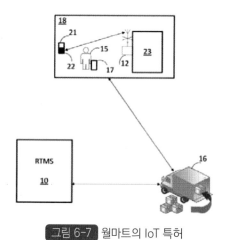

그림 6-7 월마트의 IoT 특허

출처 : 월마트

PART 2

산업별
AI 활용

AI IN BUSINESS

AI in BUSINESS

7장

농축수산업

7.1 인도의 스타트업 기업인 'MoooFarm'이 합성 신경망(CNN) 알고리즘을 활용하여 개발한 소 개체 식별 기술

> 합성곱 신경망 알고리즘을 기반으로 한 안면 인식 기술을 통해 소 개체를 식별하여 농민들의 재산을 보호하고 보험 사기를 예방한다.

배경

축산업에서 다뤄지는 주된 동물인 소를 식별하기 위해서 일반적으로 종이로 만든 명찰을 소의 귀에 꽂는 방법을 사용해왔다. 그러나 명찰은 유실되기가 쉬워서 혼동되는 경우가 많았고, 육안으로는 소가 비슷해 보여서 보험 사기가 발생하였다. 축산업을 하는 농민에게 있어 소는 그들이 가진 재산 전부라고 할 수 있으므로, 소를 잃어버리는 것은 경제적 능력의 상실을 초래한다. 따라서 소를 잘 보존하는 방법을 개발하는 것은 오래전부터 고민되어 온 분야였다.

방법 및 활용기술

인도의 스타트업 기업인 '무어팜(MoorFarm)'은 소를 잘 보존하는 방법으로 소 개

체를 식별하는 기술을 만들었다. 회사는 인간의 얼굴을 인식하고 식별하는 기술로 사용되고 있는 합성곱 신경망(CNN: Convolutional Neural Networks) 알고리즘에 기반을 두어 기술을 개발하였다. 단순히 텍스트나 숫자만을 이용하는 것이 아니라 그래픽을 활용한 사용자 인터페이스(UI)로 사용자가 정보를 쉽게 이해하고 분석하도록 설계하였다. 합성곱 신경망은 피드 포워드 네트워크의 일종으로 이미지 안에서 비쥬얼 패턴들을 분석해서 그 비쥬얼 패턴에 기반하여 이미지를 식별하는 작업에 적합한 뉴럴 네트워크이다. 다른 뉴럴 네트워크와 마찬가지로 인풋 레이어, 히든 레이어, 아웃풋 레이어로 구성이 되며, 히든 레이어는 매우 많은 다수로 구성되어 존재한다. 〈그림 7-1〉과 같이 이러한 레이어를 앞에서부터 데이터가 거쳐나가면서 한 방향으로 요약된 정보가 나가게 되고, 최종적으로 풀리커넥티드 레이어를 거쳐서 최종적인 추론을 하게 된다.

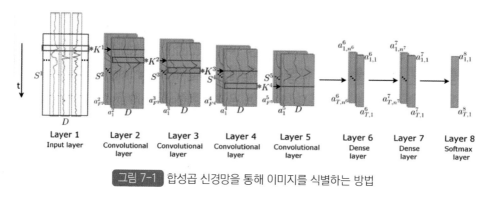

그림 7-1 합성곱 신경망을 통해 이미지를 식별하는 방법

출처 : FJ Ordóñez, D Roggen (2016). Deep convolutional and lstm recurrent neural networks for multimodal wearable activity recognition. Sensors. 16. 115.

합성곱 신경망의 가장 핵심이 되는 요소로는 〈그림 7-2〉에서 확인할 수 있는 컨볼루셔널 필터가 있다. 이 필터가 원본 이미지 곳곳에 적용이 돼 원본 이미지가 어떤 특성이 있는지 판단하게 된다. 이 필터는 네트워크 파라미터 데이터를 가지고 훈련을 하는 과정에서 자동으로 어떤 필터가 유용할지 그 필터는 어떤 값들로 채워야 할지가 결정된다.

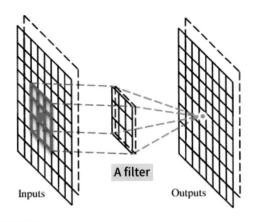

A filter

Inputs   Outputs

그림 7-2 합성곱 신경망의 핵심이 되는, 컨볼루셔널 필터

출처 : Xin Hua Jia. (2017). Image recognition method based on deep learning. Chinese Control and Decision
       Conference. 29.

컨볼루션 레이어는 컨볼루션 필터를 이미지에 계속해서 적용해 나가면서 그 이미지에 어떤 특징이 될만한 컴포넌트들이 있는지 살펴보는 레이어이다. 트레이닝 속도와 인퍼런스 속도를 위해 컨볼루션 레이어와 컨볼루션 레이어 사이에는 이미지를 추가적으로 요약해내는 풀링 레이어가 존재하여 피쳐 맵을 요약한다. 최종적으로 이렇게 요약된 최종적인 피쳐를 가지고 인식의 대상을 분류하는 풀리커넥티드 레이어가 대상을 식별하게 된다.

무어팜은 알고리즘의 정확도를 높이기 위해서 다른 각도, 다른 조명, 다른 배경에서 소의 사진을 찍어 양질의 데이터를 확보하였다. 다양한 빛의 품질로 낮과 밤의 다른 시간에 400개의 각도에서 촬영을 함으로써 시스템의 정확도를 95%까지 끌어올렸다. 또한, 모바일 환경은 자원 제약이 데스크톱에 비해 열악하므로, 시스템이 정상적으로 구현되기 위해 시스템의 레이턴시, 실행 속도 및 전력 소모와 시스템 이슈들에 대해 최적화를 해주는 과정을 거쳤다.

의미와 전망

무어팜이 개발한 기술로 판정 정확도를 끌어올리면서 세계은행으로부터 3만 불의

상을 받았고, 이 기술을 활용해 인도의 농민들이 소를 잃어버리는 것을 최소화하고 보험 사기를 예방할 수 있게끔 하고 있다. 또한, 스마트폰에서 애플리케이션 형태로 작동하므로 농민들이 쉽게 사용할 수 있다는 장점이 있다.

기존에 합성곱 신경망을 이용해 개발되었던 얼굴 인식 기술이 개인정보 침해 등 윤리적인 문제로 활성화가 쉽지 않았던 것과 달리, 동물 인식 기술은 이러한 문제로부터 다소 자유롭다는 면에서 더욱더 활발한 연구가 기대되는 분야이다.

또한, 이미 세계 각국에서 동물의 얼굴 인식을 활용한 서비스들이 등장하고 있다. 한국의 경우 2019년 스타트업 기업인 '보눔'이 강아지의 얼굴 인식 알고리즘을 통해 반려동물 찾기 서비스인 '지켜줄개'를 출시하였다. 또한 중국의 '징둥디지털과학기술'은 돼지 얼굴 인식 알고리즘을 통해 돼지의 성장 과정을 측정하고 건강을 확인하여 맞춤형 사육에 유용한 솔루션을 개발하고 있다. 무어팜과 같이 소를 식별하는 알고리즘은 국내의 우시장 혹은 소를 양육하는 농가에 적용할 수 있다.

이미지 데이터를 기반으로 한 인공지능을 통해 불법적인 폐기물 처리를 찾아 환경 오염을
최소화 한다.

배경

미국에서는 '집중식 동물 사료 공급 사업(Concentrated animal feeding operation)'으로 알려진 가축 시설이 약 40%를 차지한다. 시설의 농장에서는 시설당 최대 2,500마리의 돼지 또는 125,000마리의 닭이 있으며 매년 약 3억 3천 5백만 톤가량의 폐기물이 발생하고 있는데, 이중 분뇨가 상당 부분을 차지하며 종종 수로에 버려지면서 환경 오염의 위험을 높이고 있다. 미국의 정수법(Clean Water Act)에 따라 폐기물을 수로에 버리고자 하는 사람은 연방 허가가 필요하지만, 환경 보호국은 집중식 동물 사료 공급 사업의 약 60%가 이를 행하고 있지 않다고 추정했다. 그러나 이러한 농장의 수와 크기를 추적하는 연방 정부 시스템이 존재하지 않기 때문에 환경 단체는 직접 위성 이미지를 스캔하여 찾아내야 했다.

방법 및 활용기술

미국의 캘리포니아주 스탠포드 대학교(Stanford University)는 공개적으로 사용 가능한 농장의 위성 이미지를 검색하여 집중식 동물 사료 공급 사업에 대한 신경망을 훈련했다. 인공지능은 〈그림 7-3〉처럼 헛간들이나 야외 거름덩어리 등과 같은 특정한 이미지들을 식별하는 방법을 학습했다.

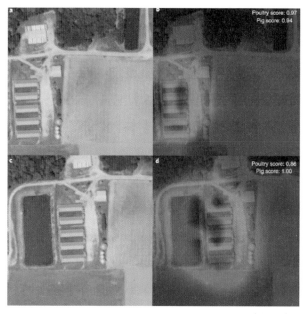

그림 7-3 합성곱 신경망의 핵심이 되는, 컨볼루셔널 필터

출처 : Xin Hua Jia. (2017). Image recognition method based on deep learning. Chinese Control and Decision Conference. 29.

가금류의 동물이 있는 집중식 동물 사료 공급 사업에 대한 위성 이미지를 스캔한 결과, 이전에 알려진 것보다 589개의 불법 농장을 발견했다. 기존보다 15%의 불법 농장이 더 있던 것이다. 사람이 직접 할 때는 과거 이미지를 기반으로 했기 때문에 현재에 존재하는 시설의 증감 등을 반영하지 못했으나, 인공지능은 실시간으로 파악할 수 있었다.

의미와 전망

이러한 농장을 찾는 것은 불법 농장을 규제하고, 환경 오염을 최소화하는 첫 번째 단계이다. 실제로 미국에서 수로를 불법으로 오염시키는 농장을 찾기 위해 테스트가 진행되고 있으며, 유럽 전역에서도 농지를 관리하고 조사하기 위한 테스트들을 거쳤다. 유럽에서는 이 알고리즘을 이용하여 이탈리아 남부 포도원의 건강 상태를 관리하고 리투아니아와 에스토니아의 농민을 관찰하여 토지를 양호한 상태로 유지하고 있다. 에스토니아에서 사용되는 알고리즘은 농부들이 필요에 따라 들판을 깎고 있는지 감지하여 검사관이 직접 방문할 필요가 없도록 한다. 이는 매년 발생했던 검사 비용을 줄일 수 있고, 불법 농장들을 정확히 파악할 수 있다.

7.3 캠브리지 대학이 머신러닝을 활용하여 개발한 농작물 자동 수확 로봇: 베지봇(Vegebot)

이미지 데이터를 기반으로 한 머신러닝 알고리즘을 이용하여 상추를 식별하고 수확하는 로봇을 개발해 미래 농업 효율성을 개선한다.

배경

농업은 새로 등장한 기술들이 다양하게 활용되어온 산업 분야이다. 특히 밀이나 감자와 같은 작물들은 기계적으로 대규모로 수확하기 쉬우므로 기술 발전의 초기 단계부터 자동화가 시작되어 농업의 생산력에 큰 효율성을 가져왔다. 그러나 채소들은 적절한 것을 선별하며 수확해야 하므로 로봇이 사람을 대체하기 어려울 것으로 여겨져왔다. 그런데 2019년 7월, 캠브리지 대학교(University of Cambridge)에서 '베지봇(Vegebot)'이라는 농작물 추수 로봇을 개발하였다.

방법 및 활용기술

베지봇은 상추에 특화되어 개발된 로봇으로, 다양한 날씨 조건에서 수확 준비가 된 건강한 상추를 구별하는 머신러닝 알고리즘을 통해 학습되었다. 상추는 날씨에 따라 이미지가 변할 수도 있고 자를 지점을 정확히 찾아내어 평평하게 잘라야 하므로 채소들 중에서도 로봇이 채취하기 까다로운 작물이라고 여겨져 왔다. 연구원 Simon Birrell이 "모든 분야가 다르듯이 모든 상추가 다르다"고 표현했을 만큼 상추 수확 자동화는 어려운 과제였다. 특히 복잡한 들판에서 건강한 상추를 식별하는 방법을 학습시키는 것이 로봇 개발에 가장 어려운 문제였다.

연구원들은 이를 해결하기 위해 우선 상추들의 이미지를 수집하여 머신러닝 알고리즘을 만들었고 연구실에서 로봇에게 실제 상추의 이미지를 교육한 후 실제 현장으로 이동하여 다양한 기상 조건에서도 상추 수확이 가능하도록 상추의 이미지들을 학습시켰다. 학습 결과 91%의 성공률로 건강한 상추를 구별할 수 있었다.

그림 7-4 캠브릿지 대학교의 베지봇

출처 : https://www.youtube.com/watch?v=EFC3OvkVKaQ

그림 7-5 베지봇이 상추를 재배하는 모습

출처 : https://www.youtube.com/watch?v=EFC3OvkVKaQ

의미와 전망

베지봇은 자동화시키기 가장 어렵다고 여겨진 상추를 자동으로 식별할 수 있어서 사용된 알고리즘을 이용하여 다른 채소들과 과일들에도 응용이 가능하다는 점에서 본 연구는 채소 수확에 있어서의 큰 전환점이 될 것이다.

물론 여전히 로봇이 상용화되기 위해서는 해결해야 하는 부분들이 존재한다. 〈그림 7-5〉처럼 건강한 상추를 구별한 후에 상추를 상업적 표준에 맞는 줄기 길이로 잘라야 하는데 매끄럽게 상추를 잘라서 수확하는 데까지는 38%의 오류율을 지니고 있기 때문이다. 또한, 평균 약 30초당 한 개를 재배하기 때문에 사람이 재배하는 것보다 시간이 훨씬 더 걸린다. 하지만 연구원들은 더 많은 데이터들을 활용하고, 기술을 개발하면 충분히 개선될 수 있는 문제들이라고 말한다. 뿐만 아니라 정확히 익은 과일과 채소만 선택하기 때문에 음식물 쓰레기를 줄일 수 있다는 점에서 미래의 농업 효율성 및 환경에 큰 도움이 될 것이다.

센서 데이터를 기반으로 한 머신러닝 알고리즘을 이용하여 농업을 자동화하는 프로세스를 구축하여 농업 생산성을 증가 시킨다.

배경

유엔 식량 농업기구(United Nations Food and Agriculture Organization)에 따르면, 세계 인구는 2050년에 90억 명을 넘어선다. 이 인구들에 충분한 식량을 생산하기 위해서는 농업 생산량이 50% 증가해야 한다. 농업의 생산량을 증가하기 위한 다양한 시도 중 하나는 사물 인터넷(IoT: Internet of Things)을 이용하는 것이다. 사물 인터넷은 기술이 발달 함에 따라 의료, 자동차, 물류 등 다양한 분야의 산업에서 활용되고 있는 기술이다. 지난 수십 년 동안 여러 가지 기술들의 변화를 겪으면서 산업화되고 기술 중심의 산업이 된 농업 역시, 스마트 농업(Smart Agriculture)을 하기 위해 사물인터넷을 응용하고 있다.

방법 및 활용기술

스마트 농업은 일반적으로 스마트 농업 센서에 의해 수집한 데이터들을 사용하여 농업의 자동화 프로세스를 구축하는 것이다. 센서들은 기상 조건이나 토양 품질, 작물의 성장 진행도 또는 가축의 건강 등의 데이터들을 수집한다. 수집된 데이터들은 직원과 장비의 배치, 재배 시기, 생산량 등을 결정하는데 활용될 수 있다. 또한, 비료를 주거나 해충을 방제하는 등의 작업들을 자동화시킬 수 있다. 예를 들어, 스마트 농업 센서를 결합하여 만든 기상 관측소가 있다. 농업에 필요한 다양한 데이터들을 환경에서 수집하여 클라우드로 보내고, 이 값들을 기후 조건에 적용시켜 재배하기 적절한 작물을 선택하고 용량을 개선하는 등의 필요한 조치를 취할 수 있다. 또한, 환경 정보 들 외에도 주어진 매개 변수와 일치하도록 조건을 자동으로 조정하게 만들 수 있다. 〈 그림 7-6〉의 팜앱(Farmapp)과 그로우링크(Growlink)는 이를 이용하여 만들어진 온실 자동화 시스템 제품이고, 〈그림 7-7〉의 그린아이큐(GreenIQ)는 관개 및 조명 을 원격으로 관리하는 제품이다.

그림 7-6 온실 자동화 시스템

그림 7-7 '그린아이큐'의 스마트 스프링클러

〈그림 7-8〉의 세미소(Semiso)의 제품처럼 농작물 농업을 위한 데이터들을 수집하는 작물 관리 장치도 있다. 이는 기상 관측소와 마찬가지로 현장에 배치하여 기온과 강수량, 수자원 잠재력 및 전반적인 작물 상태 등을 수집한다. 따라서 수확량에 해를 끼치는 질병이나 감염을 예방할 수 있으며 작물 성장을 관리할 수 있다. 작물 외에도 농장의 동물에 부착하여 건강, 영양, 활동 정보들을 관리하는 제품들도 있다. 그리고 위의 기기들처럼 현장에 설치된 센서 기기들이 수집하는 정보들을 분석하여 원격으로 농장을 관리하고 재고와 물류를 확인할 수 있도록 하는 기기들도 등장했는데, 크로피오(Cropio)의 제품인 〈그림 7-9〉가 한 예이다.

그림 7-8 세미소의 작물 관리 장치

출처 : https://semios.com/

의미와 전망

이러한 기기들은 결과적으로 제품의 품질과 생산의 효율성을 향상시키기 때문에 더 높은 수익으로 이어질 것이다. 또한, 최적의 생산량을 찾아낼 수 있으므로 비용을 절감하고 폐기물을 줄이고, 작물이나 가축에 이상이 있는지를 찾아내어 수확에 있어서 손실되는 양을 줄일 수 있다. 즉, 다양한 스마트 농업 기기를 사용하면 가축을 키우고 작물을 재배하는데 농업의 효율성을 극대화한다.

그림 7-9 크로피오의 농업 생산성 관리 시스템

출처 : https://about.cropio.com/#agro

　그러나 스마트 농업을 구축하는데 어려움도 존재한다. 우선, 농업용 사물인터넷 기기를 구축하려면 장치의 센서를 선택하거나 사용자 지정 센서를 만들어야 한다. 이는 선택하려는 정보의 유형과 사용 목적에 따라 달라지며 수집된 데이터의 정확도가 높아야 하므로 센서의 품질이 좋아야 한다. 데이터를 수집할 때는 강력한 데이터 분석 기능이 존재하도록 복잡한 예측 알고리즘 및 머신러닝을 적용해야 한다. 또한, 정보가 해킹당하지 않도록 기술에 있어서 보안 문제도 고려해야 한다.

　하지만 이런 문제들은 새로운 기술의 등장과 기존 기술들의 보완을 통해 해결될 수 있을 것으로 보인다. 미국의 비즈니스 및 기술 뉴스 웹사이트인 비즈니스 인사이더 인텔리전스(Business Insider Intelligence)의 사물인터넷 관련 연구 보고서에 따르면 농업에서의 사물인터넷 기기 설치 수는 지속적으로 증가하여, 2020년까지 매년 20%씩 증가하여 7,500만 개에 이를 것이라고 예상했다. 동시에, 세계스마트 농업 시장의 규모는 2025년까지 2016년보다 3배 증가한 153억 달러에 이를 것이라고 한다.

엣지 컴퓨팅을 활용한 스마트 농업

> 사물 인터넷을 기반으로 한 스마트 농업을 보완해주는 엣지 컴퓨팅 기술을 통하여 지속 가능한 농업 프로세스를 실현한다.

배경

농업에 사물인터넷을 활용한 프로그램들이 활용되면서 생산성을 높이는 등 여러 가지 이점이 생기고 있다. 그러나 사물인터넷은 클라우드에 의존하는 경향이 있어서, 현장 기기의 센서가 데이터를 수집하고 클라우드에 전송, 분석할 때 시간과 비용이 많이 들며 작업 내에서 해킹의 위험이 존재한다는 문제점들이 지적되어 왔다. 이러한 문제를 해결하기 위해 스마트 농업 연구자들은 엣지 컴퓨팅(Edge Computing) 기술을 고려하기 시작했다.

방법 및 활용기술

엣지 컴퓨팅이란, 데이터를 중앙 데이터 센터로 전송하는 대신, 장치 자체 또는 로컬 컴퓨터나 서버에서 처리하는 분산된 개방형 IT 아키텍처이다. 여러 개의 네트워크 노드에서 실행될 수 있어, 데이터와 프로세싱 간 물리적 거리를 좁혀줘 병목 현상을 줄이고 애플리케이션 속도를 증가시킨다. 네트워크 주변에는 동영상과 같은 기본 애플리케이션에 적합한 수많은 모바일 기기가 소형 임베디드 프로세서상에서 작동한다.

현재 스마트 농업에서 엣지 컴퓨팅이 사용된 예로는 농업용 로봇과 자율 트랙터가 있다. 이들은 〈그림 7-10〉처럼 자동 조종 장치로 작동하여 주변 센서와의 통신을 통해 주변 환경에 대한 필요한 데이터를 얻는다. 농업용 로봇은 수행된 작업 유형과 현장에 존재하는 차량 수, 기계 크기 등을 고려하여 가장 효율적인 경로를 계산한다. 예를 들어, 방해가 되는 사람이나 동물이 있는 경우처럼 장애물이 있는지 판단하여 자동으로 멈추고, 상황에 맞게 물을 뿌리거나 작물을 수확하는 등의 작업을 자동으로 할 수 있다.

비닐하우스나 농장 전체도 엣지 컴퓨팅을 활용하여 원격 서버에 의존하지 않고 수집된 데이터를 처리하여 식물에 물을 주거나 가축에게 먹이를 주거나 실내 온도, 빛, 습도를 관리하는 등의 프로세스들을 자체적으로 실행하게 할 수 있어 폐기물을 감소시킨다. 또한, 기상이나 환경 변화에 대한 데이터를 수집하고 분석하여 잠재적인 자연재해를 예측하여 위험 징후가 있는 경우 관제 센터에 알릴 수 있다.

그림 7-10 이스턴 피크(Eastern Peak)에서 제공한 자율 트랙터 이미지

출처 : https://easternpeak.com/blog/3-edge-computing-use-cases-for-smart-farming/

의미와 전망

엣지 컴퓨팅은 데이터가 수집된 위치를 그대로 유지하므로 해킹의 위험이 적고, 네트워크의 효율성을 높이고 데이터 처리 속도를 증가시킨다. 비용적인 측면에서도 엣지 컴퓨팅을 통해 관련 없는 데이터를 전송하거나 분석할 일이 없어 절감시킬 수 있다. 따라서 엣지 컴퓨팅은 농부들이 농업 비즈니스를 보다 효과적으로 제어하고 최적화된 효율성을 찾아 운영 비용을 절감할 수 있도록 도와주며, 이는 지속 가능한 농업 프로세스를 가능하게 할 것이다.

## 8장

전자상거래

8.1 북스바이에이아이(BOOKSBY.AI)의 GAN(Generative Adversarial Networks)을 활용한 소설을 쓰는 AI

> Booksby.ai는 인공지능만으로 생성된 온라인 서점으로, 책 표지 소개부터 책에 대한 리뷰와 사진에 이르기까지 사이트 내의 모든 콘텐츠를 GAN으로 생성한다.

배경

머신러닝 아티스트인 안드레아스 레프스가르드(Andreas Refsgaard)와 데이터과학 연구자 미켈 루스(Mikkel Loose)는 100% 인공지능으로 생성 및 운영되는 온라인 서점 '북스바이 에이아이(Booksby.ai)' 프로젝트를 개발했다. 덴마크 수도인 코펜하겐에 본사를 둔 Booksby.ai 프로젝트는 인간의 손길 없이 인공지능만으로 모든 콘텐츠와 운영을 담당한다는 아이디어를 구현한 것이다. 인간이 쓴 공상과학에 싫증이 났다면, AI가 작성한 공상과학 소설을 한 번쯤 접해 보는 것도 좋은 아이디어일 것이다.

방법 및 활용기술

〈그림 8-1〉을 확인하면 북스바이 에이아이 사이트에는 현재 'The Imperfect in

the Disaster' 외 9개의 AI 작가의 소설을 판매하고 있다. 해당 서적들은 상품 페이지 내 구매 버튼 클릭 시 아마존 사이트로 연동되어 구매 가능하며, 가격은 대체로 $10~15로 책정되어 있다.

그림 8-1 북스바이 에이아이에서 공개된 9편의 소설의 표지

참고로, 북스바이 에이아이에 기입된 서적 관련한 리뷰 또한 AI가 작성한 문구들이다. 이는 〈그림 8-2〉에서 확인할 수 있다.

Stephen Baster

I could not put it down.

- posted on January 18, 2019

그림 8-2 북스바이 에이아이에 포스팅 된 소설 리뷰

출처 : https://booksby.ai

그림 8-3 아마존에서 구매할 수 있는 북스바이 에이아이의 소설

출처 : 아마존

북스바이에이아이의 개발자 안드레아스 레프스가르드(Andreas Refsgaard)와 미켈 루스(Mikkel Loose)는 다양한 머신러닝 모델을 적용하여 프로젝트를 완성하였다. 예를 들어, 책의 내용과 관련 리뷰는 무료로 이용 가능한 'Char-RNN'이라는 문자 기반의 순환신경망(Recurrent Neural Network) 기술을 사용하여 생성했다. 순환신경망의 학습데이터는 프로젝트 구텐베르크(Project Gutenberg)에서 가져왔다. 프로젝트 구텐베르크는 60,000개가 넘는 무료 전자책 라이브러리이다. 서평 작성자

의 얼굴 이미지와 책 표지 생성에는 각각 트렌스페런트 레턴트 GAN(Transparent latent GAN)과 프로그래시브 그로잉 오브 GAN(Progressive Growing of GANs)이 사용되었다. 책의 가격은 아마존의 책 가격을 바탕으로 훈련된 신경망을 사용해 설정하였다. GAN에 대한 자세한 설명은 책의 16장에서 자세하게 확인할 수 있다. 안드레아스 레프스가르드(Andreas Refsgaard)는 한 매체에서 이렇게 인터뷰했다. "프로젝트는 결국에 물리적인 결과를 가져야 했기 때문에 몇 가지 다른 옵션에 대해 생각했지만 서점이 가장 완벽한 설정이었다. 책에 들어가는 모든 부분, 즉 본문, 저자 이름, 책 설명, 리뷰 등과 같은 텍스트와 책의 표지와 책을 검토하는 사람들의 사진과 같은 이미지들은 머신 러닝 모델을 사용하여 생성할 수 있기 때문이다.

의미와 전망

북스바이 에이아이는 인간의 개입이 전혀 이루어지지 않은 상태에서 인공지능만으로 상품의 생성부터 판매까지 전 과정을 수행한 최초 사례이다. 책이 상당수 팔렸음을 보면 AI의 창작물도 구매의 가치가 있음을 보여준다.

8.2   비자(Visa)의 딥 러닝, 머신러닝을 활용한 소유주의 소비 패턴을 학습한 비정상결제 감지 AI

> 안전한 글로벌 지불결제 생태계를 제공하기 위해 비자(Visa)사는 AI를 이용한 'Visa 첨단 승인 시스템(Visa Advanced Authorization, VAA)'를 구축했다.

배경

미연방 무역위원회의 140만 건 이상의 사기 보고서 분석에 의하면, 미국인들은 2018년 신원 도용을 포함한 사기로 인해 149억 달러의 손실을 보았고 이는 2017년보다 38% 증가한 수치라고 보고했다. 이를 통해 미국에서 신용사기범죄가 일어나는 빈도가 빠르게 증가함을 확인할 수 있다. 시장 조사 기관인 IDC에 따르면, 은행 업계는 신용 사기를 예방하기 위해 올해 AI 시스템에 큰 투자를 하여 AI 시스템의 두 번째로 큰 지출자로 예상된다. IDC에 따르면 은행 업계는 AI를 활용한 사기 분석과 같은 프로젝트에 약 53억 달러를 지출하기로 결정했으며 2023년에는 대략 12.4억 달러를 지출하기로 계획했다고 한다. 이 같은 흐름에 맞춰 비자(Visa)도 AI 및 데이터 인프라 프로젝트에 5년 간 약 5억 달러를 지출했다. 이 투자를 통해 비자는 안전한 글로벌 지불결제 생태계를 제공하기 위해 AI가 탑재된 'Visa 첨단 승인 시스템(Visa Advanced Authorization, VAA)'을 구축했다.

방법 및 활용기술

비자는 1993년부터 신경망 네트워크 기반의 AI를 적용해 실시간으로 거래의 위험 가능성을 분석한 최초의 지불결제 네트워크로, 해당 기술을 통해 부정 결제 판별에 즉각적인 성과를 내는 회사이다. 'Visa 첨단 승인 시스템(Visa Advanced Authorization, VAA)'은 비자의 글로벌 지불결제 네트워크인 비자넷(VisaNet)에서 처리되는 거래 승인을 실시간으로 감시 및 평가해 금융기관이 새로운 부정 결제 패턴 및 동향을 즉각적으로 파악하고 대처할 수 있도록 돕는 종합 리스크 관리 도구이다. 2018년도에 비자넷을 통해 처리된 가맹점 및 금융기관 간의 거래는 약 1,270억 건이다. 비자는 금융기관이 정당한 구매 건은 승인하고 부정 결제는 빠르게 식별하고 방지할 수 있도록 AI를 도입해 거래 한 건당 0.001초의 속도로 전체 거래를 100% 분석하고 있다.

그림 8-4 Visa 첨단 승인 시스템

출처 : 비자

　비자가 VAA에서 사용하는 기술은 머신러닝 알고리즘으로, 이를 활용하여 거래 데이터를 탐색하여 이상(anomaly)을 식별하고 매년 수십억 달러의 사기 거래를 방지하는 노력을 하고 있다고 비자의 기술 및 운영 부사장 라잣 타네자(Rajat Taneja)는 밝혔다. 딥 러닝 모델은 복잡한 패턴을 자동으로 식별하게 해준다. 예를 들어, 고객이 다른 국가에서 처음으로 자신의 카드를 사용하는 경우 딥러닝 알고리즘은 합법적인 거래인지 확인할 시 기존 머신러닝보다 정확도가 높고 오 탐지가 적다. 개발된 딥 러닝 알고리즘은 비자 카드를 사용하는 한 항공사 및 호텔에서의 이전 거래를 고려해 다른 국가에서 카드를 사용하는 것이 부정거래가 아님을 확인할 수 있다. 이를 통해 첫 결제 또는 결제를 자주 하지 않는 고객의 정당한 거래를 식별해 잘못된 승인 거부 발생 가능성을 감소시켰다.

플랫폼 개발자는 비자의 실시간 카드 거래로 구성된 보안 데이터 세트를 활용해 딥러닝 모델을 검증하였다. 과거 연구팀은 과거 거래 데이터를 활용해 알고리즘을 검증한 후 실시간 데이터에 배포되면 작동할 것이라고 희망할 수밖에 없었으나, 이제 글로벌 카드 트래픽을 방해하지 않고 데이터의 하위 집합에 알고리즘을 검증할 수 있었던 것은 큰 발전이었다. 비자 리서치(Visa Research) 부사장 하오 양(Hao Yang)은 비자의 56명 규모의 연구팀의 과학자들이 아마존과 같은 퍼블릭 클라우드 서비스를 사용하는 대신 회사 자체 데이터 센터에서 실행되는 내부 클라우드와 유사한 알고리즘 테스트 시스템을 구축했다고 밝혔다. 이로써 보안에 관련된 부분을 강화시킬 수 있었다. 또한 고객의 구매 패턴을 파악할 때도 비자는 보안에 신경썼다. 설명에 따르면 AI가 고객 개인의 이름이나 구매 물품을 알지는 못하지만 이전 활동 및 구매 패턴을 고려해 거래 데이터의 프로파일을 작성하고 '일반적인 구매 양태'를 파악한다. 이를 통해 모든 비자 사용자의 행동은 '근무 후 휘발유 구입'또는 '승차권 구매를 위해 스마트폰 사용'과 같은 클러스터로 그룹화되게 된다. 그룹화 된 일반적인 구매 양태에 어긋나는 구매가 있을 시 VAA는 이를 이상 결제로 간주한다. 현재 129개국 8,000개 이상의 금융기관이 VAA를 사용하고 있다.

의미와 전망

비자는 새로운 알고리즘을 통해 더 빠르고 깊은 통찰을 확보하고 있다. 지불결제에서 가장 어려운 도전과제 중 하나가 처리 과정에서 마찰 없이 카드 고객의 정당한 거래를 범죄자 부정결제와 분리하는 것이다. 비자는 AI를 적용해 실시간 거래 위험 가능성을 분석하는 최초의 지불결제 네트워크를 확보했으며 부정결제 판별에 큰 성과를 내고 있다.

> 온라인 쇼핑몰 아마존이 그간 취약했던 의류분야를 강화하기 위해서 아마존 모바일 앱에 AI를 기반으로 한 의류 검색 서비스 '스타일 스냅(StyleSnap)'을 선보였다.

배경

지난해 아마존은 월마트를 제치고 미국에서 가장 수익성이 높은 소매업체로 부상해 약 300억 달러의 매출을 기록하며 일상용품에 대해 전통적인 쇼핑방식을 바꿔놓고 있다. 온라인 쇼핑몰 아마존은 그간 취약했던 의류 사업 분야를 강화하기 위해서 아마존 모바일 앱에 AI를 기반으로 한 의류 검색 서비스 '스타일 스냅'을 선보였다. 고객들이 자신의 사진이나 원하는 이미지 등을 스타일스냅에 업로드하면 AI가 사진에 있는 모습과 비슷하거나 취향이 비슷한 의류를 제시해 주는 서비스이다.

방법 및 활용기술

스타일스냅은 고객이 제공한 사진을 머신러닝을 활용해 분석한 후, 가장 유사한 형태의 의류를 아마존닷컴에서 검색해서 보여준다. 추천 제품을 보여줄 때는 색상이나 스타일뿐만 아니라, 브랜드, 가격, 고객 리뷰와 같은 다양한 요소를 고려한다. 〈그림 8-5〉를 통해 스타일스냅의 이용방법을 확인할 수 있다. 시작하려면 먼저 아마존 앱(App)의 오른쪽 상단에 있는 카메라 아이콘을 클릭하고 스타일스냅 옵션을 선택한 다음 좋아하는 패션 사진의 사진이나 스크린 샷을 업로드하거나 직접 촬영을 하여 사진을 업로드하면 스타일스냅은 아마존에서 사진의 모양과 일치하는 유사한 항목에 대해 제시한다. 또 이 서비스를 제공 할 때 스타일스냅은 브랜드, 가격 범위 및 고객 리뷰와 같은 다양한 요소를 고려한다.

그림 8-5 스타일 스냅 이용 방법

출처 : 아마존

이미지 인식 기술을 효과적으로 사용하려면 분석에 적합한 사진을 업로드 해야 한다. 〈그림 8-6〉에서 확인할 수 있듯이 사진 속 인물이 정면을 보고 있어야 한다. 과도하게 줌 인, 줌 아웃이 된 사진은 부적절하다. 인식해야 할 의상 앞에 가리는 무언가가 있다면 인식이 어려워진다.

Great images for similar recommended items

The images below will show not only the items you tag, but also items Amazon recommends based on similarities. The key factors of great images for recommendations are that they are:

- Front-facing
- Well-framed (not too zoomed in or out)
- No obstructions (nothing covering the item)

그림 8-6 이미지 인식에 적합한 사진의 예시

출처 : 스타일스냅

검색 기술이 계속해서 발전하고 있지만, 아직 소리나 이미지를 이용한 검색은 완벽하지 않은 것이 현실이다. 인공지능과 음성인식 기술이 만난 덕분에 '말'로 하는 검색은 제법 빠르게 발전을 거듭하고 있다. 하지만 이미지나 동영상 검색은 문자나 음성 기반의 검색과 비교하면, 상대적으로 진화 속도가 느린 편이다. 이미지 속에는 식별해야 하는 다양한 요소의 변수들이 존재하기 때문이다. 똑같은 옷이라도 카페, 해변, 실내 등 촬영하는 장소에 따라, 그리고 옷을 입고 있는 사람의 포즈에 따라 느낌이나 분위기가 달라진다. 아마존은 스타일스냅을 개발하기 위해 컴퓨터 비전과 딥 러닝 등 다양한 인공지능 기술을 적용했다고 밝혔다. 딥 러닝은 인공신경망을 기반으로 한 기계학습 기술 클래스로, 인간 두뇌의 작용에서 영감을 얻은 기술이다. 신경망은 서로 연결된 수백만 개의 인공 뉴런으로 구성되며, 일련의 이미지를 공급함으로써 의상 이미지를 감지하도록 훈련되었다. 예를 들어, 맥시와 아코디언 스커트의 수천 개의 이미지를 알고리즘에 공급하여 두 스타일의 차이점을 학습하게 하였다. 스타일스냅은 신경망이 더 많은 수의 클래스를 식별하도록 하기 위해 더 많은 수의 레이어를 쌓았다. 처음 몇 개의 레이어는 일반적으로 의상의 모양과 색상과 같은 개념을 학습하는 반면 중간 레이어는 '꽃' 또는 '데님'과 같은 패턴을 학습한다. 모든 레이어를 통과 한 후 알고리즘은 이미지에서 의상 스타일을 정확하게 식별할 수 있다고 한다.

의미와 전망

스타일스냅을 사용하면 고객이 원하는 모양의 스크린 샷을 찍어 영감을 주는 패션 검색을 발견할 수 있을 뿐 아니라 패션에 영향을 주는 사람들이 커뮤니티를 확장할 수 있을 것으로 기대된다. 아마존의 온라인 상점, 아마존고(Amazon Go) 또는 홀푸즈(Whole Foods)에서 쇼핑하는 것과 유사하게 스타일스냅은 아마존이 인공지능을 활용하여 고객의 삶에 실질적인 차이를 만드는 방법의 최신 예시로 볼 수 있다. 한계점으로는, 이미 패션 자이언트 에이소스 등 스타트업들이 비슷한 서비스를 제공하고 있다는 것과 AI가 실제로 고객이 원하는 만큼의 기대에 부합할 수 있을지 같은 의문이 있을 수 있다.

8.4 페이스북(Facebook)의 컴퓨터비전을 활용하여 패션 스타일링을 제안하는 AI

패션++(Fashion++)은 사람의 스타일의 개선안을 추천하는 AI이다. 프로젝트 기반이기 때문에 순수하게 학문적이지만 본 연구는 결국 디지털 어시스턴트가 사람들을 스타일링 하는 데 도움을 줄 수 있음을 입증했다.

배경

코넬 대학교, 조지아텍과 페이스북 AI 리서치팀이 스타일에 대한 조정을 도와주는 AI를 활용한 패션 스타일링 기술을 개발했다. 본 기술명은 패션++(Fashion++)이며 개인 옷장을 분석하고, 개인의 스타일링을 작은 변화를 통해 더 트렌디한 스타일로 만들어준다. 예를 들면, 액세서리를 제거하거나 바지를 더 어두운 것으로 교체하는 것 등이다. 연구원들은 '스타일링 개선을 위한 최소한의 변화'라는 목표가 AI 기술 훈련과 관련된 몇 가지의 과제를 제시했다고 했다.

방법 및 활용기술

패션++(Fashion++)은 AI를 활용해 사용자에게 더 나은 스타일을 제안하는 서비스를 제공한다. 현재 트렌드로 분석되는 스타일 및 아이템을 AI에 노출시키고, 이를 학습한 AI가 사용자의 스타일링에 도움을 주는 서비스다. 이 시스템은 인공지능을 실험하기 위해 대학에서 일하는 많은 학자들로 구성된 페이스북 AI 연구팀인 페어(FAIR)의 주도로 개발되었다. 그들의 작품인 패션++는 상업적인 것이 아니므로 페이스북의 AI 연구팀 또는 다른 사람들이 상업적인 제품에 적용할 수 있다.

이 서비스가 혁신적인 이유는 고객에게 완전히 새로운 룩을 구매할 것을 권장하지 않기 때문이다. 예를 들자면, 티셔츠 대신 셔츠를 입거나 소매를 말아 올리는 등 하나 혹은 두 개의 항목을 바꿔 더 나은 스타일을 제안한다. 실용성에 중점을 둔 알고리즘으로 창조적 역할을 수행하는 새로운 AI가 좋은 성과를 거둔다면, 아마 미래에는 새로운 패션 스타일을 창조하는 패션 디자이너들의 일을 돕는 것 역시 가능할 것으로 보인다.

패션++는 15,000개가 넘는 패션 이미지로 이미 훈련된 이미지 생성 시스템에 의해 합성된 알고리즘에서 작동한다. 프로젝트 초기에 알고리즘을 학습시키는데 사용되는 패션 이미지를 선정하는데 어려움이 있었다. 그 이유는 각 의상의 우수 및 열등을 보여주는 이미지쌍은 시스템에 차이를 가르쳐 줄 수 있으나, 이러한 데이터는 쉽게 구하기 어렵기 때문이다. 그뿐 아니라 데이터를 획득하는 것의 어려움은 트렌드가 변화함에 따라 최신 버전의 이미지를 업데이트 하는 것이 지연될 수 있었다. 때문에 연구원들은 칙토피아(Chictopia)에서 사용자들이 업로드한 스트릿 스타일 이미지 약 15,000 장을 활용하였다.

유저의 이미지가 시스템에 제공되면 각 부분별(예시: 가방, 블라우스, 부츠)로 해당 코드에 매핑된 뒤에 15,000개가 넘는 의상 사진을 제공하는 'Discriminative fashionability' 모델을 활용하여 유저의 스타일을 편집해 준다. 이는 아웃핏의 점수를 극대화하며 이로 인해 스타일링은 개선된다. 편집을 최적화한 이후에 Fashion++는 유저의 옷장에서 추천 사항을 가장 좋게 달성할 수 있는 옷을 찾아서 바뀐 룩으로 입고 있는 유저의 사진으로 렌더링해서 결과로 보여준다.

〈그림 8-7〉을 보면 알고리즘이 어떤 방식으로 작동되는지 시각적으로 확인할 수 있다. $x(q)$에서는 의상의 텍스쳐를 분석한다. $m(q)$에서는 의상의 모양을 분석한다. 그 후에 패션++시스템에서 두 가지 이미지를 분석하고 이를 과거에 성행했던 스타일과 비교한다. 그 후에 개선된 스타일링을 제시한다. 새로운 스타일에는 셔츠를 바지에 넣는 등의 개선사항이 추가되어 있다.

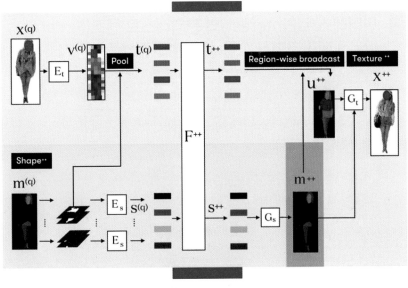

그림 8-7 패션++ 알고리즘의 예시

출처 : 페이스북

의미와 전망

이 서비스는 패션에 대한 피드백을 제공해주는 친한 친구와 같이 기능하며, 우리 모두가 알듯이 옷에 조금만 신경써도 사람이 달라 보일 수 있다는 점에서 소비자의 니즈가 있을 것이라 예상한다. 여러 비즈니스 모델이 있겠지만, 우선 개인 스타일리스트 앱이 이 기술을 활용해서 론칭할 수 있을 것이다.

이 기술의 한계점으로는, 패션은 사람의 체형에 따라 천차만별로 달라진다는 점을 아직 고려하고 있지 않다는 점이다. 특정 체형을 가진 사람은 특정 옷 스타일이 어울리지 않을 수 있고, 키에 따라서도 어울리는 스타일이 굉장히 달라진다. 하지만 현 기술은 아직 체형에 따라 어울리는 패션 스타일링을 추천해줄 수 없다. 이러한 기술의 한계가 있긴 하지만 이는 AI를 학습시키면 자연스럽게 해결될 문제이고 더 나은 기술로 가는 초석이 되리라 생각한다. 어떤 요인들이 각기 다른 체형을 돋보이게 하는지, 이에 따라 개인의 체형에 맞는 패션 스타일을 추천해줄 수 있도록 AI를 학습시키는 것이 필수과제가 될 것이다.

핀터레스트(Pinterest)의 핀터레스트 렌즈(Pinterest Lens) 이미지인식 AI를 활용한 의류상품추천 AI

> 소셜 네트워크 서비스인 핀터레스트(Pinterest)에서는 핸드폰 카메라로 이미지를 인식해 의류 제품을 추천받을 수 있다.

배경

2010년도에 설립된 핀터레스트(Pinterest)는 이용자가 스크랩하고자 하는 이미지를 포스팅하고 다른 이용자와 공유하는 소셜 네트워크 서비스이다. 샌프란시스코에 본사를 둔 핀터레스트 사용자들이 매달 공유 및 스크랩하는 이미지와 사진은 약 1억 7,500만 장에 달한다. 핀터레스트라는 명칭은 핀(Pin)과 인터레스트(Interest)의 합성어이다. 이 소셜 네트워크 서비스의 가장 큰 특징은 이미지 보드에 핀으로 사진을 꽂는 것과 비슷한 개념으로 이미지 파일을 모으고 관리할 수 있다는 점이다. 핀터레스트 사용자들은 주제를 갖는 사진 핀 보드를 만들 수 있다. 사용자는 온라인 웹 서핑 시 핀 잇(Pin It) 버튼을 눌러 자신의 핀 보드에 온라인에 올라와 있는 미디어를 추가할 수 있다. 또는, 사용자의 컴퓨터에서 미디어를 올려 추가할 수 있다. 각각의 미디어 항목 하나하나를 핀(pin)이라고 부른다. 여기서 미디어는 사진, 비디오 등이 될 수 있다. 핀들이 모여 보드(boards)를 이룬다. 〈그림 8-8〉을 보면 핀터레스트의 화면을 확인할 수 있다. 핀터레스트에는 이처럼 사용자들이 업로드 한 사진들이 있고 이를 둘러보다가 마음에 드는 사진을 핀 잇 하여 자신의 핀 보드에 추가할 수 있다.

다수의 핀터레스트 사용자들은 최신유행을 좇기 위해 서비스를 이용하는 것으로 알려져 있다. 즉 자신이 사고 싶은 제품이나 패션, 인테리어 등의 이미지들을 모으고, 그것이 쇼핑으로 직접 연결되는 경향이 다른 SNS에 비해 강하다. 따라서 미국 기업들은 핀터레스트를 주요한 SNS 마케팅 채널로 활용하고 있다. 이는 원하는 정보만 골라서 받아 볼 수 있는 큐레이션(Curation)의 특징으로, 이미지를 사용해 직관적

그림 8-8 핀터레스트의 화면

출처 : Pinterest

으로 감성을 끌어들이는 동시에 이미지를 클릭할 경우 해당사이트로 이동하면서 제품의 구매로 이어질 수 있어 기업의 새로운 유통채널로 부각되고 있다. 따라서 핀터레스트를 통해 이미지 콘텐츠가 주류인 패션브랜드 마케팅이 각광받고 있다.

방법 및 활용기술

핀터레스트는 핀터레스트 렌즈(Pinterest Lens)를 통해 사용자들이 의류 상품을 빠르게 둘러보고 구입할 수 있도록 하였다. 〈그림 8-9〉를 보면 핸드폰 카메라를 통해 관심이 있는 상품을 직접 사진촬영하거나 〈그림 8-10〉처럼 관심 상품이 찍힌 사진을 올려 핀터레스트 렌즈를 사용할 수 있다. 두 가지 방법으로 원하는 상품이 있는 사진을 올리면 핀터레스트 렌즈에서는 이미지 인식 기술을 통해 사진 속 상품을 분석하여 유사한 패션 상품의 사진 핀들을 핀터레스트 이용자에게 보여준다. 그뿐만 아니라 사진 속 상품과 어울리는 다른 패션 제품들도 찾을 수 있으며 검색어를 추가하여 원하는 스타일을 둘러볼 수도 있다. 예를 들어, 좋아하는 재킷의 사진과 검색어 '가을 패션'을 새로운 복장 아이디어로 만들거나 인기 있는 유명인의 사진과 검색어 '밤'을 결합하여 원하는 스타일을 찾을 수 있다. 컴퓨터 비전을 비롯한 이미지 인식 기술을 구축하여 핀터레스트 렌즈를 만들기 위해 핀터레스트는 이전 Google 엔지니어링 책임자인 리 판(Li Fan)을 채용하였고, 여러 회사를 인수하였다.

그림 8-9 핀터레스트 렌즈로 이미지인식(1)

출처 : Pinterest

그림 8-10 핀터레스트 렌즈로 이미지인식(2)

출처 : Pinterest

의미와 전망

핀터레스트는 이미지 공유 플랫폼에서 이미지 인식 기술을 활용해 전자상거래 마케팅을 결합해 쇼핑서비스와의 접목이 활발해질 것으로 예상된다. 이미지 측면으로 많은 기업들에게 유연성을 제공할 것으로 기대된다.

9장
헬스케어

Mindstrong의 스마트폰 사용 패턴을 활용한 정신 건강 분석

> 디지털 기기나 온라인 서비스의 사용패턴을 통해 사람의 감정상태나 질병의 유무를 파악할 수 있다.

배경

스마트폰은 센서와 애플리케이션을 활용하고 부가적 기기를 연결함으로써 뛰어난 연산능력과 통신 기능을 이용하여 디지털 헬스케어 단말로서의 핵심적 역할을 수행할 수 있다. 오늘날 우리는 항상 스마트폰과 함께한다. 그리고 스마트폰의 등장과 함께 SNS의 확산 또한 빠르다. 이에 따라 SNS를 사용하는 패턴과 사용하는 언어의 스타일에서 유추되는 개인의 특성 관련 양질의 정보도 방대하다. 이를 분석하면 일상에서 삶의 방식과 감정 상태, 우울증, 불면증과 같은 질병의 유무에 대한 분석도 가능할 것이다. 이러한 스마트폰 사용 패턴에 기반하여 정신 건강 분야의 사업을 추진하는 대표적인 곳이 마인트스트롱 헬스라는 실리콘 밸리 스타트업이다. 스마트폰의 다양한 사용 패턴을 통하여 사용자의 인지 능력이나, 우울증, 조현병, 양극성 장애, 외상 후 스트레스 장애(PTSD), 약물 중독 등의 정신 건강과 관련된 문제들을 측정하려 한다.

방법 및 활용기술

마인드스트롱은 스마트폰으로부터 다음과 같은 데이터를 획득한다.

- 장소의 다양성(Location Variance) : 얼마나 다양한 장소를 방문했는지
- 엔트로피(Entropy): 장소들에서 보낸 시간의 다양성에 관한 지표
- 집에 머무는 시간 (Home Stay): 다른 장소 대비 집에서 머무는 시간의 비중
- 생활의 규칙성(Circadian Movement): 하루동안 방문하는 장소의 순서가 일정한 정도
- 움직인 거리(Total Distance): 하루 동안 움직인 총 거리
- 전화 사용 빈도 (Phone Usage Frequency): 하루 기준 전화기 사용 빈도
- 전화 사용 시간 (Phone Usage Duration): 하루 기준 전화기 사용 시간

〈그림 9-1〉에서 x축은 스마트폰의 사용패턴, y축은 PHQ-9척도로 우울감의 정도를 나타낸다. (참고: PHQ-9는 우울한 정도를 자가 측정하기 위해 세계적으로 널리 사용되는 척도, 점수가 높을수록 우울감이 높다. 5점 이상 우울증 의심, 10점 이상 시 전문가와의 상담 권고) 그 결과 생활의 규칙성, 장소의 다양성이 특히 우울증과 상관관계가 높았으며, 전화 사용 시간과 빈도 역시 우울증과 유의미한 상관관계를 보였다.[1]

마인드스트롱은 앞서 노스웨스턴 대학의 연구보다는 더 복잡하고 세부적인 패턴을 측정한다. 예를 들어, 사용자가 스마트폰에서 타이핑하는 방식, 스크롤을 내리는 방식, 화면을 터치하는 방식 등을 측정하고, 이러한 데이터를 기계학습을 통해 추가적인 분석을 진행한다. 정확히 어떤 패턴을 측정하는지 모두 공개되지는 않았고, 간략하게 총 45가지의 패턴을 측정한다고 네이처 디지털 메디슨 (2018) 논문에 언급되어 있다.[2] 그 예시로 스마트폰을 사용할 때의 두 가지의 연속적인 행동, 예를 들어 타이

---

1) Saeb, S., Zhang, M., Karr, C. J., Schueller, S. M., Corden, M. E., Kording, K. P., & Mohr, D. C. (2015). Mobile phone sensor correlates of depressive symptom severity in daily-life behavior: an exploratory study. Journal of medical Internet research, 17(7), e175.
2) Dagum, P. (2018). Digital biomarkers of cognitive function. npj Digital Medicine, 1(1), 10.

핑할 때 스페이스 바를 누른 후 다음 단어의 첫 번째 글자를 타이핑 하는 행동이나 글자를 지울 때 백스페이스를 누르는 행동을 분석한다. 또는 문맥에 따라 측정 패턴을 구분하기도 하는데, 예를 들어 단어를 타이핑 할 때, 단어의 초/중/후반부 철자 입력을 별도로 구분해서 측정한다고 한다.

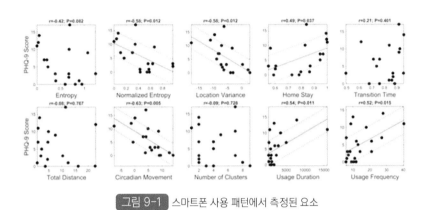

그림 9-1 스마트폰 사용 패턴에서 측정된 요소

출처 :JMIR

〈그림 9-2〉를 보면, 마인드스트롱이 측정한 스마트폰 사용 패턴과 인지 능력에 높은 상관관계를 보여준다. 각각의 그래프는 개별적인 인지 능력 테스트에 대한 것이다. 27명의 2~30대를 대상으로 다양한 표준 인지 테스트를 수행한 후 7일 동안의 스마트폰 사용 패턴을 분석한 결과이다. x축은 27명의 피실험자, y축은 점수를 나타낸다. 파란색은 피실험자의 표준 인지능력 테스트 결과이고, 빨간색은 마인드스트롱의 스마트폰 사용 패턴 점수이다. 피실험자마다 파란색 점과, 붉은색 점의 수치가 거의 비슷하다는 것은 실제로 마인드스트롱의 방식이 사용자의 인지 능력을 잘 반영하고 있다는 것이다. 즉, 이 연구는 스마트폰에 기반한 디지털 표현형[3] 이 사용자의 표준 인지 테스트 점수를 효과적으로 나타낼 수 있다는 가능성을 보여줬다고 할 수 있다.

---

3) 디지털 표현형(digital phenotype): 스마트폰과 SNS에 남는 디지털화된 우리의 행동양식을 뜻한다.이러한 디지털 표현형을 적절히 분석하여 해당 환자의 건강 상태를 장소에 국한되지 않고 지속해서 알 수 있으며, 더 나아가 발병과 질병의 악화, 재발을 조기에 파악하거나 예측이 가능하다.

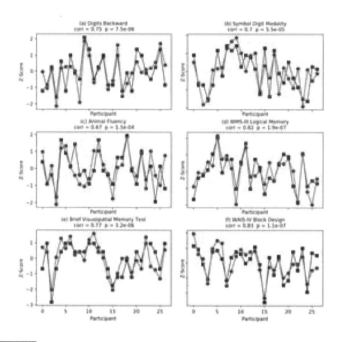

그림 9-2 마인드스트롱이 측정한 스마트폰 사용 패턴과 인지 능력에 관한 상관관계

출처 :npj

의미와 전망

스마트폰으로 사용자의 정신 건강을 파악할 수 있는 경우 기존에 비해 큰 장점들을 가진다. 환자가 검사를 받기 위해 병원에 방문할 필요가 없으며, 특수한 환경에서 테스트를 받는 것이 아닌 일상생활의 실제 데이터를 측정할 수 있다. 또한 정기적이 아닌 연속적으로 스마트폰 사용 시마다 측정이 가능하므로 매시간, 매일 실시간 사용자의 상태를 모니터링 할 수 있다. 또한 스마트폰에 애플리케이션 설치만 하면 되기 때문에, 전 세계의 스마트폰 사용자들에게 적용 가능하다. 이 회사는 창업 이후 수천 명의 사람과 임상 연구를 지속해오며, 특히 2018년 이후 병원과 적극 협력을 통해 우울증, 조현병, 약물 중독 등의 재발 위험이 높은 중증 환자들과 추가 임상 연구를 진행하고 있다고 한다.

9.2 샤오미의 AI를 활용한 안마의자

빅데이터와 인공지능(AI)을 접목하여 안마의자 개발과 출시가 이루어지고 있다.

배경

중국 내수시장을 발판 삼아 데이터를 모으고 사업 규모를 키운 '원조' 기업은 샤오미다. 가성비(가격 대비 성능) 높은 제품으로 시장 점유율을 빠르게 늘렸다. 샤오미의 스마트 안마의자(《그림 9-3》)는 '사용자 맞춤형' 모드를 설정할 수 있었고 소모품으로 여겨졌던 선풍기와 칫솔, 면도기, 전등도 인터넷 센서가 달려 있어 에이아이 스피커와 스마트폰으로 원격조종이 가능하다. 개인용 클라우드라 여겨지는 미유아이 계정에 스마트기기가 연결되면 사용자들이 어떤 제품을 어떤 방식으로 활용하는지, 몇 개의 기기를 앱에 연결하는지 디지털 데이터가 차곡차곡 쌓인다. 버지니아 수 동아시아 총괄 매니저는 "샤오미는 사용자 기기 정보와 사용자가 쓰는 소프트웨어·앱 정보에 한해 수집한다"며 "제품에 들어갈 인공지능 기술을 발전시키는 데 사용하며 소비자들의 활발한 플랫폼 참여 덕분에 제품 에이아이 역량이 길러졌고 에이아이 스피커도 상호작용을 통해 매번 개선되고 있다"고 했다. 미유아이 플랫폼과 소비자 빅데이터는 '샤오미 생태계'를 넓히는 자산으로도 활용됐다. 일반인들의 건강에 대한 관심이 높아지고 사물연결 초지능 시스템이 떠오르기 시작하면서 생활 가구에도 그 활용이 등장한 것이다.

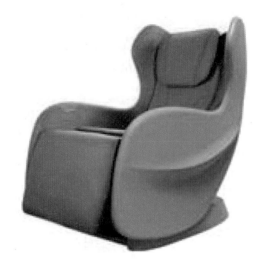

출처 : 샤오미

방법 및 활용기술

바쁜 일상 후 집에서 가장 편안한 자세로 쉴 수 있는 공간에 대한 연구를 위해 많은 가구 업체에서 맞춤형 의자를 선보이고 있다. 샤오미가 어떤 특정한 기술을 사용할 것인지에 대한 뚜렷한 입장은 밝히지 않았지만, 현재로도 많은 기업들이 AI를 활용한 의자를 개발하고 출시하고 있는 것으로 보아 비슷한 기술이 사용될 것으로 예상된다. 예를 들어, SR프로젝트가 출원한 특허는 인공지능(AI) 시스템을 이용해 안마의자가 사용자 개별 신체 정보를 측정하고, 정보를 토대로 각자에게 맞춤형 마사지를 제공한다. 또 전 세계 안마의자에서 수집한 건강정보를 블록체인 기술을 활용해 데이터베이스(DB)로 구축한다. 구축된 건강정보 DB를 이용해 전 세계 의료기관을 비롯해서 정부기관, 보험회사들 그리고 제약사들이 의료기술 개발과 신약을 개발하는 DB로 유통된다.

샤오미의 경쟁사라고 할 수 있는 국내기업 '바디프랜드'의 AI활용 사례를 살펴보면, 최근 삼성물산과 협력하여 사물인터넷(IoT) 기술을 접목한 안마의자를 선보였다. 바디프랜드 '파라오S'는 사용자가 영화를 보기 위해 안마의자에 앉아 기능을 작동시키면 이에 맞춰 자동으로 커튼이 쳐지고 조명이 어두워지는 기능을 연구했다. 영화 관람에 최적화된 환경을 제공하는 것이다. 각각의 공간을 이용하는 사용자 특성과 행동 패턴에 맞춰 필요한 기기가 알아서 작동한다는 점에서 고객마다 다른 상황을 이해하는 의자라는 점에서 갈수록 개성이 뚜렷해지고 다양해지는 객 기호에 맞춘 것이라 볼 수 있다. 그뿐 아니라 바디프랜드는 인공지능(AI) 음성인식 기술을 안마의자에 접속하는 등 'AI 헬스케어' 분야를 넓히고 있다. 바디프랜드의 안마의자와 모션베드 등에 KT의 음성인식 AI플랫폼 '기가지니'가 적용돼 리모콘없이 음성으로 안마의자나 모션베드를 작동할 수 있게 되었다. 안마를 해주는 의자가 스스로 우리의 음성과 상황을 파악하고 고객맞춤형으로 여러 서비스를 제공하고 있는 것이다. 의자와 IoT 기술을 접목하고 있는 가구 업체들의 움직임은 사용자의 정보를 파악하고 분석하는 제품을 통해 다양해진 소비자 니즈를 반영하고 있다. 의자에 앉아 일하고 소파에 앉아 쉬는 바쁜 현대인들은 대부분의 시간을 의자와 함께한다. 스마트 의자는 이런 사용자들의 일상의 편리함을 강화시켜주는 기능들을 탑재했기 때문에 많은 소비자들에게 주목받고 있다.

의미와 전망

중국의 구글 바이두와 중국의 애플 샤오미가 서로 손을 잡았다. 샤오미의 개발자 회의에서 '사물인터넷(IoT) 개발자 계획'에 이어 바이두와의 협력을 통해 하드웨어와 소프트웨어를 융합하는 방식을 통해 IoT와 인공지능(AI) 생태계를 결합하겠다고 발표했는데, 공식적인 석상에서 전략적 제휴를 발표한 것은 처음이다. 구체적인 협력 방식은 공개하지 않았지만 바이두가 음성인식, 딥러닝 등 AI 기술 개발을 맡고 샤오미가 이를 자사 기기에 탑재하는 방식으로 AI 전선을 확대할 가능성이 큰 것으로 보이는데, 사실 바이두의 대화형 운영체제인 DuerOS의 일부에는 이미 샤오미의 하드웨어가 포함되어있는 것으로 알려져 있다. 바이두는 주력 사업뿐 아니라 미래 먹거리를 찾아 로봇, 자율주행차 등 스마트폰 이후 플랫폼을 모색하고 있고, 샤오미도 모바일 뿐 아니라 생활가전, AI 스피커, 전동칫솔, 안마의자 등 국내의 삼성전자나 LG전자와 같이 대다수 전자기기에 손을 대며 사업확장에 열을 올리고 있었다. 실제로 샤오미는 생산은 외주 업체에 맡기고 개발만 맡는 방식으로 가격 경쟁력을 높여 세계 스마트폰 3위권까지 올라서기도 했다. 제휴에 대한 범위, 규모 등의 세부적인 사항은 현재 밝혀진 바 없지만, 바이두가 AI 기술과 빅데이터, 지식 매핑, 정보 및 서비스 생태계 등 방면에서 강점이 있고 샤오미는 애플리케이션과 스마트 하드웨어 등 영역에서 인기 있는 기업인 만큼 앞서 언급한 DuerOS 이외에도 음성인식, 딥러닝, AR, VR, 로봇 등의 최첨단 기술에도 공동 협력을 IoT+AI 융합 생태계를 공동으로 구축해 나갈 예정인 것으로 보인다.

독감 증상이 있는 사람들이 기침, 발열과 같이 관련 단어 검색 빈도가 늘어나는데 이를 통해 구글은 '구글 독감 동향(Google Flu Trends)'이라는 독감 경보 체계를 마련하였다.

배경

2008년 구글(Google)은 독감과 관련 있는 검색어의 검색빈도를 추적한 빅데이터를 바탕으로, 독감 유행 시기를 예측하는 서비스 '독감 트렌드(Google Flu Trend)'를 발표한 바 있다. 이 서비스는 사람들이 독감에 걸렸을 때 검색하는 약 40가지의 단어를 바탕으로 독감의 발병을 예측하는 서비스다. 그 시점까지만 하더라도 독감 트렌드는 매우 잘 작동했다. 이 서비스에 참여했던 미국질병방제센터(CDC)의 역학 및 예방분과소장 조셉 브리제는 이렇게 말했다. "우리는 이 새로운 기술이 미국에서 독감이나 다른 어떤 질병의 발병을 감시할 수 있는 더 나은 방법을 줄지 모른다는 사실에 매우 흥분해 있습니다." 해당 서비스를 활용하면 미국 보건당국이 독감 유행시기를 1주일 이상 빠르게 예측할 수 있다는 내용이 골자였다. 구글의 독감트렌드는 세계적으로 권위있는 영국의 과학잡지 '네이처(Nature)'에 소개되는 영광을 안으며 전세계적인 관심을 한몸에 받았다.

방법 및 활용기술

구글 GFT는 전 세계 25개국에 사는 수백만 명의 사용자가 입력하는 검색어를 집계해 지역별 독감유행 가능성을 예측해 왔다. 독감이 유행하는 지역에서는 독감의 증세와 치료법 등에 대한 검색 빈도가 다른 지역보다 월등히 높다는 점에 착안한 서비스다. GFT의 가장 큰 장점은 정보 제공이 빠르다는 점이다. 미국 질병통제센터(CDC)와 한국 질병관리본부 등은 전국 각지의 병원에 접수된 독감의심환자(ILI) 숫자를 근거로 독감주의보를 낸다. 이 때문에 실제 독감 유행시점과 일주일 이상의 시차(時差)가 생긴다. 반면 GFT 정보는 매일 새롭게 업데이트된다. 예측 정확도도 상당히 높은 편이다.

1. 데이터 수집: 구글 검색어가 자동으로 구글의 서버에 쌓이게 되므로 데이터의 축적이 이루어진다. 또한 검색어는 시간에 따른 분포를 나타낸다는 점과 IP를 통한 위치를 파악할 수 있다는 것을 활용한 것이라 볼 수 있다. 독감(ILI - influenza likeness illness)과 관련된 키워드(ILI-related query)들을 정리해서 추출한다. 즉, 검색어, 시간대, 그리고 위치 정보를 활용해서 독감 트렌드를 분석해 낸 것이다.

2. 데이터 분석: 데이터를 분석하기 위해서는 수집된 데이터의 지표들을 기반으로 상관관계를 만들어낼 필요가 있다. 즉, 해당 지역에서 "실제 병원을 방문한 환자의 수"와 "구글에서 독감 관련 키워드를 검색한 사용자의 수"의 관계가 된다.

$$logit(P) = \beta_0 + \beta_1 \times logit(Q) + \varepsilon$$

where **P** is the percentage of ILI physician visits, **Q** is the ILI-related query fraction, **β_0** is the intercept,

β_1 is the multiplicative coefficient, and **ε** is the error term.
logit(P) is the natural log of **P/(1-P)**.

수식을 보면 "실제 병원을 방문한 환자의 수"와 "독감 관련 키워드를 검색한 수"의 관계가 로그를 취했을 때 선형 관계라는 것을 알 수 있다. 절편(intercept), 계수(multiplicative coefficient) 등을 통해 보정값을 설정하고, 자연로그를 사용해서 비선형인 회귀식을 선형 방정식으로 만든것이다. 기본 함수는 다음과 같았을 것이다.

$$ln(P) = \beta_0 + \beta_1 \times ln(Q)$$

이 함수는 2003년부터 2008년까지 쌓인 데이터를 Training 을 거쳐 기계학습(Machine Learning)을 통해 만들어졌을 것이다. 실제로 MapReduce를 사용해서 분산 환경에서 쿼리 추출부터 함수 생성까지 수많은 모델을 테스트해서 만들어낸 것이며, 훈련된 결과를 검증하기 위해 테스트에 포함되지 않은 유타지방의 42주 데이터와 논문 발표 전 최신 데이터를 사용했다고 한다.

3. 시각화: 구글은 검색어를 기반으로 독감을 예측하는 시스템을 구축함으로써 Big Data에서 Big Insight를 찾아냈다. 이를 2008년부터 google.org를 통해 Google 독감 트렌드라고 시각화(Visualization)해서 보여준다.

그림 9-4 지역별로 다른 독감유행의 정도

출처 : GFT

지역별로 매우높음, 높음, 보통, 낮음, 매우낮음의 5단계로 정보를 한눈에 보여주고 있다. 구글 분석 결과를 실제 각국의 보건 당국이 발표한 자료와 비교해 보면 매우 유사하게 나온다. 이를 확인해 주기 위해 각국의 실제 자료와 비교해서 다음과 같이 보여준다.

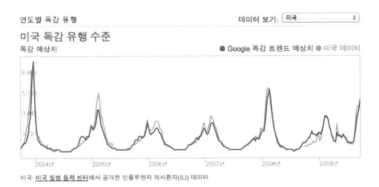

그림 9-5 미국 질병 통계와 구글 독감 트렌드의 예상치 비교

출처 : GFT

의미와 전망

하지만 2009년 전세계적으로 유행한 신종인플루엔자(H1N1) 예측에 실패한 것은 물론, 2013년 실제 독감 발생률보다 2배 가까이 차이나는 예측치를 발표하면서 신뢰에 타격을 입었다. 그 이유는 "예년보다 일찍 독감이 유행한 데다 다수의 사망자가 발생하자 독감이 걸리지 않은 사람들까지 공포에 질려 독감 정보를 검색"했기 때문이었다. 해당 서비스를 전 세계에 소개했던 네이처 역시 해당 서비스의 예측 오류를 지적했다. 이 사례는 빅데이터를 활용한 예측 자료의 '정확도'를 의심하는 입장에서 대표적인 실패 사례로 자주 거론된다. 그리고 수많은 유용한 정보 중에서 극소수 검색어만 임의로 골라 분석하는 '빅데이터의 자만심(Hubris)'이 문제라는 점이 지적되었다. 또 구글이 상업적인 목적을 위해 연관검색어 기능 등 검색 알고리즘을 자주 바꾼 것이 빅데이터 결과에 영향을 줬을 수도 있다고 추측했다. 빅데이터를 이용한 예측과 실제 결과는 종종 인과관계가 아니라 상관관계만을 말할 뿐이다. 빅데이터 연구는 현재 좀 더 빠르고 정확한 예측 방법을 찾아가는 과정 중에 있다. 지속적인 데이터 미세 조정이나 알고리즘 수정이 필요할 것이다.

바스프(BASF)가 머신러닝을 기반으로 한 시트린정보학과 협업하여 새로운 영양제를 개발하는 AI활용을 시작했다.

배경

바스프(BASF)는 비타민, 베타-카로티노이드 및 고농축 오메가3 지방산 등 질병 예방을 위한 필수 영양제를 Newtrition 브랜드로 생산하는 등 세계적인 영양제 및 건강 보조식품 산업의 선도주자이다. BASF와 Citrine Informatics는 새로운 환경 촉매 기술의 개발을 가속화하기 위해 인공지능(AI)을 사용하기 위해 협력하고 있다. Citrine Informatics는 AI의 힘을 활용하여 새로운 재료를 더 빨리 시장에 선보이고, 재료가 가능한 제품 가치를 포착하는 차세대 플랫폼이다. 재료정보학(material informatics)으로 불리는 데이터 기반 재료과학 개발법 응용 분야의 선두기업으로 데이터 및 인공지능을 활용한 소재 및 화학제품 개발에 앞장서고 있다.

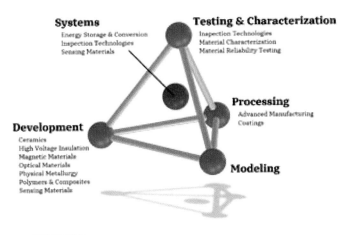

그림 9-6 Citrine Informatics 이 기반으로하는 재료정보학의 구조

출처 : GE

방법 및 활용기술

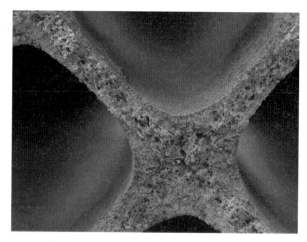

그림 9-7 BASF와 Citrine의 촉매기술개발에 관한 현미경 검사 이미

출처 : BASF

　BASF와 Citrine은 연구를 위한 기계학습을 실시함으로써 혁신을 가속화하기 위해 협력하고 있다. 이 협업에서 BASF는 시트린 플랫폼을 사용하여 독점적인 AI 모델을 구축하기 위한 실험 데이터를 제공하고 있다. BASF와 Citrine은 연구실 내 모델에서 새로 제안된 자료를 반복적으로 시험함으로써 알고리즘을 새로운 데이터로 재교육함으로써 순차적 학습을 통해 모델을 향상시키는 것을 목표로 한다. 시트린정보학(Citrine Informatics)은 AI를 이용해 신소재를 더 빨리 시장에 내놓는 것으로 알려진 플랫폼이다. 재료 개발의 미래는 속도에 달려 있다. 더 빨리 재료를 개발하려면 데이터를 보다 효과적으로 관리하고 사용해야 하는데, 여기에는 데이터를 일관된 단일 검색 가능 형식으로 통합하는 것은 물론, AI의 힘을 활용하기 위한 재료 데이터의 구조, 저장 및 사용도 포함된다.

　새로운 재료를 만드는 도전은 일부 연구자들이 제 4단계로 보고 있는 것으로 발전하고 있다. 과거보다 더 큰 자료 구조-기능 관계에 대한 데이터 세트 접근, 컴퓨터 모델링과 시뮬레이션의 범위와 신뢰성의 향상, 그리고 인간의 직관의 범위를 넘어 트렌드, 법, 원칙을 추출하기 위해 빅데이터 세트를 분석할 수 있는 기계학습을 허용하는 알고리즘의 세 가지 요인에 의해 추진되고 있다.

일반적으로 기계학습 알고리즘은 입력 데이터와 원하는 속성 사이의 관계를 찾는 학습을 위해 사용 가능한 데이터 세트의 일부를 사용한다. 다른 알려진 데이터는 기계학습 모델이 답이 알려진 경우에 대한 목표 속성을 얼마나 잘 예측하는지 알아보기 위해 모델 검증 및 최적화에 사용된다. 가장 일반적인 접근법은 "지도 학습(Supervised Learning)"이라고 불린다. 이것은 영의 계수의 가치나 금속, 반도체, 절연체로 재료를 분류하는 등 당신이 원하는 것을 알고 있다고 가정하고 해당 속성에 필요한 매개변수(예: 균형 상태 또는 성분 원자의 원자 반지름)를 식별한다. 그런 다음 알고리즘은 입력과 출력 사이의 어떤 기능적 관계, 즉 당면한 문제에 적합한 답안을 검색한다. 이 관계가 요구되는 충실도로 개선되면, 알려진 자료에 대한 예측을 위해 테스트할 수 있다. 지도 학습은 딥 러닝(deep learning)이라고 하는 접근법에서 강화될 수 있는데, 훈련 데이터에는 인식할 대상의 많은 예(예: 고양이)뿐만 아니라 부정적인 예(예: 고양이가 아닌 것)도 포함된다.

의미와 전망

BASF의 이질적인 촉매 분석에서 디지털화 이니셔티브를 주도하는 멍팅 유 박사는 "기술 지식과 실험 데이터를 AI와 결합하면 물질적 발견을 가속화할 수 있다고 굳게 믿는다"고 말했다. 모델은 수천 개의 새로운 재료를 빠르게 선별했고 예측에서 더 똑똑해졌다. 어떤 특성이 안정적으로 예측될지는 알 수 없고, 새로운 소재나 심지어 훈련의 범위를 넘어서는 소재의 특성에 대한 설득력 있는 예측을 기대하기는 어렵다. 사용자 사양을 충족하는 재료를 제공하는 생성 모델은 궁극적인 목표지만, 지금까지 소재의 진전은 제한되어 있기 때문이다. 재료과학 분야에서 기계학습의 가장 즉각적인 영향은 우리가 이미 할 수 있는 업무의 자동화 및 가속화에 있을 것이라고 여겨진다. 일부 연구자들은 AI와 기계학습이 과학에 더 널리 퍼지면서 인간의 독창성을 대체하게 되고, 과학 자체가 진정한 창의성의 불꽃을 결여한 맹목적인 숫자에 의한 연습이 될 수도 있다고 우려한다. 그러나 이것을 어느 특정 상황으로 간주하는 것은 실수일 것이다. AI와 인간 연구자의 기술 집합은 인간의 마음가짐으로 시각이나 음성 정보를 쉽게 처리할 수 있는 AI 시스템을 만들기가 매우 어렵다는 것을 증명하거나 모호한 문장에서 의미를 추출하기 위해 순전히 공통 해결법을 적용할 수 있다는 점에서 보듯 상호보완적이다. 그래서 가장 이상적인 것은 AI와의 협업이라고 할 수있다. 프로젝트의 높은 목표가 어떤 관계의 통계적 중요성을 평가하는 것이라면, 사람은 인간의 편견에 관심을 가질 수 있다. 그러나 유용한 자료를 발견하는 것이 목표일 때, 인간의 편견은 실제로 문제가 되지 않는다. 지금까지 거의 모든 발견이 기계 추론과 달리 인간의 추리에 의해 이루어졌다는 점을 감안할 때, 우리는 그 과정에 관련된 전문성을 최대한 응용하는 것이 바람직할 것이다.

4개 대학이 합작한 소아신경발달 장애자(NDD)를 돕는 AI 챗봇

AI를 사용하여 텍스트나 음성을 통해 사람들의 대화를 시뮬레이션 할 수 있는 챗봇(Chatbot)을 만들어 신경발달 장애가 있는 가족이 온라인으로 정보를 제공받을 수 있도록 했다.

배경

2019년 기준 캐나다인의 약 13%가 신경발달장애(neurodevelopmental disabilities, NDD)가 있다. 신경발달장애는 정신지체, 학습장애, 주의력 결핍, 뇌성마비 등이 생기며 일상생활에 불편을 겪게 된다. 소아과 의사 Bolduc에 따르면 신경발달장애인 사람은 온라인에서 양질의 정보는 찾는 것이 어렵다고 한다. 왜냐하면 이용 가능한 정보는 종종 상업적으로 편향되기 때문이다. 이런 상황에서 AI가 그들에게 도움을 줄 수 있다. 신경발달장애를 위해 AI 전문가와 캐나다 전역의 사회 과학자 및 AI 교육 전문가가 팀을 구성했다. 그들의 목표는 가족, 교육자 및 임상의가 쉽게 접근할 수 있으며 페이스북이나 구글 검색과 같은 주요 사이트에 직접 통합되는 챗봇을 만드는 것이다. 현재 개발 중에 있으며 어떤 식으로 개발이 이루어지는지 살펴보겠다.

방법 및 활용기술

현재 이 프로젝트를 진행하기 위해 캐나다의 건강연구소 및 자연과학 및 캐나다 공학 연구위원회로부터 150만 달러의 보조금을 지원받고 있다. 이 프로젝트는 4개의 대학이 협력하여 해당 지역에서 챗봇이 사용자를 안내할 수 있도록 연구하고 있다. 또한 의학적으로나 학문적으로 관련된 유효한 정보 출처를 찾기 위해 인터넷도 찾아보며 기술 개발에 힘을 쓰는 중이다. 최종적인 목표는 프로그램을 자동화 시켜서 사용가능한 정보를 지속적으로 선별하고 최고의 웹 사이트 및 리소스를 식별 할 수 있도록 자동화하는 것이다.

페이스북이나 구글 검색 등을 수행하여 APP(챗봇)이 헬스케어, 교육, 사회과학 전문가와 대화하는 것을 할 수 있도록 또한, AI를 활용하여 개인화된 맞춤추천을 받을 수 있도록 한다. 〈그림 9-8〉은 연구팀의 모습이다.

그림 9-8 NDD를 위한 연구팀

출처 : techxplore.com

의미와 전망

이 기술은 신경발달장애를 위한 것으로 구글이나 페이스북과 같은 곳에서 챗봇으로 쓰이게 된다면 그들에게 정말 큰 도움이 될 것으로 예측된다. 기존의 기술과 상품은 신경 발달 장애에게 편향된 정보를 줬을 가능성도 있으며, 상업적으로 이용하려 했을 수도 있다. 하지만 AI챗봇을 이용하게 되면 건강, 교육, 사회 과학 전문가들에 의해 더 전문적인 시스템으로 설계되어있을 뿐만 아니라 그들에게 필요한 정보를 제공할 수 있게 된다. 또한 의사의 입장에서도 신경발달장애환자를 위해 치료를 무수히 반복하게 되는데 이런 것들도 효율적으로 관리할 수 있게 된다.

현재 인터넷에서도 거짓 정보가 가득하며 부정확한 정보가 많이 나열되어 있다. 그런 데이터베이스를 지속적으로 업데이트 하는 것이 필요하며 신경발달장애를 위해서는 반드시 업데이트를 해야 한다. 또한 24시간 내내 챗봇은 사용가능하기 때문에 일상생활에 있어서 제약이 많이 사라질 수 있다. 아직 개발이 되지는 않았지만 좋은 취지로 만든 기술이기 때문에 그 의미를 잃지 않게 사용할 수 있도록 해야 한다.

Zebra Medical Vision의 이미지데이터를 활용한 기흉 조기
진단 AI HealthPNX

흉부엑스레이 이미지를 자동으로 판독하여 기흉 사례를 감지하고 우선 순위를 정하기 위
해 딥러닝을 활용하는 세계 최초의 FDA승인 제품 HealthPNX가 개발되었다.

배경

기흉(Pneumothorax)은 마치 물에 빠지는 것과 같이 고통스러운 병이다. 기흉은
폐의 손상으로 폐와 흉벽 사이 공간에 공기가 차오르는 증상으로, 폐에서 흘러나와
환자의 체내에 갇힌 공기는 폐에 엄청난 압력을 가하는 공기주머니를 만든다. 이 주머
니에 든 공기가 많아질수록 환자의 폐가 팽창할 공간이 줄어들어, 그만큼 호흡이 어
렵게 된다. 미국에서만 매년 74,000여명이 기흉으로 고통받고 있다. 그나마 다행인
것은 기흉은 조기에 진단되면 치료 가능한 질병이라는 것이다. 몸속에 생긴 공기주머
니에 바늘이나 튜브를 집어넣어 공기를 빼내면 폐에 가해지는 압력이 빠르게 줄어들
게 된다. 즉 조기에 기흉으로 진단으로 하고 치료를 하면 괜찮다. 하지만 문제는 진단
이 나오지 않을 때이다. 호흡 문제의 원인이 기흉인지 불확실한 경우에는 치료를 할
수 없다. 호흡이 곤란한 느낌은 폐렴, 심장 질환, 혹은 발작 등의 다른 증상일 수 있
기 때문이다. 이 질환들은 전혀 다른 방식으로 치료되어야 한다. 따라서 의사는 기흉
이 의심되는 환자에게 우선적으로 방사선 촬영을 하는데 이를 확인하는데에만 2~8
시간이 걸리며 그 시간에 기흉이 심각해져서 생명에 위협을 줄 수 있다. 따라서 기흉
을 조기에 진단하는 것의 중요성은 증가하고 있고 그때 AI를 이용하고 있다. Zebra
Medical Vision은 HealthPNX AI 흉부엑스레이를 FDA에 허가받았다. 이 기술에
대해 알아보겠다.

방법 및 활용기술

이 기술은 Zebra Medical Vision에서 내부 연구 프로젝트로 시작됐다. 이 프로젝트 중 하나가 Chen Brestel박사가 이끄는 Radbot-CXR 알고리즘의 개발이다. 〈그림 9-9〉처럼 흉부 엑스레이를 읽고 4가지 종류의 소견(초점 폐 불투명도, 확산 폐 불투명도, 심근 비대 및 비정상)을 감지하도록 훈련되었다. 이 알고리즘을 통해 흉부엑스레이 사진을 보고 이상을 감지할 수 있게 된다.

두 번째로 Jonathan Laserson박사가 이끄는 Textray프로젝트로 방사선 보고서에서 라벨링 된 것을 추출할 수 있었다. 흉부엑스레이(CXR)는 많은 심장 및 폐 질환의 선별 및 진단을 위해 가장 일반적으로 수행되는 방사선 검사이지만 이 연구에

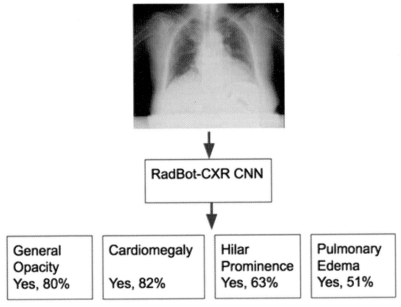

Figure 1: Input chest X-ray image is fed to RadBot-CXR CNN. The output reports the existence/non-existence for each of the findings: general opacity, cardiomegaly, hilar prominence and pulmonary edema.

그림 9-9 RadBot-CXR CNN

출처 : RadBot-CXR

대해 신속 정확한 해석을 제공할 수 있는 의사의 수는 매우 부족하다. 따라서 2백만 개가 넘는 CXR보고서에 대한 방사선 학자 주도의 분석은 CXR에서 가장 널리 퍼진 40가지 병리학을 포함했다. 문장들에 수동으로 태그를 달아 많은 훈련 세트를 구성할 수 있었다. 환자의 정면 및 측면 스캔 결과를 예측할 때 딥러닝 모델이 훈련되었다.

의미와 전망

이 기술의 연구원 Chen Brestel은 다양한 환자의 인구 통계 및 연령, 성별 등이 잘 표시되어있는지 확인했고, 데이터 셋이 확보되면 방사선과 의사로부터 수천 개의 라벨을 수집했다. 또한 최고의 모델이 될 수 있도록 훈련했고 이 기술이 세 명의 전문 방사선 전문의 팀보다 약간 높은 성능에 도달했다고 밝혔다. 하지만 연구를 하면서 수천 개의 보고서 문장을 수동으로 검토해야 하는 어려움이 있었다고 한다. 수동으로 검토한 것이 연구에서 가장 어려웠던 부분이었지만 처음부터 실수가 없기 위해 제대로 검토하기 위한 시도였다고 한다. 무엇보다 작은 기흉은 생명을 위협하는 긴장성 기흉으로 빠르게 발전할 수 있으므로 시의적절한 진단이 중요하다. 기흉이 있는 환자의 경우 흉부 X- 레이는 생명을 구하는 절차를 지연시킬 뿐이다. 따라서 이 기술을 통해 생명을 구할 수 있으며 진단의 효율성을 높일 수 있게 된다.

9.7 인도기술연구소와 캉 노르망디 대학교의 '우울여부'를 태깅한 오디오와 비디오 데이터를 활용한 우울증 예측기술

'우울 여부'가 태깅이 된 오디오(Verbal signals)와 비디오(Non-verbal signals) 데이터를 학습하여 눈맞춤(Eye gazing)과 미소를 짓는 시간으로 우울증 예측하는 기술이 개발되었다.

배경

세계보건기구(WHO)에 따르면 2005년에서 2015년까지 10년간 우울증 환자가 평균 20% 정도 증가했다. 우울증, 불안증, 강박증, 무기력증 등 정신건강에 대한 우려가 커지는 상황이다. 정신질환의 경우 신체가 건강한 사람이라도 개인의 일상과 주변까지 피해를 줄 수 있어서 예방과 치료가 중요하다. 대부분의 정신질환은 본인의 정신질환에 대한 인지부족으로 적절한 예방 및 치료가 어렵게 된다. 특히 우울증, 불안증은 비교적 흔한 현대인의 질병이며 조기에 치료하면 완치율도 높지만, 환자가 병을 방치함으로 증세가 심각해질 때 비로소 병원을 찾는 경우가 많다. 이러한 상황에서 AI가 정신 보건 서비스에 도움이 된다는 전문가들의 의견이 나오고 있고 이를 위한 기술도 개발되고 있다. 우울증의 가장 큰 문제가 인지 부족이기 때문에 연세대학교 심리학과 교수는 AI를 정신보건서비스에 도입하면 언어와 행동패턴을 통해 자신의 심리상태를 인지하는데 큰 도움이 될 것으로 보았다. 정신 건강은 전 세계적인 문제이며, AI를 활용해 정신질환의 발생을 예방하는 연구 및 기술개발이 이루어지고 있다. 눈맞춤(Eye gazing)과 미소를 짓는 시간으로 우울증을 예측하는 기술에 대해 알아보겠다.

방법 및 활용기술

우울증에 대한 진단은 많은 증상이 은폐되어 나타나는 경우가 많아 어렵지만, 지속적으로 증가하는 우울증과 정신병에 고통받는 환자들을 위해 계속해서 연구되는 분야이다. 사람들의 목소리를 듣고 감정적인 흥분을 감지하는 것이 가능하며 대표적으로 자연어 처리를 통해서 이를 실현하고 있다.

또한 다음과 같은 요인을 고려하게 된다. 〈그림 9-10〉처럼 실험을 통해서 고개를 숙이거나, 눈의 시선, 미소의 지속 시간과 강도, 텍스트 및 구두 신호와 함께 자기 접촉 등 7가지 현상을 기계학습에 인코딩한다. 그 후 〈그림 9-11〉과 같은 임상 심리 연구에서 사용되는 진단 테스트, 우울척도 설문지(PHQ-8)에 기초하여 우울증의 중증도를 예측하는 시스템을 통과하게 된다.

그림 9-10 실험하는 모습

출처 : techxplore.com

연구원들은 다양한 시스템을 훈련하기 위해서 심리 진단을 지원하는 189개의 임상 인터뷰에 대한 오디오, 비디오 녹화 및 설문 응답 데이터를 가지는 AIX-WOZ를 참고했다. 불안 및 우울증, 외상 후 스트레스와 같은 장애 등 각 샘플마다 인터뷰 대상의 얼굴에 좌표를 찍어서 정보를 모을 수 있었다.

PHQ-8

Over the last 2 weeks, how often have you been bothered by any of the following problems? (Use "✓" to indicate your answer)	Not at all	Several days	More than half the days	Nearly every day
1. Little interest or pleasure in doing things	0	1	2	3
2. Feeling down, depressed, or hopeless	0	1	2	3
3. Trouble falling or staying asleep, or sleeping too much	0	1	2	3
4. Feeling tired or having little energy	0	1	2	3
5. Poor appetite or overeating	0	1	2	3
6. Feeling bad about yourself – or that you are a failure or have let yourself or your family down	0	1	2	3
7. Trouble concentrating on things, such as reading the newspaper or watching television.	0	1	2	3
8. Moving or speaking so slowly that other people could have noticed? Or the opposite – being so fidgety or restless that you have been moving around a lot more than usual	0	1	2	3

(For office coding: Total Score _____ = _____ + _____ + _____)

From the Primary Care Evaluation of Mental Disorders Patient Health Questionnaire (PRIME-MDPHQ). The PHQ was developed by Drs. Robert L. Spitzer, Janet B.W. Williams, Kurt Kroenke and colleagues. For research in formation, contact Dr. Spitzera trls8@columbia.edu. PRIME-MD® is a trademark of Pfizer Inc. Copyright© 1999 Pfizer Inc. All rights reserved. Reproduced with permission

그림 9-11 우울척도 설문지(PHQ-8)

출처 : ScienceDirect.com

의미와 전망

이 연구는 여러 전처리 단계와 모델을 훈련 후, RMSE(root mean squared error), MAE(mean absolute error), EVS(decision variance score)를 사용하여 AI 시스템의 결과의 정확도를 평가했다. 그 결과 음향, 텍스트 및 시각의 세 가지 양식의 융합이 우울증 수준을 가장 정확하게 예측하였다(RMSE 7.71%, MAE 8.08%). 앞으로는 멀티태스킹 학습 아키텍처를 연구하여 텍스트 데이터를 더 정확하게 처리할 수 있는 방법으로 계속 진행할 예정이다. 더 다양한 데이터가 모이면 모일수록 우울증의 은폐되었던 증상들이 자연스럽게 모이게 되어 자신의 우울증인지 아닌지 확실히 판별할 수 있게 된다. 따라서 본인의 상태에 대한 인지와 자신의 주변사람에 대한 인지를 할 수 있게 되어 우울증을 조기에 발견하고 예방할 것으로 예측된다.

9.8 큐어.AI(qure.ai)의 250만 x-ray이미지데이터를 이용한 딥러닝, 흉부엑스레이 판별하는 qXR

230만개의 x-ray이미지 데이터를 딥러닝을 통해 훈련하여 흉부엑스레이 이미지에서 보여지는 다양한 증상을 식별 및 판별하는 AI, chest X-ray가 개발되었다.

배경

의사들에게 흉부엑스레이는 가장 예민하고 비용효율적으로 결핵 및 기타 폐질환을 판별하는 방법이다. 의사들은 흉부 엑스레이의 이미지를 통해 질병에 대한 진단 및 판독을 하게 된다. 하지만 기존의 방법처럼, 의사가 엑스레이 이미지를 보고 진단 및 진료를 하는 데에는 문제점이 존재했다. 우선 기존의 방법으로 이미지가 나오고 의사가 유심히 관찰한 뒤 질병을 예측하는 것은 시간이 오래 걸려 효율성이 떨어진다. 또한, 이미지 한 장에서 시각의 한계로 미처 발견하지 못하고 진단을 내릴 수도 있어서 진단 정확도도 떨어질 수 있다. 마지막으로 흉부엑스레이 이미지를 보고 적시에 알맞은 판단을 내려 줄 의사도 적어서 결핵진단이 지연되는 경우가 존재한다. 따라서 의사들을 보조할 수 있는 chest X-ray가 다양한 방면에서 테스트되고 있으며 실제 도입한 병원들도 많아지는 추세이다. 2019년, 2020년 차례로 AI기반 의료영상검출 및 AI기반 흉부엑스레이가 국내에서도 도입되어 실행되고 있다.

방법 및 활용기술

큐어.AI는 의료/의학이미지를 위한 AI알고리즘을 계속해서 연구하고 있다. 그 중 qXR은 딥러닝 기술을 이용해 흉부엑스레이 해석 프로세스를 자동화한다. 따라서 qXR은 결핵 사례를 조기에 식별하고 결핵 환자를 신속하게 추적하여 의사가 확인 진단을 받도록 도와줄 수 있다.

아래 〈그림 9-12〉는 qXR이 흉부엑스레이를 스크리닝하는 과정이다. 이 과정에서 폐를 살피고 결핵의 징후를 감지하게 된다. 이 기술에 쓰인 AI알고리즘은 250만개 이상의 엑스레이 데이터로 훈련받았으며, 고전적인 일차폐결핵뿐만 아니라 비정형 징후도 탐지하도록 설계되었다. 또한 〈그림 9-13〉은 프로그램 관리자가 사용하는 관리 대시보드로 이를 활용하여 환자를 등록하고 환자에 대한 개요 정보를 확인할 수 있다. 따라서 후속 방문을 포함한 과정을 기록해두고 환자에게 적절한 맞춤 진단이 가능하게 된다.

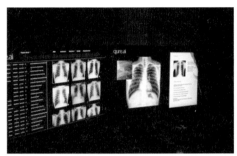

그림 9-12 흉부엑스레이 스크리닝

그림 9-13 엑스레이 관리 대시보드

출처 : qure.ai

출처 : qure.ai

qXR은 다음 〈그림 9-14〉처럼 딥러닝으로 학습 후 흉부엑스레이 보고서를 미리 보여준다. 정상 또는 비정상으로 분류 후 비정상적인 결과를 식별하여 보고서에 표시된다. 또한 비정상 증상의 이름, 크기 및 위치를 포함하여 판별결과에 대한 설명을 만들어준다.

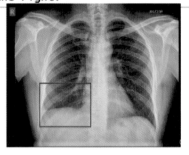

그림 9-14 스캔보고서

출처 : qure.ai

또한 〈그림 9-15〉는 작업목록을 보여주는 것인데 흉부엑스레이를 스캐닝 후 높은 정확도로 정상과 비정상을 우선순위를 두어 구별한 것이다. 모든 비정상을 먼저 보고하여 즉각적인 주의가 필요한 경우 시간 단축을 꾀할 수 있다는 장점이 있다.

그림 9-15 작업목록 우선순위

출처 : qure.ai

qXR의 정확도는 신뢰구간이 0.844 ~ 0.967으로 높은 수준을 보여준다. 이 검사의 경우, 분류 알고리즘에 높은 정확도 달성을 위해 임상보고서를 근거로 데이터를 학습시켰다. 이때 임상보고서는 자유 형식의 텍스트로 작성되기 때문에, 보고서의 전문 지식을 학습시키기 위해 스마트 자연어처리알고리즘(NLP) 개발이 중요하다. NLP는 보고서를 분석하고 구조화한다. 여기서는 기계학습기반 NLP 시스템을 통해 보고서 데이터 세트에 대해 학습 할 때 자동으로 규칙을 생성하게되면서 판별할 수 있는 구조를 가지고 있다.

의미와 전망

현재 의료의 패러다임은 병이 발견되면 치료하는 방법을 따르고 있다. 하지만 여기서 머무는 것이 아니라 조기진단의 중요성이 주목받으면서 병의 발생 이전에 예측하여 예방하거나, 혹은 극히 초기에 진단 및 치료하는 방법으로 나아가고 있다. 앞으로 의료 패러다임은 조기진단 및 치료, 개인화된 맞춤치료로 바뀔 것이다. 이런 변화 속에서 AI는 큰 역할을 할 것으로 예측된다. 흉부엑스레이에 수십만개의 데이터를 학습시켜서 진단정확성도 높이고 진료효율성도 높이는 이 기술이 도입되어 활용하고 있다. 이처럼 흉부엑스레이뿐만 아니라 머리CT, MRI 등 의료의 다양한 분야로 발전할 가능성이 매우 크다. 이미 큐어.AI는 머리 CT스캔에서도 AI를 사용하여 효율성을 높이는 qER이라는 기술을 개발했다. 이처럼 변화하는 의료 패러다임에 기존의 수많은 데이터를 활용해서 의미 있는 결과를 주는 AI가 많이 활용될 것으로 예측된다.

프로젝트 리보이스(project revoice)의 ALS association 음성 복제 및 재출력

> ALS association 는 2~3시간의 음성 데이터를 사용하여 사지가 마비되어 말을 할 수 없는 근위축성측삭경화증(ALS)환자가 고품질 음성 복제본을 통해서 자신의 목소리로 의사소통을 가능하게 한다.

배경

근위축성측삭경화증(ALS)은 운동뉴런 질환으로 알려져 있다. 뇌와 척수의 신경세포에 영향을 미치는 진행성 퇴행성 신경질환이다. 비슷한 말로는 루게릭병이 있다. 점차 팔다리와 얼굴 주위의 근육이 마르고 힘이 없어지며, 근육이 뛰는 증세가 나타나고 동시에 팔다리를 움질일 때 뻣뻣해진다. 그러나 감각신경은 이상이 없어 저리거나 아프거나 하는 감각증상은 없으며, 의식도 명료하고, 안구 운동 장애나 배변과 배뇨 장애도 없는 것이 특징이다. 여기서 주목할 점은 종종 사람의 말하기 능력을 빼앗아 가는 진행성 퇴행성 질환이라는 것이다. 따라서 프로젝트 리보이스(Project revoice)는 ALS인 사람이 자신의 목소리를 빼앗기지 않기 위해, 그들의 목소리를 지켜주기 위해 고품질 음성 복제본 기술을 개발했고 그들에게 의사소통을 할 수 있게 만들었다.

방법 및 활용기술

〈그림 9-16〉은 프로젝트 리보이스 사이트에 나와 있는 음성복제 절차이다. 이 기술은 캐나다의 소프트웨어 파트너인 Lyrebird가 개발한 혁신적인 음성복제 기술로 구동된다. 두세 시간 분량의 고품질 오디오 녹음을 사용하면 이 모델을 통해 음성의 본질을 합성하고 완벽한 디지털 음원을 만들 수 있게 된다.

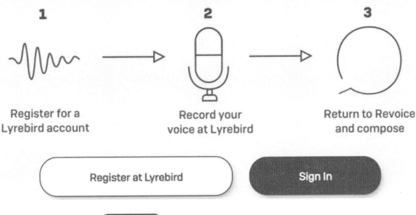

그림 9-16 프로젝트 리보이스 음성복제 절차

출처 : project revoice

이 기술은 오버 더빙이 핵심이다. 원래는 텍스트 정보 음성인 페인팅이라는 기술을 사용하려고 했으나 여러 가지 까다로운 이유로 아직 연구 중에 있다. 따라서 현재는 양방향 스타일 모델로 페인팅하는 기법을 시도하고 있다. 양방향 모델은 다음 〈그림 9-17〉과 같다. 두 개의 디코더가 차례로 오디오 프레임을 생성한다. 그들은 서로의 상태를 보고 스스로 동기화하며 그들이 만날 때 멈춘다.

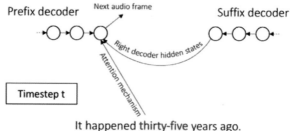

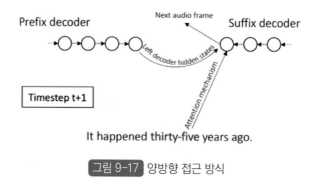

그림 9-17 양방향 접근 방식

출처 : descript.com

위 전략은 오디오와 텍스트 사이의 정렬을 배우기 위해 상당한 양의 데이터가 필요하다는 단점이 존재한다.

의미와 전망

이 기술은 누군가에게는 정말 간절한 자신의 목소리를 지켜주는 기술일 것이다. 그들을 위해 많은 개발자가 더 좋은 성능으로 향상하려 노력하고 있다. 하지만 이전에 나온 딥페이크 기술처럼 이 기술 역시 악용될 가능성도 존재한다. 따라서 최대한 악용되지 않도록 필요한 사람들이 마음껏 쓸 수 있는 기술이 될 수 있도록 노력해야 한다. 음성기술이 발전하면서 보이스피싱 등의 문제는 더욱 심각해지는 단점이 계속 나타나고 있다. 음성을 복제하는 기술까지 개발했고 이제는 복제가 악용되지 않도록 보안을 철저히 하는 방법에 대한 연구가 필요할 것으로 보인다.

헬스/의료분야 음성인식 기술 활용사례: 페이스북의 실시간 질의응답을 통한 환자의 감정분석

환자에게 랜덤하게 질문을 하고 환자의 답으로 학습을 하여 지식을 습득하는 AI가 개발되었다. 환자와의 대화를 통해 환자의 마음을 파악할 수 있다.

배경

자연스러운 의사소통은 대화에서 일어나고 듣는 동안 청각 및 감각 운동 뇌 영역을 자극하게 된다. 한 실험을 해봤다. 사람들이 질문을 듣거나 말했을 때를 감지하고 질문에 대한 답변을 큰 소리로 말한다. 특정 답변은 특정 질문에 대한 그럴듯한 답변이기 때문에 각 답변들의 사전확률을 알 수 있게 된다. 사람들은 각각 61%, 76%의 높은 정확도로 질문을 하고 답변을 한다. 하지만 음성을 실시간으로 이해할 수 없는 환자에게는 어떠한 도움을 줄 수 있을까? 일반 실험 참여자들은 들려오는 질문과 질문을 해독하려는 시도는 하지 않는다. 하지만 뇌졸중, 신경 퇴행성 질환 또는 기타 원인으로 인해 의사소통이 불가능한 개인에게는 영향을 줄 수도 있다. 따라서 환자와의 대화를 통해 마음을 파악하는 기술에 대해 알아보겠다.

방법 및 활용기술

〈그림 9-18〉은 인간의 대뇌피질 활동을 이용한 질의응답 실시간 디코딩 과정을 보여준다. 각 과정에 대한 설명은 다음과 같다.

　a. 각 시험에서 참가자는 질문을 듣고 화면에서 가능한 답변 선택 세트를 본다.

　b. 참가자는 화면에 녹색 응답 신호가 나타나면 답변 중 하나를 자유롭게 선택하고 말하도록 지시받는다.

c. 동시에, 피질 활성은 측두엽 피질과 전두 피질에 이식 된 ECoG 전극에서 획득한 후 실시간으로 필터링하여 높은 감마 활성을 추출한다.

d. 음성 감지 모델은 높은 감마 활동의 시공간 패턴을 사용하여 각 시점에서 질문을 듣거나 답변을 생성하는지 여부를 예측한다.

e. 음성 감지 모델이 질문 이벤트를 감지할 때, 높은 감마 활동의 시간 창은 질문 발성 가능성을 계산하기 위해 전화 수준 디코딩을 사용하는 질문 분류기로 전달된다.

f. 가능성이 가장 높은 질문이 디코딩 된 질문으로 출력된다.

g. 질문과 답변을 통합하기 위해 자극 세트는 각 답변이 특정 질문(컨텍스트 선행)에 대해서만 가능하도록 설계되었다.

h. 이러한 맥락 우선순위는 예측된 질문 가능성과 결합되어 정답 우선순위를 얻는다.

i. 음성 감지 모델이 응답 이벤트를 감지할 때, 신경 활동의 시간 창은 응답 발성 가능성을 계산하기 위해 전화 수준 디코딩을 사용하는 응답 분류기로 전달된다.

j. 문맥 통합 모델은 이러한 답변 가능성을 답변 이전의 답변과 결합하여 답변 사후 확률 (보라색)을 산출한다.

k. 가장 높은 사후 확률의 답변이 디코딩 된 답변으로 출력된다.

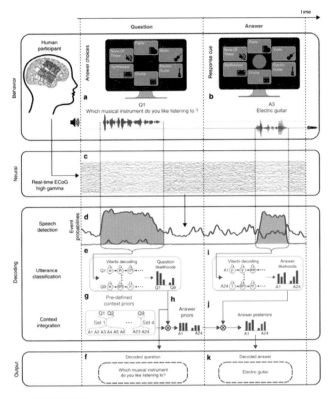

그림 9-18 대뇌피질 활동을 이용한 질의응답 실시간 디코딩

출처 : nature.com

의미와 전망

음성인식기술은 다양한 분야에서 사용되고 있다. 특히 헬스/의료 분야에서는 빠지지 않고 등장하는데 이처럼 환자들의 마음을 이해하는데 쓰일 수 있다. 하지만 앞으로는 개인맞춤형 진단키트가 다양하게 생기면서 웨어러블 디바이스(wearable device)를 이용하는 사람들도 증가하고 있다. 앞으로 이런 사람들에게 이 기술이 더욱 도움이 될 것이다. 디바이스를 착용한 사람의 음성을 인식하여 응급상황이면 그에 맞는 대책을 마련할 수 있다. 또한 고령화 시대 혹은 1인가구시대에서 갑자기 돌연사하는 경우가 증가하고 있다. 이때 웨어러블 디바이스 및 음성인식 기술의 융합은 더욱 사람들에게 도움이 될 것으로 예측된다.

AI in BUSINESS

10장
미디어엔터테인먼트

10.1 샌디에고 대학의 인공신경망을 활용한 스포일러 방지 프로그램

> 캘리포니아 샌디에고 대학의 연구팀은 스포일러를 판단할 수 있는 AI 기반 프로그램을 개발해냈다. 스포일러넷(SpoilerNet)으로 불리는 이 프로그램은 스포일러를 피하고자하는 사용자 편의성을 극대화 시킬 수 있다.

배경

인터넷 서핑을 하다보면 스포일러를 피할 수 없는 순간이 있다. 후기는 궁금하지만 스포일러가 보고 싶지 않은 경우에는 특히 더 그렇다. 정보를 찾아 들어간 게시물에서 우연히 아직 보지 못한 영화나 드라마의 스포일러를 보게 되는 것은 누구에게나 절망적인 일이다. 캘리포니아 샌디에고주립대학의 연구팀 역시 스포일러의 성가심을 알고 있었다. 그래서 스포일러를 피할 수 있게 해주는 기술적인 방법을 고안해냈다.

방법 및 활용기술

일부 웹 사이트에서는 사람들이 게시물을 올릴 때 직접 스포일러에 대한 사전경고를 하기도 하지만 모든 게시물을 검증하기는 쉽지 않다. 그래서 샌디에고주립대학의 연구팀들은 스포일러를 자동으로 감지해줄 AI 도구, 스포일러넷을 개발하고자 하였다. 연구팀은 사람들이 스포일러를 쓰는 방식이나 어떤 언어적 패턴과 일반적인 인지적 요소가 문장을 스포일러라고 이해하는지를 정확히 알기 원했다. 먼저 대학 연구팀은 스포일러넷을 훈련하고 테스트하기위해 스포일러가 포함된 문장의 데이터셋을 찾고자 했으나 쉽지 않았다. 그래서 그들은 도서 리뷰어(reviewer)들이 스포일러 태그(tag)를 걸고 남긴 130만 건 이상의 서평을 독자적으로 수집하여 데이터셋을 만들었다. 서평은 〈그림 10-1〉에서 보이는 도서관련 소셜 네트워크 사이트 굿리즈(Goodreads) 에서 수집되었다.

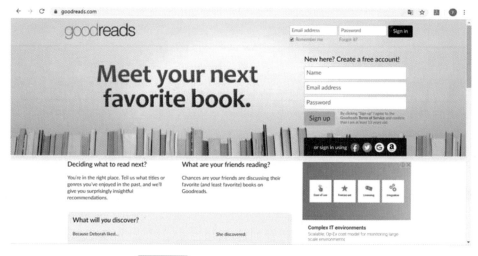

그림 10-1 데이터셋 제작에 쓰인 굿리즈닷컴

출처 : https://www.goodreads.com/

데이터셋을 바탕으로 연구팀은 스포일러 문장이 서평의 후반부에 몰려있는 경향을 발견했다. 또한 사용자마다 스포일러 태그를 거는 것에 서로 다른 표준이 있어서 이것을 반영하기 위해 AI의 인공신경망을 신중히 만들어내야 한다는 것을 깨달았다. 곤란한 점은 동일한 단어가 상황마다 다른 의미를 가질 수 있다는 것이었다. 예를 들어 '그린(Green)'은 한 책에서는 그저 색상이지만 다른 책에서는 등장인물의 이름이 되기도 하여 스포일러가 될 수도 있었다.

연구팀은 굿리즈의 서평 80%가량을 여러 층의 인공신경망을 통해 스포일러넷에게 교육시켰고 프로그램을 돌려보았다. 그 결과 스포일러넷은 89%에서 92%의 정확도로 스포일러를 감지하였다. 연구팀은 서평뿐만 아니라 약 880개의 TV프로그램에 대한 16,000개 이상의 단일 문장 리뷰를 스포일러넷을 통해 검사하였고 스포일러 감지 정확도는 74~80%였다. 대부분의 오류는 살인, 살해와 같이 일반적으로 스포일러 같이 느껴지는 특징적인 단어에 의해 시스템이 방해받아 발생했다.

의미와 전망

현재도 스포일러 알림을 해주는 프로그램들이 없는 것은 아니다. 〈그림 10-2〉와 같은 프로그램은 웹스토어에서 쉽게 찾아볼 수 있다.

그림 10-2 크롬 웹스토어에 올라온 프로그램 Spoiler Alert의 구동모습

출처 : https://chrome.google.com/webstore/detail/spoiler-alert/giamifkjbfoikpigmdmokddikadeolla

하지만 이 같은 기존 프로그램들은 특정 키워드와 관련된 내용을 모두 스포일러로 간주해버리거나 사용자 스스로가 스포일러로 추정하는 내용을 선정하게끔 만들어져있다. 스포일러넷은 연구팀이 직접 만든 데이터셋을 바탕으로 AI를 통해 프로그

램을 만들었기 때문에 이와 같은 사용자의 부정적인 경험을 크게 줄여줄 수 있을 것으로 보인다.

프로그램 자체의 이점을 넘어 연구팀에서 만들어낸 굿리즈 데이터셋은 스포일러가 포함된 트윗과 같이 직접적인 스포일러 경고가 어려운 다양한 유형의 컨텐츠에서 스포일러를 탐지하는 알고리즘을 훈련시키는 강력한 도구로 사용될 수 있다.

생각해볼 부분은 추후 스포일러넷이 상용화된다면 어떤 식으로 구동될 지이다. 기존 프로그램들처럼 스포일러를 가리거나, 스포일러 글에 들어가기 전 경고를 해주거나, 아예 삭제해버리는 등 다양한 방식을 차용할 수 있다. 향후 스포일러를 스포일러가 아닌 방향으로 수정해 줄 수 있는 프로그램을 만들어내는 것도 언어 생성 부분에서 흥미로운 방향의 작업이 될 것이다.

퀸 메리 대학(Queen Mary University)에서 개발한 배우들의 전성기를 예측하는 AI

> 런던 퀸 메리 대학교의 연구팀은 AI를 통해 배우의 경력이 정점에 도달했는지 또는 더욱 성공 가능성이 높아질지 예측하는 방법을 찾았다. 이는 연예 관계자들에게 꽤 환영받을 기술로 보인다.

배경

성공한 사람들에게는 공통적인 특징이 있다고 많은 사람들이 이야기한다. 이런 이야기는 대부분 구체적인 통계를 바탕으로 하기보다는 사람들 사이에 전해져오는 경험을 바탕으로 만들어졌다. 그런데 정말로 수많은 성공한 인물들을 통계 분석했을 때 공통점이 나온다면 그 때는 단순히 이야기로 넘길 일이 아니게 될 것이다. 런던의 퀸 메리 대학에서는 이 화제를 배우들에게 적용시켰다. 잔인하지만 배우들의 배우로서의 수명을 예측하는 AI를 만들어낸 것이다.

방법 및 활용기술

퀸 메리 대학 연구팀의 연구 목표는 꾸준히 자리를 유지하는 즉, 활동을 지속할 수 있는 것을 배우의 성공으로 정의하고 이를 수량화 및 예측하기 위해 데이터 중심의 접근방식을 사용하는 것이었다. 〈그림 10-3〉의 영화, TV프로그램 및 미디어와 관련된 정보의 온라인 데이터베이스인 더 인터네셔널 무비 데이터베이스를 통해 1888년부터 현재까지 이르는 전 세계 여러 국가의 수백만 배우의 경력을 연구했다.

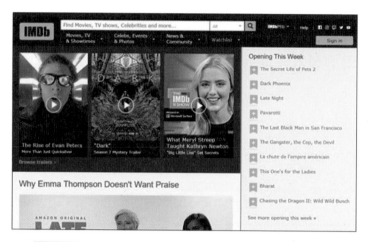

그림 10-3 데이터셋의 바탕이 된 더 인터네셔널 무비 데이터베이스

출처 : IMDb

경력은 배우의 직업 수명 안에서 영화나 드라마에서 연기하는 것을 기준으로 했다. 이렇게 많은 수의 데이터를 가지고 만들어진 데이터셋의 통계분석을 통해 연구팀은 배우 활동 패턴의 일반적인 속성을 도출할 수 있었다. 특히 직업 수명, 작품의 수 및 전성기의 위치와 같은 여러 가지 관심 분야를 살펴보았고 이러한 속성으로 분석된 자료에서는 성 불평등의 요소가 발견되기도 했다. 여기서 이 요소들이 중요한 이유는 이러한 속성을 AI에게 교육시켜 85% 정확도 수준으로 배우들의 전성기를 추정하는 것이 가능해졌기 때문이다. 이는 기본적인 수준의 데이터 분석과 기계학습 알고리즘이라고 할 수 있다. 그럼에도 의미가 있는 것은 그 알고리즘의 사람의 삶을 분석하는데 사용되었기 때문일 것이다.

이와 비슷한 원리로 만들어진 데이터 분석의 예로는 TV 드라마 시리즈 왕좌의 게임(Game of Thrones)에 등장하는 캐릭터들의 수명을 예측한 사이트가 있다. 배우의 직업적 수명과 달리 정말로 캐릭터가 죽고 사는 수명을 예측했다는 것이 재미있는 점이다. 얼음과 불의 노래(A Song of Ice and Fire)라는 소설을 원작으로 한 드라마 왕좌의 게임은 시리즈를 거듭하며 예측하지 못한 캐릭터가 죽는 것으로 유명했다. 그래서 수학교수 팀 샤르티에(Tim Chartier)와 그의 학생들은 AI를 이용해 캐릭터들의 데이터를 분석하여 〈그림 10-4〉의 얼음과 데이터의 노래(A Song of Ice and Data)

라는 사이트를 만들기에 이르렀다. 사이트는 캐릭터들의 다양한 정보와 책에서의 캐릭터의 사망 확률, 드라마에서의 확률 모두를 볼 수 있게 구성되어있다. 정확도에 대해서는 알려진 바 없지만 연인, 결혼 여부, 성별 등 여러 가지 요인을 통해 인물을 분석했다는 점에서 흥미롭다고 할 수 있다.

왕좌의 게임 캐릭터들의 사망 확률을 모아볼 수 있는 사이트

출처 : A Song of Ice and Data

의미와 전망

배우의 전성기를 예측할 수 있다는 것은 배우의 경우 오래 살아남고 오랜 전성기를 얻은 배우들의 특징을 알아보고 참고할 수 있다는 것이고, 배우들을 고용하는 캐스팅 디렉터의 경우 더 높은 확률로 성공할 수 있는 배우를 찾아볼 수 있다는 것이기도 하다. 그러한 이점을 넘어 이 프로그램의 대두는 인간의 삶이나 일의 성공에 있어서도 객관적이고 사실적인 근거를 제시할 수 있는 것인지에 대한 시사점을 보여준다. 어떤 분야에서든 성공의 요소는 주관적인 요소로 간주되어왔다. 인간의 잠재력이나 가능성도 판단하기 어려운 부분이었다. 그런 것들이 데이터 분석을 통해 판단된다면 그것이 가져오는 이점이 클지 혹은 예외의 상황에 의해 발생하는 손실이 클지 아직은 알수 없다. 하지만 배우의 경우도 위 사례가 상용화된다면 AI에 의해 미래에 관해서까지 판단되어 기회를 놓칠 수 있듯이 사람에 직접적으로 관계될 수 있으므로 더욱 신중해야 할 것이다.

10.3 OpenAI의 주어진 제시어를 가지고 글을 쓰는 AI

> OpenAI가 만든 GPT-2는 비지도 기반 자연어 처리 모델로 인간이 제시하는 몇 가지 단어
> 나 문장을 가지고 완전히 새로운 글을 만들어내는 능력을 가졌다.

배경

글, 언어 분야에서 AI에 대한 연구는 지속적으로 활발히 이루어지고 있지만 자연어 처리 작업은 일반적으로 작업별 데이터 집합을 바탕으로 한 지도 학습을 통해 접근한다. AI 챗봇이나 AI 비서에게 말을 걸면 정해진 대답을 출력하는 이유다. 누구나 그를 넘어서 AI가 정말로 사람처럼 스스로 생각하고 답변할 수 있다면 어떨지를 상상해 보았을 것이다. 이와 같은 상상이 현실이 되는 토대를 마련하기 위해 일론 머스크 등이 창립한 비영리 AI연구기관인 OpenAI는 비지도 기반 자연어처리 모델을 선보였다.

방법 및 활용기술

GPT-2는 40GB의 인터넷 텍스트를 가지고 다음 단어를 예측하도록 훈련된 AI이다. OpenAI는 기술의 악의적인 응용을 우려하여 실제 훈련된 모델보다 훨씬 작은 모델을 발표하고 있다. GPT-2는 15억 개의 매개변수를 가진 대형 변환기 기반 언어 모델로 8백만 웹페이지의 데이터셋을 가지고 학습되었다. GPT-2는 기존 OpenAI가 만들었던 GPT를 직접 확장한 것으로 매개변수와 데이터의 양이 10배 이상 증가했다. GPT-2는 텍스트 내에서 주어진 이전 단어들을 바탕으로 다음 단어를 예측하는 것을 목표로 한다. 이 간단한 목표는 데이터셋의 다양성으로 인해 다양한 영역의 과제에 대해 자연스럽게 발생하는 데모 결과들을 동반한다. 새로운 데이터셋은 인터넷 콘텐츠를 스크랩하여 콘텐츠의 다양성을 강조하였고 품질을 유지하기 위해 사람이 직접 선별하고 필터링한 자료만을 이용했다. 〈그림 10-5〉의 사이트에서 주어진 단어를 통해 글을 써내는 기능을 체험해 볼 수 있다.

Talk to Transformer

Chinese company Hawei

Completion

Chinese company Hawei, is expected to unveil its new electric car in August.

'Hyundai is developing electric vehicles that can be used around the world,' said Dr James M. Hulbert, CEO of Hyundai North America, in an interview with Automotive News.

'We will be announcing these vehicles at the Paris auto show,' he added. 'We really want to be the leader in this sector. It's the most promising place to bring an electric vehicle.'

그림 10-5 GPT-2의 기능을 체험할 수 있는 사이트

출처 : talk to transformer

GPT-2는 전례 없는 품질의 조건부 합성 텍스트 샘플을 생성하는 기능을 포함해 광범위한 기능을 가지고 있다. 또한 GPT-2는 여러 분야의 웹페이지를 가지고 만든 데이터셋으로 학습시켰기 때문에 위키백과나 뉴스, 서적 등과 같은 특정 도메인에서 학습한 다른 언어 모델보다 뛰어난 성능을 가지고 있다. 질문 답변, 독해, 요약이나 번역과 같은 언어 작업은 작업 별 교육 데이터를 따로 사용하지 않고 원문으로부터 언어 작업을 학습하는 시스템이다.

GPT-2는 사람이 작성한 품질에 가깝고 한 페이지 이상의 텍스트에서도 일관성을 보이는 다양한 샘플을 생성할 수 있다. 반면 OpenAI는 반복적인 텍스트, '수중에서의 화재' 같은 현실에 대한 모델링 실패, 부자연스러운 주제전환 등의 다양한 실패 또한 발견했다. 언어 모델의 약점을 탐색하는 것은 자연어처리에 있어 활발히 연구되고 있는 분야이다.

모델이 제시된 상황에 얼마나 익숙한지에 따라 좋은 샘플을 얻기 위해서는 몇 번의 시도가 필요했다. 제시하는 데이터에 브렉시트, 마일리 사이러스, 반지의 제왕 등 뚜렷한 주제가 표시되면 빠른 시간 안에 합리적인 샘플을 생성했고, 기술적인 내용이나 난해한 유형의 콘텐츠에서는 성능이 저하됐다.

GPT-2는 생성되는 샘플을 더 세부적으로 제어할 수 있는 미세 조정 기능도 제공한

다. 예를 들어 아마존 리뷰(Amazon Reviews) 데이터셋에 GPT-2를 미세 조정해 사용하여 별표 개수, 카테고리와 같은 조건에 따라 리뷰를 작성하게 만들 수도 있다. 질문에 대한 답변, 독해, 요약과 같은 다른 언어작업에서는 이 미세 조정 없이도 충분히 좋은 결과를 얻을 수 있다. GPT-2의 작업은 일반 언어 모델링의 하위 모델임으로 더 많은 컴퓨팅과 데이터를 이용하여 성능이 더 향상될 수 있을 것으로 예상하고 있다.

이에 반대되는 특성을 가진 프로그램으로는 엠아이티-아이비엠왓슨 AI 연구소(MIT-IBM Watson AI Lab)와 하버드 대학(Harvard University) 연구팀에서 제작한 〈그림 10-6〉의 GLTR이 있다. GLTR은 GPT-2가 만들어내는 텍스트를 베이스로 사람의 글과 AI가 쓴 글을 구분해내는 것을 목표로 한다.

그림 10-6 GLTR의 실행 모습

출처 : http://gltr.io/dist/index.html

의미와 전망

GPT-2와 같은 프로그램이 상용화된다면 다양한 형태로 확장될 수 있을 것으로 예상된다. 직접적인 예로는 AI 작문 보조원, 더 유능한 AI 비서, 언어 간 비지도 번역,

더 나은 음성인식 시스템 등이 있다. 하지만 이런 장점이 있는 반면 악의적인 목적으로 활용될 가능성도 배제할 수 없다. 오해의 소지가 있는 거짓 뉴스 기사를 생성하거나 다른 사람을 온라인으로 가장, 위조된 콘텐츠 제작을 자동화하여 소셜미디어에 게시, 스팸/피싱 컨텐츠 제작 자동화 등 좋지 않은 방향의 활용성도 높기 때문이다. 딥페이크 기술이 이와 비슷한 악용 가능성으로 회의론이 이는 것처럼 일반 대중들은 온라인에서 찾아낸 텍스트에 대해 회의적인 시각을 가질 수 있다. 오늘날에도 이미 악의적 의도를 가진 사람들은 매크로 시스템 이용이나 가짜 계정 생성 등을 통해 온라인상에서 부적절한 콘텐츠를 생산하고 있기도 하다. 그러므로 기술자들과 기술의 이용자들은 합성 이미지, 영상, 음성 및 텍스트의 생성에 대한 연구가 어떻게 이용자의 의도와 결합되어 예상치 못한 새로운 기능을 제시할 수 있는지를 고려해야 하며, 그에 대비할 대책을 마련해야 한다.

> 미국의 디자인 회사이자 디지털 대행사인 에이케이큐에이는 AI를 스포츠 게임을 만드는
> 데 사용하여 AI를 사람과 보다 밀접하게 연결시켰다.

배경

　AI는 점점 더 많은 곳에서 사용되고 있지만 여전히 신비스럽고 이해하기 어렵거나 무섭게 보일 수 있다. 그렇다면 어떻게 보다 자연스럽고 실용적인 방법으로 사람들이 AI 기술을 더 잘 이해하고 받아들이게 할지도 고민해보아야 할 부분이다. 미국의 디지털 대행사 에이케이큐에이는 스포츠로부터 AI의 협력적 모습을 더 가시적으로 보여줄 수 있는 방법을 찾았다. 세계 최초 스포츠 게임을 만드는 AI가 완전히 새로운 야외 스포츠를 개발하는 데 이용되었고 이를 위한 대행업체 에이케이큐에이의 노력은 약 2개월에 걸쳤다.

방법 및 활용기술

　게임을 만드는데 있어 AI는 디자인팀의 핵심 멤버였으며 게임 규칙, 전략, 경기장의 레이아웃을 포함하여 새로운 스포츠를 생성하는 모든 측면에서 적용되었다. AI의 텍스트 생성 알고리즘은 다양한 세계 문화권에서 400여개의 기존 스포츠를 분석한 후 1,000여개의 아이디어를 내어 접근성, 학습성, 즐거움 및 신체 운동의 효과에 중점을 둔 새로운 스포츠 개념을 형성했다. 이미지 생성 알고리즘은 10,000여개의 기존 스포츠 로고를 분석하고 해석하여 새로운 스포츠 로고를 만들어 낼 아이디어를 제공했다. 그 결과 〈그림 10-7〉에서 보이는 세상에 없던 스포츠 게임이자 크로켓, 럭비, 축구의 친숙한 요소를 가진 '스피드 게이트(Speedgate)'가 AI에 의해 만들어졌다.

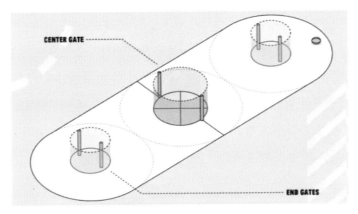

그림 10-7 스피드 게이트 필드 모식도

출처 : AKQA

　에이케이큐에이 팀이 AI의 도움을 받아 새로운 스포츠를 디자인하기로 마음먹었을 땐 딥러닝 알고리즘이 무엇을 만들어낼지 확신하지 못했다. 개발팀은 초기에 AI에 몇 가지 지침을 제공했다. 팀은 새로운 스포츠가 배우기 쉽고, 다른 유형의 운동선수가 쉽게 접근할 수 있으며, 휠체어를 타고 플레이할 수 있는 야외나 단단한 코트에서 이루어지는 스포츠가 되기를 원했다. 개발팀은 약 400개의 스포츠에 대한 정보를 인공신경망에 공급하고 AI가 이 지침들을 바탕으로 새로운 개념과 규칙을 생성할 때까지 기다렸다. 그 결과 팀원들은 직접 테스트를 거쳐 세 가지 가능성 있는 아이디어를 정리했고 게임 플레이할 수 있게 할 몇 가지 구체적인 규칙을 포함시켜 스피드 게이트를 만들어냈다.

　팀원들은 AI가 초기에 낸 아이디어에 내재된 극도로 위험하고 부조리한 창의성에 충격을 받았다고 말했다. 몇 가지 예를 보자면 사람에게 폭발하는 프리스비가 던져지는 동안 트랙을 달리는 폭발 프리스비 릴레이, 항공기 사이에 묶인 줄 위에서 균형을 잡고 공을 앞뒤로 패스하는 열기구 기반 스포츠, 두 사람이 통나무 양 끝에 말을 타고 앉아 톱질을 하는 게임 등이 있다. 그럼에도 AI 개발자들은 AI의 아이디어는 어린이의 잠재의식에서 나오는 상상력 또는 무한한 가능성을 닮았다고 생각하며 AI의 가능성을 보는 능력을 높이 평가했다.

에이케이큐에이 AI팀 책임자인 캐서린 웹(Kathryn Webb)은 AI의 아이디어 중 개발팀의 의도에 맞지 않았던 많은 아이디어들을 없애버리지 못했으며 그것이 AI의 창의성이자 개발팀이 스포츠의 본질을 다시 생각하게 만든 표현이라고 말했다. 개발자들은 AI를 사용해 스피드 게이트라는 이름과 로고를 만든 후 마지막으로 AI가 이 게임의 공식 모토를 만들도록 했다. 결과는 흥미롭게도 〈그림 10-8〉에서도 볼 수 있는 이 게임의 역동성을 포착한 듯하다. "Face the ball to be the ball to be above the ball."

그림 10-8 스피트 게이트 플레이 모습

출처 : AKQA

의미와 전망

AI가 만든 스포츠 게임의 이야기는 세계적인 뉴스가 되었다. AI가 인간의 발전과 즐거움을 창출할 수 있다는 잠재력에 대한 글로벌 대화가 이루어지기 시작했다. 스피드 게이트는 미국 오리건 체육청에 의해 공식적으로 인정되었으며 미국 청소년 참여 프로그램에 더 광범위하게 포함될 예정으로 미국 전역의 대학리그로 성장하고 있다. 뿐만 아니라 남미와 호주 등의 타 국가에서도 스피드 게이트의 규칙과 자세한 정보에 대한 질문을 받아 게임이 넓게 확산될 가능성이 있는 것으로 보인다. 이 새로운 스포츠는 전 세계의 많은 이용자들에게 AI를 체감시켰으며 새로운 접근성을 보여줬다. 이는 AI와 인간을 위한 새로운 비전을 제공한다. 지금까지 AI가 컴퓨터 안에 있었다면 이제는 보다 사람과 밀접하고 체감 가능한 방향으로 가고 있다. 예체능 분야에서의 다양한 AI의 활용도 주목해보아야 할 부분이다.

구글(Google)에서 개발한 안무를 제작하는 AI

구글과 웨인 맥그리거(McGregor)가 만나 AI는 창조적인 개발을 할 수 없다는 고정관념을 부수고 안무를 개발하는 AI를 제작했다.

배경

유명한 화가나 작곡가가 죽고 나면 더 이상 그의 새로운 작품을 접할 수 없다. 안무도 마찬가지일 것이다. 그런데 이런 당연한 것 같은 사실이 이제는 과거의 일이 될 것 같다. 이제는 AI를 통해 과거의 흔적을 좇고 또 따라 할 수 있는 환경에 이르렀다. 안무가 웨인 맥그리거는 과학 기술과 춤의 화합에 매료된 사람이었다. 그래서 그는 구글 아트앤컬쳐(Google Arts & Culture)와 협력하여 그의 안무에 기반을 두고 새로운 안무를 만들어내는 AI 도구를 개발하기로 했다.

방법 및 활용기술

맥그리거의 몸 동작을 이해할 수 있을 뿐만 아니라 그의 스타일에 따라 새로운 안무를 만드는 AI 시스템을 제작하는 데에는 2년의 과정이 소요되었다. 맥그리거는 구글의 엔지니어들과 협력하여 25년 동안 쌓여온 이전 작품들에서 수천 시간 분량의 비디오를 사용해 라이브 아카이브(Living Archive)라는 알고리즘을 훈련시켰다. 이 기술을 통해 맥그리거 휘하의 10명의 댄서들이 각각 다른 방식으로 움직인 것 또한 알게 되었다.

〈그림 10-9〉에서 보이듯 AI 시스템에서 카메라는 댄서의 솔로를 포착하여 개별 포즈 형태를 감지한 후 다음 안무 시퀀스에 대한 제안을 제공하여 스틱 피겨 아바타 형태로 실시간으로 화면에 표시한다. 새로운 움직임을 만들어내는 것이 메인이지만 사람의 움직임을 감지하는 기술과 움직임을 표현하는 기술 또한 중요하게 사용되고 있다.

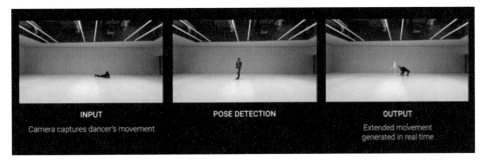

맥그리거는 이 도구를 휴대전화에서 제공하는 기술인 텍스트 예측과 비슷하다고 말했다. 다만 이 안무 제안은 텍스트 예측보다 더 정교하다. 먼저 AI는 댄서가 하고 있는 동작의 본질, 즉 몸의 형태, 위치, 역동성, 관절을 관찰한다. 그리고 그 정보를 사용하여 다음의 동작을 개발해낸다. AI를 통해 가능한 움직임에 대한 옵션을 확인한 무용수는 그 동작을 사용하거나, 자신의 방법으로 해석할 수 있고 춤에 대한 영감을 얻을 수도 있다. 맥그리거는 이 기술이 사람이 할 수 없는 데이터 활용의 기회를 잡았다고 하며 AI 협업이 다른 댄서를 회사에 추가하는 것과 같다고 말했다.

머시 처닝햄(Merce Cunningham)은 1990년대에 댄스폼스(DanceForms) 소프트웨어를 안무 도구로 사용하여 기술을 수용했다. 2005년 트리사 브라운(Trisha Brown)은 예술가가 설계한 AI 프로그램을 사용하여 30분짜리 작품을 만들어냈다. 이 AI 프로그램은 애니메이션 그래픽으로 댄서의 움직임에 즉각 반응하는 형식이었다. 그리고 2019년 빌 존스(Bill T. Jones)는 구글 크리에이티브 랩(Google Creative Lab)과 파트너십을 맺어 사람의 위치를 실시간으로 인식할 수 있는 기계학습 모델인 포스넷(PoseNet) 프로그램을 연구했다. 이처럼 기술과 안무의 협업은 이전에도 존재해왔다. 혹자에게는 안무를 만드는 AI에 대해 기계가 인간 예술가를 대체한 디스토피아적인 미래를 불러일으킬 수 있다는 생각을 하게 만든다고 한다. 그러나 〈그림 10-10〉에서 볼 수 있듯 맥그리거는 그 부분에 대해 전혀 걱정하지 않았고 적극적으로 기술의 활용에 협력했다.

구글과 협력하는 웨인 맥그리거

출처 : https://youtu.be/qshkvUOc35A

그는 AI가 창조적인지 아닌지에 대한 것이 아니라 AI라는 도구가 물리적 문제에 대한 흥미로운 해결책을 제시한다는 것에 집중했다. 안무가들이 자신의 직업적 수명이 다하더라고 계속해서 일을 해나갈 수 있는 방법을 찾고 있을 때 맥그리거는 지금으로부터 100년이 지나더라도 기계가 그의 작품의 유산을 계속 수행할 수 있는 미래를 계획했다. 맥그리거는 AI 시스템이 만들어내는 춤이 인간이 만드는 춤보다 더 흥미로워지는 때가 올지는 아직 모르겠으나 매우 큰 잠재력을 가지고 있다고 말했다.

의미와 전망

예술 분야는 기계로 대체될 수 없으리라 생각했던 과거와 달리 이제는 많은 사람이 기계와 예술의 공존을 연구하고 있다. 빅데이터 분석 및 기계학습의 성장과 생성형 딥러닝의 발달로 새로운 것을 만들어내는 것에 대한 기계의 활약이 더욱 커졌기 때문이다. 후술될 사례에서도 생성형 AI에 대한 내용이나, 예술 분야에 있어 AI의 참여 사례가 언급될 것이다. 안무를 만들어내는 AI 기술이 함의하는 바는 단순히 AI가 새로운 것이나 창조적인 것을 만들어냈다는 데에 그치지 않는다. 본문에 서술하였듯 맥그리거의 안무 창조가 맥그리거의 생후에도 AI에 의해 지속될 수 있다는 놀라운 의미를 담고 있다. 이러한 기술이 안무뿐만 아니라 혁신적인 창조물을 만들어낸 사람들의 발자취를 따를 수 있다면, 그리고 그것을 비즈니스에 활용할 수 있다면 이 기술은 어쩌면 어느 분야에서나 사랑받는 기술로서 사용될 수 있을 것이다.

10.6 에이바 테크놀로지(AIVA Technologies)의 작곡하는 AI

글로벌 디지털 대행사 원더맨(Wunderman)은 에이바 테크놀로지의 작곡하는 AI, 에이바(AIVA-Artificial Intelligence Virtual Artist)를 이용해 드보르작의 미완성 작품을 완성시켰다.

배경

드보르작은 생애 동안 많은 음악작품을 만들어냈다. 하지만 안타깝게도 그는 상당히 일찍 생을 마감했기 때문에 원더맨의 프로젝트팀은 AI를 이용해 그의 미완성곡을 완성해낼 생각을 하게 되었다. 드보르작의 작품은 수많은 음악 스케치로 남아있다. 팀은 체코 음악 박물관의 보관소에서 상당히 명확한 주제를 가진 2페이지짜리 스케치를 발견했고 음악의 주인이 사망한지 115년만에 그 곡을 마무리하기로 결심했다.

방법 및 활용기술

누군가 오늘날의 AI의 창조능력을 의심한다면, 에이바에 의해 해석되고 만들어진 드보르작의 작품 중 일부를 프라하 필하모니아가 연주한 콘서트의 녹음을 들려주면 좋을 것이다. 콘서트는 다양한 방식으로 음악가들이 작곡가의 의도를 따르는 작품이며 때로는 새로운 관점을 제시하려는 시도이기도 하다. 이러한 콘서트의 특징이 드보르작의 미완성된 작품을 기반으로 에이바에 의해 만들어진 '미래세계로부터(From The Future World)'의 중요한 부분에 결합되었다.

이 프로젝트를 시작한 회사는 커뮤니케이션 대행사인 원더맨으로 드보르작의 새로운 작품이라는 개념을 생각해냈다. 그들은 이전에 룩셈부르크 심포니 오케스트라의 작곡을 구성한 적이 있는 에이바의 도움을 받았다. 에이바는 기계학습을 통해 클래식 음악을 배우기 위해 드보르작을 비롯해 약 30,000여 작곡가의 저작권이 만료된 작품들을 연구했다. 수많은 작품을 가지고 약 한 달간 연구를 거친 에이바는 드보르작의 미완성 작품을 완성하는 작업을 의뢰받았고, 드보르작의 작품에 대한 모든 데이터를 분석하여 작업을 완료했다. 원더맨의 관계자들은 드보르작이 새로운 세계에 대한 큰 기대와 새로운 대륙에서의 삶으로 하여금 곡을 썼듯이 비슷한 기대를 가지고 최신 기술을 이용해 그에게 경의를 표하고 있다고 말했다.

완성된 곡은 프라하 필하모니아의 콘서트에서 직접 선보여졌다. 에이바가 완성시킨 '미래세계로부터'는 클래식 음악의 특징적인 환경이 단순히 음악적 성격을 드러낼 뿐만 아니라 문제를 해결하는 실험의 공간이 될 수 있음을 보여줬다. 피아노 버전에서 보존된 자료의 조각과 현악 오케스트라 버전 사이의 다리로서, 에이바는 피아노 작곡의 첫 부분도 수정할 수 있었다. 이 새로운 버전은 원래 악보에서 현악 오케스트라 버전까지의 논리적 접근방식을 제시했으며 이중 일부도 콘서트에서 선보여졌다. 〈그림 10-11〉에서 보이는 피아니스트의 연주를 유튜브에서도 확인할 수 있다.

그림 10-11 에이바가 만든 드보르작의 작품을 연주하는 피아니스트

출처 : https://youtu.be/zsa9P4qkpzU

에이바는 2016년 피에르 바로우(Pierre Barreau)가 만든 AI 예술가로 프랑스의 저작권 관리협회 사셈(SACEM)에 의해 작곡가 자격을 부여받은 최초의 인공지능 시스템이다. 클래식음악을 기반으로 만들어져 현재는 록, 팝음악과 같은 대중적인 장르

로 확장되었다. 에이바가 작곡한 곡들은 〈그림 10-12〉에서 볼 수 있듯 동영상 형태로 유튜브에 기재되어있기도 하다.

그림 10-12 에이바가 작곡한 곡을 재생하는 동영상

출처 : https://www.youtube.com/watch?v=HAfLCTRuh7U

에이바는 사람이 입력한 코드만을 해석하는 것이 아니라 다양한 비표준적인 상황을 분석하고, 해결하고, 학습된 내용을 바탕으로 고유한 출력을 만들어낼 수 있다. 즉, 비지도 기반 AI 시스템이다.

현재 에이바는 사람의 도움 없이 독립적으로 화음, 형태, 멜로디 등 음악의 구성을 만들어낼 수는 있지만 속도는 그리 빠르지 않다. 곡 하나의 기본 주제를 구성하는데 24시간이 소요되고 더 복잡한 오케스트라 음악의 경우 약 2주가 소요된다. 드보르작의 작품을 구성하는 것은 한 달여간 지속되었다.

의미와 전망

에이바 관계자들의 철학은 특히 영화 산업과 컴퓨터 게임에서 음악 제작에 소요되는 비용과 시간을 최소화시키는 것이다. 이 시스템은 작곡가에게 모티브를 제공하기 위한 파트너로써 음악을 비교적 짧은 시간 안에 작곡할 수 있는 기회를 제공한다. 이처럼 에이바는 기본적으로 작곡가를 대체하기보다는 작곡가와 협력하기 위한 AI이다. 에이바의 능력이 아직은 작곡가들을 상회한다고 볼 수는 없지만 회사의 경영철학대로 음악이 메인은 아니지만 꼭 필요한 여러 분야에 활용된다면 사용자의 편의성을 크게 높여줄 것은 자명해 보인다. 특히 최근에는 영상 크리에이터가 크게 각광받는 직업으로 자리매김했는데, 많은 영상에 배경음악이 빠질 수 없는 요소이기 때문에 에이바와 같은 프로그램이 개인이 이용할 정도의 금액대로 상용화될 수 있을지도 생각해보면 좋을 것이다.

옥스퍼드 대학(Oxford university)의 그림 그리는 휴머노이드 에이다(Ai-Da)

> 옥스퍼드 대학의 연구팀은 인간의 형태를 가진 그림 그리는 로봇 에이다를 만들어 휴머노이드 로봇의 발전을 이루었다.

배경

앞서 스포츠, 무용, 음악에서의 AI 예시들이 등장했다. 그렇다면 미술에서도 AI가 활약하고 있다고 어렵지 않게 예상할 수 있을 것이다. 에이다 프로젝트의 연구원이자 큐레이터인 루시 씰(Lucy Seal)은 에이다가 관객들로 하여금 어떤 대화를 만들어내는 촉매가 될지를 고대하고 있다. 그는 에이다의 예술적 잠재력과 성공의 척도는 그가 고무시키는 토론에서 나타날 것이며, 프로젝트의 주요 목표는 사람들이 미래 생활에 대한 태도를 다시 상상할 수 있는 힘을 얻는 것이라 말했다.

방법 및 활용기술

수학자인 에이다 러브레이스(Ada Lovelace)의 이름을 따 에이다라 불리는 〈그림 10-13〉의 로봇은 눈을 가지고 손에 쥔 연필로 사람들을 그려내는 초현실적 휴머노이드 로봇이다. AI 프로세스와 알고리즘을 사용하여 개발된 공연 예술가인 에이다의 작품에는 그림뿐만 아니라 조각, 비디오 아트 등이 포함된다. 에이다의 두뇌를 만든 이이자 갤러리의 소유자인 에단 밀러(Aidan Meller)는 AI 예술의 새로운 분야를 개척함과 더불어 예술을 창조하는 첫 번째 전문 휴머노이드 아티스트 에이다를 소개하게 되어 기쁘다고 말했다.

출처 : https://www.dailymail.co.uk/news/article-7098025/

에이다의 로봇 손은 리즈(Leeds)의 엔지니어가 개발하였다. 에이다는 여러 단계의 AI 알고리즘을 따르며 정면에서 보는 것을 기반으로 가상 경로를 계산하고 좌표를 해석하여 예술작품을 만든다. 에이다는 로봇 팔과 내장 카메라를 사용하여 독립적으로 그린 그림으로 옥스퍼드에서 자체 미술 전시회를 열 예정이다.

온라인 아바타, AI 챗봇, 빅스비나 시리와 아이다는 로봇 아티스트로서 매우 관련이 있다. 그들은 살아있지 않지만 사람과 관련되고 반응하는 기계이다. 에이다는 독자적으로 그림을 그릴뿐만 아니라 말을 할 줄 알며 간단한 대화를 나누기도 한다. 현실과의 경계가 모호한 이런 초현실적인 상황은 이미 우리 일상의 일부가 되었다. 디지털 영역인 온라인 플랫폼에서 누구와 대화 하고 있는가, 인터넷에서 어떤 알고리즘이 작동하고 있는가, 누가 알고리즘을 작성하고 누가 혜택을 받거나 잃는가, 이처럼 엄청나게 복잡한 온라인 세계는 사람들에 의해 밀려나고 당겨진다. AI 능력을 갖춘 기계인 에이다는 이러한 긴장을 강조한다. 에이다는 예술가인지 혹은 예술가의 대체적 자아인지, 그는 아바타 또는 허구의 인물인지, 이러한 모든 옵션은 상호작용하는 디지털 세계와 물리적 세계의 복잡성과 두 세계 모두에서 가정할 수 있는 가려진 아이덴티티를 강력하게 앞으로 가져온다. 그래서 에이다의 프로젝트팀은 아티스트로서 에이다의 아트워크를 이야기할 때, 그의 예술가적 페르소나를 발전시키는 동시에 그의 기계적인 상태와 아트워크의 인간/기계 협업을 전적으로 드러내고 있다.

의미와 전망

에이다는 AI의 창조성을 넘어서 AI가 인간의 삶에 어떻게 스며들 수 있는지를 보여주고 있다. AI가 전시회를 열고 직접 그 전시회에 참여하는 것은 기존에 상상하던 AI의 모습과는 전혀 다르다. 에이다, 소피아 등 휴머노이드형 AI의 발전은 꾸준히 이루어지고 있다. 영화 패신저스에 등장하는 휴머노이드 캐릭터 아서가 실제로 만들어질 날도 머지않아 올 것이다.

그림 10-14 영화 패신저스에 등장하는 휴머노이드 로봇 캐릭터 아서

출처 : 2016 Columbia Pictures Industries, Inc.

프로젝트팀은 휴머노이드 로봇인 에이다를 통해 AI, 기술 및 유기적 삶의 경계와 인간이 어떻게 상호작용하는지를 보고 있다. 새로운 기술이 빠르게 발전함에 따라 세상은 변화하고 있지만 받아들이는 자들이 가진 이미지는 제대로 형성되어있지 않을지도 모른다. 과학이 발전할수록 이러한 문제는 더 크게 대두될 것이고 혼란을 가져올 수도 있다. 팀은 그러한 입장에서 에이다가 한 가지 중요한 일을 한다면, 인간으로 하여금 인간과 기계의 관계를 생각해보고 우리의 미래에 대한 선택을 더 신중하고 천천히 결정할 수 있도록 해주는 것일 거라고 말했다. 에이다는 로봇이며, 자발적인 생각과 감정이 없지만 인간에게 적용될 수 있는 기술의 더 큰 가능성을 보여준다. 이 기술이 만약 소수의 힘을 강화하기 위해 사용된다면 어쩌면 없는 것이 더 좋을지 모른다. 때문에 이같이 인간과 밀접한 기술은 기술의 사용에 내재된 불평등과 고통의 가능성에 대해서도 생각해보아야 한다.

엠아이티-아이비엠 왓슨 AI 랩(MIT-IBM Waston AI Lab)
에서 개발한 GAN으로 램브란트풍 초상화를 만드는 AI 초상
화 알스(AI Portrait Ars)

> 엠아이티 AI 랩에서는 GAN으로 여러 화가의 작풍으로 된 초상화를 만들 수 있는 페이지
> 와 앱을 공개해 이용자들의 흥미를 끌었다.

배경

요즘은 집에 초상화를 가지고 있는 사람이 드물다. 대부분은 초상화를 그려줄 화가
를 찾기 쉽지 않거나, 찾더라도 꽤 높은 가격을 내야할 것이기 때문이다. 그런 면에서 이
사례는 그런 이들에게 꽤 반가울 소식이 될 것 같다. 기술 산업에서 AI와 기계학습의
가장 보편적인 용도 중 하나는 이미지를 변화시키는 것이다. 특히 GAN(Generative
Adversarial Network)을 사용하는 경우 거의 대부분이 이미지 데이터나 영상 데이
터를 변화시키는 용도라고 볼 수 있다. AI 초상화 알스라는 MIT의 연구 프로젝트에서
는 인물 사진을 고전, 르네상스, 심지어는 현대 미술의 스타일에 맞는 걸작으로 바꾸
어내기 위해 같은 원리를 이용하고 있다.

방법 및 활용기술

휴대전화 속 인물사진을 무료로 다빈치, 피카소와 같은 역사상 가장 위대한 예술가
들의 그림으로 바꿀 수 있는 기능이 있다면 그 기능을 사용해보지 않을 이유는 없다.
엠아이티-아이비엠 왓슨 AI 랩의 연구원들이 만든 AI 초상화 알스에서 그 기능을 체
험해볼 수 있다. 이 사이트는 45,000개의 인물 사진 데이터셋으로 훈련된 알고리즘
을 사용하여 얼굴을 유화, 수채화 등의 느낌으로 렌더링한다. 데이터베이스에는 렘브
란트에서 반 고흐에 이르는 예술가들의 작품을 포괄하는 수많은 스타일이 포함되어
있으며 입력하는 사진에 따라 〈그림 10-15〉와 같이 고유한 초상화를 만들어 낸다.

그림 10-15 AI 초상화 알스의 작동 예시

출처 : AI Portraits Ars

AI 초상화 알스는 단순히 입력된 사진 위에 필터를 입혀 변화시켜 결과를 만드는 것이 아니라 GAN을 기반으로 한 AI를 사용해 시스템에 업로드 된 사진을 사실상 재구성하여 아예 새로운 이미지를 생성한다. 예를 들어 연구원들은 사진을 르네상스 스타일로 변화시킬 때 코의 우아함과 이마의 부드러움을 강조시키는 것 등의 특징을 잘 반영할 것을 알고리즘에 요구할 수 있다. 그러한 알고리즘에 사진을 제공하면 알고리즘은 제공된 사진을 최대한 르네상스 풍으로 바꾸기 위해 노력한다. 이미지를 변환시켜 새로운 이미지를 만들어내는 것이다. 이 과정에서 사진의 색감이 흐려지고 질감이 수정되며 헤어스타일과 같은 외견도 변경될 수 있다.

네트워크를 훈련할 때 개발자들은 초기 르네상스에서 현대 미술에 이르기까지 다양한 예술 화풍을 띄는 수천 개의 이미지를 이용했다. 하지만 연구원들은 특히 15세기 유럽의 화풍에 초점을 맞추었다. 그들은 여전히 AI의 특정한 편견(bias)을 테스트하고 있다고 말했다. 편견 중 하나는 무표정이다. 고전 예술의 많은 그림에서는 당시 초상화를 그릴 때의 풍습에 의해 웃는 인물이 그려져 있지 않다. 그 결과 연구팀은 알고리즘에 웃고 있는 사진이 제공되었을 때, 웃고 있는 이미지로 변환할 것인지 무표정으로 변환할 것인지를 확인하기 위해 AI를 지속적으로 훈련시켰다. 그리고 AI는 무표정의 데이터를 내놓았다. 연구팀은 이처럼 강한 편견이 있는 데이터셋으로 모델을 교육할 때면 주의를 기울여야 한다고 말했다. 이러한 특성 때문에 반대로 데이터셋의 편견을 확인하는 방법으로 AI를 이용할 수도 있다. 예를 들어 웃고 있는 사진을 AI가 무표정의 사진으로 바꿨다면 학습한 데이터셋이 골고루 분포되어있지 않고 무표정의 데이터에 치중되어있다는 뜻이다.

이런 기능을 사용할 때에는 개인 정보에 대해 걱정할 수 있다. 이에 대해 연구팀은 초상화를 제작하기 위해 사진이 제작자의 서버로 전송되지만 다른 목적으로 데이터를 사용하지는 않을 것이며 사용 즉시 삭제될 것이라고 말했다.

의미와 전망

무표정한 얼굴이 결과로 나오는 것과 비슷한 맥락으로 르네상스풍의 초상화를 모아놓은 데이터에는 흰 피부를 가진 서양 사람들의 데이터에 치중된 편견이 있기 때문에 〈그림 10-16〉처럼 다른 인종의 사진을 변환시켜도 큰 쌍꺼풀에 오뚝한 코, 흰 피부를 가진 서양인의 결과가 나오게 되기도 한다. 이것은 인종차별의 소지가 있어 AI 윤리 문제로도 이어질 수 있다.

그림 10-16 인종을 반영하지 못하는 AI 초상화 알스

출처 : https://twitter.com/morgan_sung/status/1153362751860797441?s=20

지에스앤피(GS&P)의 AI 기술이 만들어낸 달리 뮤지엄(Dali Museum)의 달리 라이브(Dali Lives)

플로리다 주 세인트 피터즈버그의 달리 박물관은 지에스앤피와 협력하여 획기적인 AI 경험을 창출했다. 달리 라이브는 방문객들에게 달리 자신으로부터 그의 삶에 대해 배울 수 있는 기회를 제공한다.

배경

박물관에 대한 사람들의 견해는 모두 다르겠지만 '지루하다'라는 의견을 쉽게 떠올릴 수 있다는 것을 부정하는 사람은 많지 않다. 그러므로 박물관은 방문객들이 흥미로워할 만한 경험을 제공하는 것이 중요한 과제 중 하나이다. 조용하고 정적인 박물관에서 전시물품이 움직이거나 전시물품과 관련된 사람이 직접 나타난다는 것은 영화에서 볼 법한 이야기였다. 그런데 그것이 실제로 일어날 수 있는 일이라면 어떨까? 달리 박물관은 이것을 이루어내기 위해 최신 기술을 사용했다.

방법 및 활용기술

미국 플로리다주 세인트 피터즈버그에 위치한 달리(Dali) 박물관에서는 20세기 괴짜 아티스트 달리를 직접 만나는 진귀한 체험을 할 수 있다. 방문객들은 커다란 디스플레이 옆에 달려있는 작은 버튼을 누르기만 하면 된다. 박물관은 샌프란시스코 광고 대행사인 지에스앤피와 협력하여 달리 라이브로 불리는 이 기술을 만들어 냈다. 달리 박물관에서는 이 경험을 들어 방문객들이 본 적 없던 시각을 펼쳐주는 혁신이라고 말한다. 예술을 접하는 사람들은 작품에 깊게 접근하기를 원한다. 그 접근은 기술에 의해서도 이루어질 수 있고 예술가에 대해 더 깊게 이해하는 것에 의해서도 이루어질 수 있다. 이 두 가지 요건을 이루기에 달리 라이브는 매우 적절하다.

다시 살아 돌아온 달리를 만나볼 수 있는 달리 라이브는 125가지의 상호작용 되는 영상을 가지고 있다. 소비자의 반응에 따라서 조합이 가능한 경우의 수가 190,512 가지나 되기 때문에 기존의 딥페이크(Deepfake)와 달리 쌍방향으로 소통이 가능하다. 디스플레이 속 달리가 달리 박물관과 그의 그림에 대해 얘기하기도 하고, 〈그림 10-17〉과 같이 달리와 함께 사진을 찍고 전송받을 수도 있다. 더불어 이 기술은 불멸에 대해 상상했던 사람들에게 다시 살아난 달리를 만나게 함으로써 그 상상을 실제로 만들어주었다. 이 기술이 사람들에게서 이끌어내는 것은 감성이다. 달리를 직접 대면함으로써 달리에 공감하게 되고 그래서 더 작품을 더 가깝게 느끼고 흥미를 가지게 된다. 흔히 작품을 이해하기 위해서는 작가를 이해해야 한다고 말한다. 달리 라이브는 방문객들에게 작가를 이해시키는 과제를 훌륭하게 수행했다.

그림 10-17 달리와 셀피를 찍는 관람객들

출처 : https://youtu.be/BIDaxl4xqJ4

비록 달리가 근 30년간 세상에 없었지만 달리 박물관과 지에스앤피는 AI를 통해 그를 되살릴 수 있었다. 수백 가지의 뉴스 인터뷰(서면 및 비디오), 자서전 및 기타 저술 작품의 인용문, 아카이브 비디오 장면이 AI 시스템에 제공되었다. 기존 달리의 모습을 담은 영상에서는 학습에 적절한 프레임을 뽑아냈고 6,000가지 이상의 프레임이 1000시간 이상의 기계학습을 거쳐 분석되었다. 〈그림 10-18〉에서 보이듯 달리의 입 움직임, 눈 움직임, 눈썹 움직임 등 달리를 달리로 느끼게 만드는 모든 세세한 얼굴 움직임을 분석했다. 이렇게 AI 시스템은 달리의 움직임과 표현의 복잡성을 배웠고 그 후 박물관과 지에스앤피는 달리와 같은 체형의 배우와 성우와 함께 했다. 지에스앤피와 박물관은 달리의 사고방식과 말하는 방식도 깊게 연구했고 대본과 연기는 AI가 이해할 수 있도록 매우 구체적으로 진행되었다. 먼저 성우가 대본을 녹음했고 배우가 대본을 연기해본 후, 그 영상을 보며 완벽하지 않은 부분에 대해 성우가 재녹음을 실시했다. 그리고 AI는 달리의 얼굴을 배우의 얼굴에 입혔다. 이 모든 과정을 거쳐 실시간으로 상호작용할 수 있는 다시 살아난 달리가 탄생했다. 이것은 단순히 달리를 따라하는 인물이 아닌 재창조된 달리라고 할 수 있다.

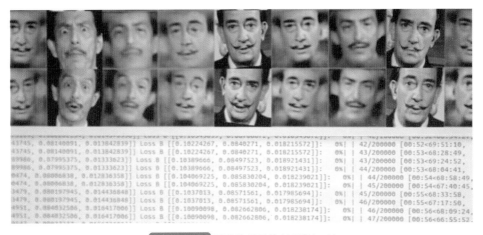

그림 10-18 달리의 얼굴을 분석하는 AI

출처 : https://youtu.be/BlDaxl4xqJ4

의미와 전망

달리 라이브는 방문객들과의 소통을 통해 디지털 시대에 걸맞은 박물관의 새 모습을 보여준다. 하지만 달리 라이브가 보여준 것은 단순히 딥페이크 기술이나 사용자와 상호작용하는 로봇 같은 것이 아니다. 앞서 언급하였듯 불멸에 대한 상상이 현실로 나타난 것이다. 언젠가는 우리의 주변에 있는 사람도 언제까지나 함께 할 수 있게 될 것이라는 기대를 가지게 한다. 이처럼 이 기술은 소비자가 이제껏 겪어보지 못했던 경험을 제공함으로써 흥분이나 감성을 이끌어낼 수 있다. 한계로는 아직 인간의 성향을 완벽히 설명할 수 있는 연구가 없어 구현하고자 하는 대상의 사고방식이나 행동방식을 이해하는 것은 사람의 도움을 받을 수밖에 없다. 자연히 그에 대한 정보도 굉장히 많이 필요하다. 이러한 이유로 당장 일반적인 용도로 상용화되기는 어렵겠지만 달리라이브처럼 박물관이나 이벤트에서 이제는 볼 수 없는 유명인을 만들어내고 사용자들이 그 이벤트에서 겪는 다른 경험과 연관시킨다면, 사용자들에게 새로운 경험을 제공함으로써 사업적으로 긍정적인 반응을 얻어낼 수 있을 것이다.

중국 신화통신이 GAN을 활용해 개발한 AI 아나운서

중국의 신화통신이 중국의 검색엔진사 소우거우(Sogou)와 함께 GAN을 활용하여 시공간의 제약 없이 낮은 비용으로 보도가 가능한 여성 AI 아나운서를 만들어냈다.

배경

TV에서 또 스마트폰에서 보는 영상 뉴스의 보도는 전문 아나운서가 담당하고 있다. 방송사에서는 이 아나운서들을 고용하고 방송에서 보도를 하게 하는 것에 만만치 않은 비용을 사용하고 있을 것이다. 이제는 그 비용을 혁신적으로 줄일수 있는 방법으로 AI 아나운서에 주목할 수 있다. 신화통신에서 선보인 남성 AI 뉴스 앵커인 치우 하오(Qiu Hao)는 약 5개월의 서비스 기간동안 3,400여개의 보고서를 발표했으며 10,000여 분의 스크린 타임을 기록한 동향이 있다. AI 아나운서 이용에 가능성을 본 신화통신은 남성 아나운서에 이어 여성 아나운서를 제작했다.

방법 및 활용기술

중국 정부가 관리하는 신화통신사는 에이전시 최초의 여성 AI 뉴스 앵커인 신 샤오멍(Xin Xiaomeng)을 소개함으로써 AI를 통해 컨텐츠를 제공하려는 노력을 발표했다. 신화통신은 신 샤오멍의 제작을 위해 중국 검색엔진 회사인 소우거우와 협력하였다. 〈그림 10-19〉처럼 2019년 2월 19일, 신화통신과 소우거우는 베이징에서 직접 세계 최초 여성 AI 아나운서의 출시를 알렸다.

그림 10-19 여성 AI 아나운서의 출시를 알리는 신화통신 부사장과 소우거우의 CEO

출처 : 신화통신

이 시스템은 비용을 줄일 뿐만 아니라 한 발표자가 여러 개의 TV나 디스플레이에 동시에 서로 다른 스토리를 제시할 수 있게 한다. 더불어 중국은 다른 국가에 비해 언론 및 인터넷의 자유에 대해 많은 제약을 받고 있는데, AI 아나운서를 이용하면 민감한 사안에 대해서도 사람을 쓰는 것보다 부담이 없다는 장점이 있다.

프로젝트 리더인 치 휘지에(Qi Huijie)에 따르면 이번 여성 AI 아나운서는 최초의 연구 이후 소리와 이미지의 두 가지 주요 엔진에서 더 큰 최적화와 발전을 이루었다. 사운드 측면에서는 오디오 생성에 이전보다 성능이 향상된 모델을 사용하여 합성된 오디오의 표현력과 현실감을 높였고, 이미지 측면에서는 모델 최적화 및 다중 스타일 데이터의 사용을 통해 보다 사실적인 표현, 팔다리의 움직임, 자연스러운 입모양을 만들어냈다. 〈그림 10-20〉에서 볼 수 있듯 실제 사람과 굉장히 흡사하다. 치 휘지에는 최근 AI 기술의 성장을 기반으로 이전의 남성 AI 아나운서를 만드는 데에 비해 여성 AI 아나운서를 만드는 데에는 생성 기간이 크게 단축되었고 방송 효과 및 안정성이 크게 개선되었다고 말했다.

그림 10-20 AI 아나운서 신 샤오멍

출처 : https://youtu.be/5iZuffHPDAw

신 샤오멍의 후속 AI 아나운서로 나올 예정인 신 샤오하오(Xin Xiaohao)는 앉아서 뉴스 보도를 할 뿐만 아니라 일어서서 제스처를 취하거나 신체적 움직임을 이용해 뉴스를 보도할 수 있을 것으로 기대하고 있다.

신화통신은 AI 기술이 뉴스 산업에 미치는 영향에 큰 중요성을 부여하고 AI와 뉴스의 더 높은 화합을 모색하기 위해 지능형 기술 기반의 인간-기계 협업의 생성을 가속화하고 있다. 보다 발전된 AI 아나운서의 등장과 함께, AI를 활용한 미디어 통합 개발을 촉진한 결과로 미디어 브레인과 같은 지능형 생산 기술을 전체 프로세스에 포함시키고, 기술의 응용을 포괄적으로 홍보하며, 다중 링크 협업 및 다중 터미널 배포를 실현하는 지능형 편집부서의 구성이 형성되기도 했다.

신화통신과 소우거우는 자체 비즈니스 개발 요구에 따라 AI 아나운서 프로젝트를 핵심으로 삼아 뉴스 보도에 인공지능을 적용하는 것에 대한 종합적인 협력을 수행 하겠다고 밝혔다.

의미와 전망

위 사례에서는 기술에 대한 자세한 내용이 거의 등장하지 않고 있지만 GAN과 AI를 적절히 활용했을 때의 발전 가능성을 보여주고 있다. 과거 사람 모양의 AI에 대한 상상이 입 모양만 변하는 기괴한 모습이었다면 이제는 실제 사람과 구별하기 어려울 정도의 자연스러운 모습을 만들어낼 수 있게 된 것이다. 〈그림 10-21〉의 영화 그녀(Her)가 5년 정도만 늦게 나왔어도 주인공이 의지하는 영화 속 AI 사만다는 얼굴을 가지고 있었을 것이다.

그림 10-21 AI가 등장하는 영화 her

출처 : https://brunch.co.kr/@chaeminc/313

뉴스 보도를 위한 아나운서뿐만 아니라 AI 상담원, AI 비서의 모습도 언젠가는 사람의 모습으로 나타날 수 있다. 비즈니스에서 AI가 사람의 모습으로 보여질 때의 장점은 사람이 필요했던 곳이라면 인건비를 획기적으로 줄일 수 있다는 점, 사람이 사용되지 않던 곳이라면 타 비대면 서비스에 비해 고객에게 친근감을 가져다줄 수 있다는 점이 있다. 이를 각 분야에서 고객의 니즈에 맞게 적절히 사용한다면 큰 이점이자 차별점이 될 수 있을 것이다.

10.11 동영상에서 움직이는 물체를 지우는 AI

시암 마스크(Siam Mask)와 딥 비디오 인페인팅(Deep Video Inpainting) 기술을 기반으로 하여 영상 속 움직이는 물체를 지우는 알고리즘(Video Object Removal)이 발명되어 영상 편집의 편의성을 한층 높였다.

배경

일반 영상 도구를 사용하여 동영상에서 물체를 지우는 것은 어려운 작업이다. 영상에서 물체를 지우려면 프레임마다 그 물체를 전부 지우고 다시 그럴듯하게 채워 넣어야 하기 때문이다. 이런 문제를 해결하기 위해 AI를 활용하여 동영상 내 움직이는 물체를 영상에서 지워낼 수 있는 비디오 물체 제거 소프트웨어가 개발, 오픈소스로 공개되었다. 사용자가 해야 할 것은 영상 내 움직이는 대상을 마우스로 드래그하기만 하면 된다. 카메라 프레임의 흔들림과 대상을 제외한 움직임을 모두 고려하여 대상의 움직임만 추출하고, 이를 영상에서 자연스럽게 제거한다. 이 소프트웨어는 제트엘엘러닝(Zllrunning)이라는 깃헙(Github) 유저로부터 공개되었고, 누구나 무료로 사용할 수 있다.

방법 및 활용기술

개발자는 소프트웨어의 개발을 위해 시암 마스크와 딥 비디오 인페인팅이라는 두 가지 교육 모델을 사용했다고 밝혔다. 원리를 간단하게 생각하면 영상에서 움직이는 물체를 추적하는 알고리즘과 영상의 비어있는 곳을 채우는 알고리즘이 합쳐진 것으로 볼 수 있다.

먼저 시암 마스크는 시각적 물체 추적, 비디오 객체 세분화를 실시간으로 수행하는 소프트웨어이다. 하나의 장면 속에서 바로 물체를 찾는다기보다 하나의 장면을 여러 가지 조각으로 나눈 후에 그 안에서 가장 근접한 값을 가진 물체를 찾아 이 물체를 움직이는 물체로 인식하고 타겟으로 선정한다. 훈련이 되고 나면 시암 마스크는 온라인에서 단일로 작동하며, 〈그림 10-22〉처럼 경계를 만드는 박스에만 의존하여 클래스에 구애받지 않고 물체를 인식하는 마스크와 경계 박스를 초당 55프레임으로 생성할 수 있다.

그림 10-22 박스 안 물체를 인식하는 시암 마스크

출처 : http://www.robots.ox.ac.uk/~qwang/SiamMask/

딥 비디오 인페인팅은 비디오에서 시공간의 빈 곳을 그럴듯한 내용으로 채우는 것을 목표로 한다. 이미지 기반 인코더-디코더 모델을 기반으로 하여 인접 프레임에서 정보를 수집, 세분화하고 채워지지 않은 영역을 합성하도록 설계되었다. 그와 동시에 출력은 반복 피드백과 임시 메모리 모듈에 의해 시간적으로 일관성이 있도록 강제된다.

같은 기능을 사용하는 다른 방식의 소프트웨어도 존재한다. 예시로 테크놀로지 국립대학(National Technology University)의 연구원들이 만든 알고리즘이 있다. 각 프레임의 RGB픽셀을 직접 채우는 대신 비디오 인페인팅을 픽셀 전파 문제로 간주하는 방식이다. 먼저 딥 플로우 컴플리션(Deep Flow Completion) 네트워크를 이용하여 비디오에 간섭 광학 유동장(coherent optical flow field)을 합성한다. 그 후 합성된 유동장은 비디오에서 누락된 영역을 채우기 위해 픽셀 전파를 안내하는 데 사용된다. 딥 플로우 컴플리션 네트워크는 거친 것을 부드럽게 하는 정제를 통해 유동장을 만드는 한편, 하드 플로우 마이닝(hard flow mining)을 통해 품질이 더욱 향상된다.

의미와 전망

시암 마스크와 딥 비디오 인페인팅을 결합한 동영상 편집 기술은 다른 기술보다 더 빠르고 정확하게 물체를 파악하고, 동시에 영상 속에서 물체가 지워질 때 자연스럽게 처리가 가능하다. 하지만 부족한 부분도 응당 존재한다. 가령, 〈그림 10-23〉을 보면 프로그램이 보드를 타는 사람을 지우면서 배경도 자연스럽게 유지하고 있으나, 밑에 나온 그림자를 지우지는 못했다.

그림 10-23 편집 영상의 그림자가 지워지지 않은 경우

출처 : https://youtu.be/LIJPUsrwx5E

다른 프로그램 구동 예시들도 그림자가 남아있거나 자국이 남아있는 경우가 있다. 이런 경우, 지금의 기술로 이러한 문제점까지 다 지우고 싶다면 하나하나 박스를 표시해야 한다는 불편함이 있다. 하지만 동영상에서 하나하나 프레임단위로 지워야 했던 것을 AI기술이 대신해줌으로써 빠르게 결과를 처리할 수 있다는 큰 장점을 가진 것은 무시할 수 없다.

일반적인 영상 산업에서 사용되는 것은 물론이고 최근 영상을 통해 사람들과 소통하는 직업(유튜브 등)이 많아짐에 따라 일반인들의 프라이버시에 대한 고려도 높아졌는데, 그 부분에서도 이 기술이 유용하게 쓰일 것이다.

AI in BUSINESS

PART 3

AI
기술소개

AI in BUSINESS

11장 전처리와 시각화

11.1 자료 찾기

> 좋은 자료를 확보하는 것이 데이터 분석의 중요한 출발점이다.

배경

빅데이터(Big Data)란 단순히 대량의 데이터(Large scaled data)를 말하는 것이 아닌, 미래의 예측 또는 의사결정에 추천을 제시하기 위한 실효성 있는 통계, 트렌드, 패턴을 제공하는 다양한 디지털 데이터의 합을 의미한다. 페이스북(Facebook) 등 다수의 기업에서 빅데이터를 활용하면서 빅데이터의 활용 가치가 있음이 증명되었다. 그러나 데이터 자체는 가치(Value)가 존재하지 않으나, 분석을 통해 가치를 창출할 수 있다.

빅데이터 분석은 여러 단계를 거쳐 이뤄진다. 연구자가 해결해야 할 문제가 무엇인지 인식하고, 그에 맞는 자료(데이터)들을 찾는 것이 첫 번째 단계이다. 찾은 자료들을 통해 기초 통계량을 분석하고 시각화를 통해 직관을 얻는다. 그 후, 데이터에서 변수를 선정하고 인과관계나 지능형 추론 및 예측하는 등 분석 활동을 한다. 분석 결과를 이용하여 최적화, 의사결정, 추천 등을 진행하고 마지막으로 경영 전략을 수립한다. 본

장에서는 R을 중심으로 데이터 분석의 기본적인 작동을 살펴볼 것이다.

먼저 빅데이터를 확보할 수 있는 여러 사이트를 알아두는 것이 유용한데, 다음과 같은 사이트가 그 예일 것이다.

http://db.history.go.kr/

구글 데이터베이스 (https://cloud.google.com/products/databases/)

DBPia 등

UCI Machine Learning Repository

https://toolbox.google.com/datasetsearch

11.2 데이터 분석을 위한 'R' 기초

데이터 분석을 위해 R 프로그램을 활용한다.

● R에서 Excel 파일 받아오기

먼저 address.xls 파일을 해당 폴더에 넣고 그 폴더의 위치를 setwd로 지정하기

```
setwd("내 파일이 있는 위치")
install.packages("readxl")
library(readxl);
data1 <- read_excel('address.xls');
```

```
data1
# A tibble: 11 x 6
   순번 이름   자치구명 가족수   LAT   LON
  <dbl> <chr>  <chr>   <dbl> <dbl> <dbl>
1    1 권주현  구로구       5  37.5  127.
2    2 김은지  서대문구     3  37.6  127.
3    3 김정훈  강남구       1  37.6  127.
4    4 송영은  강서구       7  37.6  129.
5    5 심재문  동대문구     2  37.5  127.
6    6 유호선  동작구       5  37.6  127.
7    7 이남연  관악구       6  37.6  127.
8    8 이상연  서초구       2  37.5  127.
9    9 정동영  강남구       1  37.6  127.
10  10 최미나  관악구       1  37.6  130.
11  11 최석재  구로구       4  37.6  127.
```

● R에서 다른 포맷 파일 받아오기

CSV 파일에서 받아오기

```
D<-read.csv( "address.csv", sep=",", header=T)
#header=T 란 헤더에 제목이 있다는 뜻
```

txt 파일에서 받아오기

```
TXTdata <- read.table("address.txt", header = TRUE)
```

이미지 파일 받아오기

```
install.packages("OpenImageR")
library(OpenImageR)
secondCat <- readImage("einstein.jpg")
```

또는

```
install.packages("BiocManager")
BiocManager::install("EBImage")
library(EBImage)
secondCat <- readImage("einstein.jpg")
```

이미지 보기

```
install.packages("IMAGE")
library(IMAGE)
image(secondCat)
```

또는

```
install.packages("imager")
library(imager)
display(secondCat)
```

- R에서 파일 저장하기

CSV 파일 저장하기

```
write.csv(d, file="m2.csv", row.names=FALSE)
# TRUE이면 첫번째 컬럼에 행 번호가 생성됨
```

Rdata로 저장하기

```
save(d, file="d.RData")
```

Excel 파일로 저장하기

```
install.packages("xlsx")
library(xlsx)
write.xlsx(d, "d.xlsx")
```

11.3 데이터 이해와 전처리

데이터 분석에 들어가기 전, 데이터를 이해하고 전처리하는 여러 가지 방법들을 소개한다.

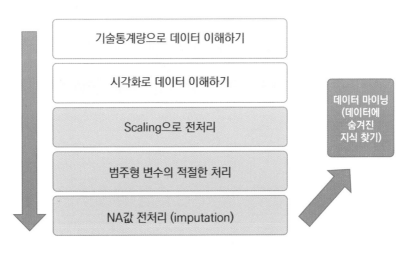

그림 11-1 데이터를 이해하고 전처리하는 과정

- 기술통계량으로 데이터 이해하기

데이터 분석 및 기계학습(machine learning)의 첫 단계는 데이터를 이해하는 것이다.

```
      d<-read.csv("importdata1.csv", sep =",", header=T)
## 기술통계  - str (), summary(), describe()
      dim(d)
      str (d) ## View(d)
str(d) 'data.frame': 1000 obs. of 32 variables:
$ id : int 100601 100602 100603 100604 100605 100606 100607 100608 100609
100610 ...
$ output: int 1 1 1 1 1 1 1 1 1 1 ...
$ x1 : num 34.515 44.709 0.519 11.323 170.138 ...
$ x2 : num -8.86 67.19 121.39 4.18 2.7 ...
$ x3 : num 0.602 2.131 0.859 2.021 2.712 ...
$ x4 : num 3.1 7.06 2.11 7.74 4.56 ...
$ x5 : num 24.79 17.08 9.86 22.39 18.83 ...
$ x6 : num 0.914 1.334 1.03 1.273 1.312 ...
$ x7 : num 7.31 3.23 4.81 3.68 5.42 ...
```

```
$ x8 : num 22.68 7.71 21.06 17.8 53.94 ...
$ x9 : num 50.52 50.54 32.27 43.94 9.15 ...
--- (하략 ) ---
      table(d)
      head(d) ## tail(d)
      summary(d) ## object.size (d)
 id               output            x1                  x2
x3                  x4                  x5
 Min.    :100001    Min.    :0.0    Min.    :-75.276    Min.    :-66.986    Min.
:-20.107    Min.    :-75.257    Min.    :-73.14
 1st Qu.:100251    1st Qu.:0.0    1st Qu.: -5.214    1st Qu.: -7.472    1st Qu.:
1.762    1st Qu.:  6.238    1st Qu.: 16.96
 Median :100551    Median :0.5    Median :  9.094    Median :  9.582    Median :
3.538    Median : 12.645    Median : 26.99
 Mean    :100551    Mean    :0.5    Mean    : 28.203    Mean    : 17.247    Mean    :
4.545    Mean    : 16.900    Mean    : 32.61
 3rd Qu.:100850    3rd Qu.:1.0    3rd Qu.: 35.933    3rd Qu.: 30.638    3rd Qu.:
6.123    3rd Qu.: 22.366    3rd Qu.: 41.69
 Max.    :101100    Max.    :1.0    Max.    :752.181    Max.    :830.566    Max.    :
56.281    Max.    :142.857    Max.    :184.31
--- (하략) ---
View(d)
```

Filter

	id	output	x1	x2	x3	x4	x5	x6	x7	x8	x9	x10	x11	x12	x13	x14	x15	x16	x17	x18	x19
1	100601	1	34.515	-6.860	0.602	3.096	24.788	0.914	7.312	22.680	50.520	12.976	39.606	451.666	17.083	17.582	34.734	6.522	6.439	45.811	0.6
2	100602	1	44.709	67.191	2.131	7.058	17.081	1.354	3.229	7.710	50.544	57.217	120.093	239.774	65.254	24.689	157.504	1.368	1.311	26.307	1.5
3	100603	1	0.519	121.395	0.859	2.111	9.855	1.030	4.807	21.061	32.266	92.792	236.441	41.580	70.637	47.121	262.913	3.573	3.267	39.213	0.8
4	100604	1	11.323	4.177	2.021	7.736	22.306	1.273	3.684	17.801	43.940	152.711	142.037	220.919	65.768	25.860	249.401	2.275	1.869	47.295	1.5
5	100605	1	170.138	2.704	2.712	4.557	18.832	1.312	5.421	53.944	9.149	78.513	95.037	85.155	1.457	54.167	7266.447	1.104	1.077	41.389	2.0
6	100606	1	6.583	24.387	0.376	1.573	16.179	0.363	3.734	11.059	41.406	18.763	105.639	205.803	119.419	23.517	33.939	3.112	3.060	65.616	1.0
7	100607	1	-7.314	-23.021	2.195	9.060	19.329	0.827	1.765	15.936	12.570	65.998	116.574	230.733	56.961	25.793	644.126	1.859	1.765	65.027	2.6
8	100608	1	172.440	82.470	12.131	32.242	46.962	4.717	6.871	53.743	13.473	150.468	157.845	171.830	37.022	32.377	107.263	0.752	0.683	30.358	2.5
9	100609	1	42.396	178.292	4.761	21.996	41.459	2.492	4.698	32.383	14.221	61.987	145.728	277.059	160.375	18.606	20.034	1.619	1.424	42.743	1.9
10	100610	1	34.181	-40.723	5.144	10.666	16.666	3.149	4.921	24.154	22.979	201.937	228.682	81.645	35.126	46.131	4072.727	1.476	1.476	49.197	1.6
11	100611	1	12.590	25.325	3.649	15.625	22.646	1.628	2.358	20.637	16.376	33.762	113.522	321.726	61.332	20.701	163.829	1.680	1.486	61.734	2.2
12	100612	1	41.616	14.567	3.945	10.016	19.317	3.013	5.611	19.360	31.241	194.504	249.398	87.001	76.195	37.994	211.380	2.384	1.887	38.599	1.3
13	100613	1	24.210	-28.115	3.740	7.275	23.247	2.193	7.009	42.532	21.454	137.181	190.152	100.856	0.171	49.744	727.118	2.140	1.979	40.971	1.7
14	100614	1	10.263	-5.888	5.063	22.807	42.105	1.768	3.264	23.587	17.042	103.860	120.024	326.377	3.543	23.260	327.753	1.224	1.224	52.380	2.8
15	100615	1	2.834	1.885	3.794	14.708	31.539	2.601	5.577	58.100	8.725	108.720	131.976	267.231	4.378	26.909	247.679	2.306	2.306	38.692	1.4
16	100616	1	16.967	4.410	2.653	10.635	29.828	1.649	4.626	26.491	18.735	54.298	125.673	304.310	3.685	24.510	101.329	2.188	1.517	53.024	1.6
17	100617	1	58.104	15.679	4.327	11.516	25.085	3.812	8.305	27.127	30.451	55.802	105.119	134.198	2.061	42.326	351.000	3.888	3.699	46.235	1.1
18	100618	1	28.688	55.901	3.710	21.102	45.249	1.562	3.350	48.372	8.441	85.940	107.864	443.755	1.240	18.348	240.628	1.430	1.391	52.673	2.3
19	100619	1	6.795	-5.578	2.123	7.532	25.322	1.658	5.576	23.517	27.501	65.334	85.925	262.733	1.007	27.492	459.726	3.570	3.127	63.251	1.2

그림 11-2 View(d) 실행 결과

```
hist(d$x10)


install.packages("Hmisc")
library(Hmisc)
describe(d)    ## 각 data set 내 변수들의 기술통계를 보여준다.

x1
       n    missing  distinct      Info       Mean        Gmd        .05        .10        .25
          .50          .75          .90          .95
    1000          0         996          1       28.2      57.57   -28.383   -19.052
     -5.214      9.093     35.933     84.690    144.521
    lowest : -75.276 -61.346 -60.460 -59.145 -57.971, highest: 443.589 509.854
     513.087 630.769 752.181
```

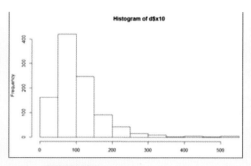

그림 11-3 hist(d$x10) 실행 결과

--- 하략 ---

```
## summary 활용한 tableau 작성
summary(output ~ x1 + x2 , data=d)  ## x1, x2 별로 output값 통계내기
```

```
output          N= 1000

+-------+----------------+-----+------+
|       |                | N   |output|
+-------+----------------+-----+------+
|x1     |[-75.28, -5.19)| 250|0.424 |
|       |[ -5.19,  9.12)| 250|0.460 |
|       |[  9.12, 35.98)| 250|0.544 |
|       |[ 35.98,752.18]| 250|0.572 |
+-------+----------------+-----+------+
|x2     |[-66.99, -7.46)| 250|0.560 |
|       |[ -7.46,  9.64)| 250|0.444 |
|       |[  9.64, 30.67)| 250|0.472 |
|       |[ 30.67,830.57]| 250|0.524 |
+-------+----------------+-----+------+
|Overall|                |1000|0.500 |
+-------+----------------+-----+------+
```

그림 11-4 summary(output ~ x1 + x2 , data = d) 실행 결과

```
summary(output ~ x1 + x2 , data=d, fun=var)  ## 분산값을 보기
summary(output ~ x1 + x2 , data=d, method="reverse")  ## 행렬이 바뀜
summary(output ~ x1 + x2 , data=d, method="cross") ## crosstab 만들기
```

```
+-------+
|N      |
|output |
+-------+

+-----------+----------------+----------------+----------------+-----------------+-----------+
|         x1|[-66.99, -7.46)|[ -7.46,  9.64)|[  9.64, 30.67)|[ 30.67,830.57]|    ALL    |
+-----------+----------------+----------------+----------------+-----------------+-----------+
|[-75.28, -5.19)|       84    |      73        |      57        |      36         |   250     |
|           |  0.4642857     |  0.3287671     |  0.4912281     |  0.4166667      |0.4240000  |
+-----------+----------------+----------------+----------------+-----------------+-----------+
|[ -5.19,  9.12)|       67    |      62        |      75        |      46         |   250     |
|           |  0.5373134     |  0.4193548     |  0.3600000     |  0.5652174      |0.4600000  |
+-----------+----------------+----------------+----------------+-----------------+-----------+
|[  9.12, 35.98)|       66    |      63        |      55        |      66         |   250     |
|           |  0.6666667     |  0.5396825     |  0.4727273     |  0.4848485      |0.5440000  |
+-----------+----------------+----------------+----------------+-----------------+-----------+
|[ 35.98,752.18]|       33    |      52        |      63        |     102         |   250     |
|           |  0.6363636     |  0.5192308     |  0.5873016     |  0.5686275      |0.5720000  |
+-----------+----------------+----------------+----------------+-----------------+-----------+
|ALL        |      250        |     250        |     250        |     250         |  1000     |
|           |  0.5600000     |  0.4440000     |  0.4720000     |  0.5240000      |0.5000000  |
+-----------+----------------+----------------+----------------+-----------------+-----------+
```

그림 11-5 summary(output ~ x1 + x2 , data=d, method="cross") 실행 결과

전처리(preprocessing) - 정규화

전처리: 모델링에 알맞은 형태로 데이터를 수정해 주는 작업

- 정규화(feature scaling 또는 normalization)

- 데이터 type 변경

- 결측치 처리(imputation)

(1) 정규화

```
cbind(d$output, as.data.frame(scale(d[,-1:-2])))
## scale을 하면 값을 평균만큼 차감한 후 표준편차로 나누어준다. 한편, d$output는
    범주형이므로 일단 scale에 제외시켰다가 후에 cbind로 다시 묶는 것임
```

	d$output	x1	x2	x3	x4	x5	x6	x7
1	1	9.003036e-02	-0.5101513333	-0.767154027	-0.6608878186	-2.561491e-01	-5.497605e-01	
		0.5475661788						
2	1	2.354311e-01	0.9759146831	-0.469636453	-0.4712693398	-5.086624e-01	-4.118401e-01	
		-0.4976746797						
3	1	-3.948671e-01	2.0350818519	-0.717146168	-0.7081487880	-7.454161e-01	-5.116682e-01	
		-0.0937094397						
1	-2.407656e-01	-0.2554033003	-0.491040595	-0.4388043578	-3.348485e-01	-4.318714e-01	-0.3811954755	

--- 하략 ---

(2) 범주형 변수의 처리

- 원 핫 인코딩 : 어떤 한 범주형 변수에 level이 지나치게 많은 경우, 각 레벨 별로
  통계치를 구하는 것이 계산량이 많고 의미 없는 경우가 많아서 덜 중요한 레벨을
  정리하고 축소하는 기법이다.

```
install.packages("randomForest")
library(randomForest)
x <- data.frame(x1=iris$Species, x2=iris$Petal.Width)
model.matrix(~ x1, data=x)[,-1]
## Species의 세 종류가 (0,0), (1,0), (0,1)로 변환됨, 즉 level=3이었던 Species를 두
    변수(x1versicolor, x1virginica)를 만들어 level=2로 줄인 것임 - 더미변수 처리시 사용
    가능
```

	x1versicolor	x1virginica
1	0	0
2	0	0
--- 중략 ---		
51	1	0
52	1	0
53	1	0
--- 중략 ---		
101	0	1
102	0	1
103	0	1
--- 하략 ---		

(3) 결측치 처리

- 많이 사용되는 결측치 처리 방법들 : kNN, Case substitution, Mean and mod, Hot deck/cold deck, Prediction model

```
## 우선 인위적으로 NA가 있는 set 만들기 (iris_na)
d_na <- d[2:5]
d_na[c(1, 2, 5, 10, 12), 2] <- NA
d_na[c(3, 10, 13), 3] <- NA
d_na[c(3, 10, 15), 4] <- NA
d_na
d_na[!complete.cases(d_na), ] ## copmplete하지 않은, 즉 결측치가 있는 행만 보이기
d_na[is.na(d_na$x1), ] ## x1 열에 결측치 있는 것만 보이기
output x1      x2      x3
1       1  NA  -8.860 0.602
2       1  NA  67.191 2.131
5       1  NA   2.704 2.712
10      1  NA     NA     NA
12      1  NA  14.567 3.945

install.packages("DMwR")
library(DMwR)
d_na[!complete.cases(d_na),]
  output     x1     x2      x3
1       1     NA  -8.860 0.602
2       1     NA  67.191 2.131
3       1  0.519     NA     NA
5       1     NA   2.704 2.712
10      1     NA     NA     NA
12      1     NA  14.567 3.945
13      1 24.210     NA  3.740
15      1  2.834  1.885    NA
## 중앙값(median, 순서적으로 볼 때 50% 값)으로 결측치를 메우는 작업 (우선 위에서 1,
2,···,15 에 결측치가 있는 것을 알았음)
centralImputation(d_na[2:4])[c(1, 2, 3, 5, 10, 12, 13, 15),]
x1      x2      x3
1   8.971 -8.860 0.602
2   8.971 67.191 2.131
3   0.519  9.638 3.534
5   8.971  2.704 2.712
10  8.971  9.638 3.534
12  8.971 14.567 3.945
13 24.210  9.638 3.740
15  2.834  1.885 3.534

## 근접 이웃값의 가중 평균으로 결측치 대체
iris_na <- iris
iris_na[c(10, 20, 25, 40, 32), 3] <- NA
iris_na[c(33, 100, 123), 1] <- NA
iris_na[!complete.cases(iris_na), ]
knnImputation(iris_na[1:4])[c(10, 20, 25 ,32, 33, 40, 100, 123),]
    Sepal.Length Sepal.Width Petal.Length Petal.Width
10      4.900000         3.1     1.452250         0.1
20      5.100000         3.8     1.539881         0.3
25      4.800000         3.4     1.457144         0.2
32      5.400000         3.4     1.483821         0.4
33      5.462532         4.1     1.500000         0.1
40      5.100000         3.4     1.475718         0.2
100     5.891169         2.8     4.100000         1.3
123     7.077197         2.8     6.700000         2.0

d
```

```
d_na <- d
d_na[c(1, 2, 5, 10, 12), 4] <- NA
d_na[c(3, 10, 13), 5] <- NA
d_na[c(3, 10, 15), 6] <- NA
head(d_na)
```

missing data pattern보기(1)
```
install.packages("mice")
library(mice)
md.pattern(d_na[2:8])
```

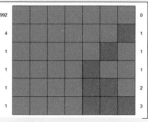

```
> md.pattern(d_na[2:8])
     output x1 x5 x6 x3 x4 x2
992       1  1  1  1  1  1  0
4         1  1  1  1  1  0  1
1         1  1  1  1  0  1  1
1         1  1  1  0  1  1  1
1         1  1  1  0  0  1  2
1         1  1  1  0  0  0  3
          0  0  0  0  3  3  5 11
```

그림 11-6 md.pattern(d_na[2:8]) 실행 결과

missing data pattern보기(2)
```
install.packages("VIM")
library(VIM)
aggr_plot <- aggr(d_na[2:8], col=c(2,3,4,5,6,7,8), numbers=TRUE, sortVars=TRUE,
    labels=names(d_na), cex.axis=.7, gap=3, ylab=c("Histogram of missing
    data","Pattern"))
```

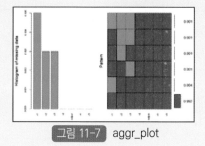

그림 11-7 aggr_plot

```
knnImputation(d_na)[c(1,2,3,5,10,12,13,15),]
```

또 다른 imputation 방법, meth 다음에는 imputation방법을 쓰면 됨
```
d_im <- mice(d_na[2:8],m=5,maxit=50,meth='pmm',seed=500)
d_im$imp       ## 또는 특정 변수만 보려면 d_im$imp$x3 이런 식으로 하면 됨
```

```
> d_im$imp$x3
          1       2       3       4       5
3     2.784   2.702   2.509   5.153   4.004
10    3.525   3.332   2.525   3.464   6.281
13    0.872   1.963   1.915   0.872   0.872
```

그림 11-8 d_imimpx3 실행 결과

참고로 mice 함수에서 사용 가능한 방법의 리스트를 보려면
```
methods(mice)
```

```
> methods(mice)
 [1] mice.impute.2l.bin       mice.impute.2l.lmer      mice.impute.2l.norm      mice.impute.2l.pan
 [5] mice.impute.2lonly.mean  mice.impute.2lonly.norm  mice.impute.2lonly.pmm   mice.impute.cart
 [9] mice.impute.jomoImpute   mice.impute.lda          mice.impute.logreg       mice.impute.logreg.boot
[13] mice.impute.mean         mice.impute.midastouch   mice.impute.norm         mice.impute.norm.boot
[17] mice.impute.norm.nob     mice.impute.norm.predict mice.impute.panImpute    mice.impute.passive
[21] mice.impute.pmm          mice.impute.polr         mice.impute.polyreg      mice.impute.quadratic
[25] mice.impute.rf           mice.impute.ri           mice.impute.sample       mice.mids
[29] mice.theme
see '?methods' for accessing help and source code
```

그림 11-9 methods(mice) 실행 결과

```
##   pool(): 모든 imputation 방법을 다 돌리고 최적 방법 찾아주기
modelFit1 <- with(d_im,lm(output~ x3+x4+x5+x6))
modelFit1
summary(pool(modelFit1))
```

```
> summary(pool(modelFit1))
                estimate     std.error   statistic        df     p.value
(Intercept)  0.5162307953 0.0255271732 20.2227952 992.9042 0.000000000
x3          -0.0184451326 0.0060801342 -3.0336719 992.1295 0.002478862
x4           0.0011739989 0.0018424434  0.6371967 992.2386 0.524143719
x5           0.0007348163 0.0009485462  0.7746764 992.6510 0.438715410
x6           0.0091840186 0.0086061619  1.0671445 992.7650 0.286166006
```

그림 11-10 summary(pool(modelFit1)) 실행 결과

11.4 시각화

텍스트 데이터를 그림으로 시각화하여 패턴(Pattern)을 인지할 수 있다.

(1) featurePlot을 활용한 시각화

```
install.packages("caret", dependencies=TRUE)
## dependencies=TRUE 란 caret에 연관된 모든 package를 같이 install한다는 의미
library(caret)
featurePlot(d[,3:8], as.factor(d$output))
## d$output 을 명목값으로 변환하기 위해 as.factor 함수 사용함
```

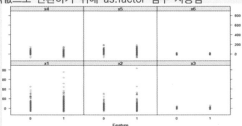

그림 11-11 featurePlot(d[,3:8], as.factor(d$output)) 실행 결과

```
featurePlot(d[,3:5], as.factor(d$output), "box")
## d$output 각 범주별로 묶어줌
```

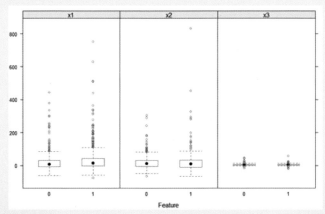

그림 11-12 featurePlot(d[,3:5], as.factor(d$output), "box") 실행 결과

```
featurePlot(d[,3:5], as.factor(d$output), "ellipse")
```

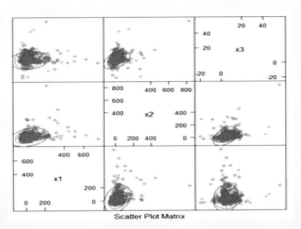

그림 11-13 featurePlot(d[,3:5], as.factor(d$output), "ellipse") 실행 결과

featurePlot(d[,3:5], as.factor(d$output), "strip")

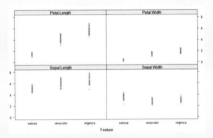

그림 11-14 featurePlot(d[,3:5], as.factor(d$output), "strip") 실행 결과

featurePlot(d[,3:5], as.factor(d$output), "density")

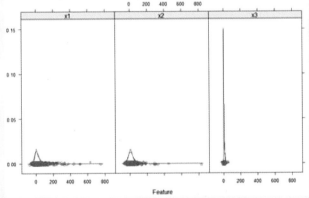

그림 11-15 featurePlot(d[,3:5], as.factor(d$output), "density") 실행 결과

(2) Scatter Plot (산포도, 산점도)

```
## plot 함수를 사용함
## plot에서 사용 가능한 그래프들을 list up
methods("plot")
data(Ozone)
## plot( x축변수, y축변수)
plot(Ozone$V8, Ozone$V9)
```

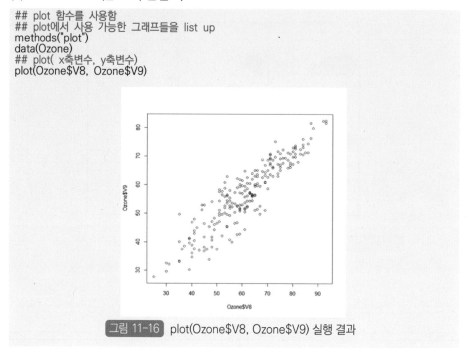

plot(Ozone$V8, Ozone$V9) 실행 결과

(3) Boxplot

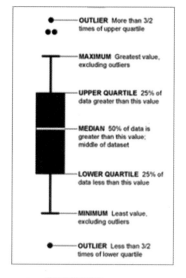

그림 11-17 Boxplot

boxplot(iris)

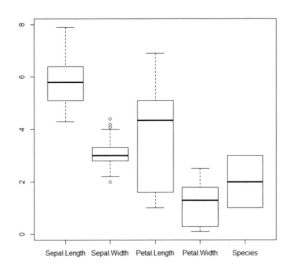

그림 11-18   boxplot(iris) 실행 결과

```
boxplot(iris$Sepal.Width)
# iris data set에서 Species 컬럼을 뺌
iri <- subset(iris, select= -Species)
boxplot(iri)

(boxstats <- boxplot(iris))
$stats
     [,1] [,2] [,3] [,4] [,5]
[1,] 4.3  2.2 1.00  0.1   1   ## outlier 제외한 최솟값
[2,] 5.1  2.8 1.60  0.3   1   ## ¼분위
[3,] 5.8  3.0 4.35  1.3   2   ## 중앙값
[4,] 6.4  3.3 5.10  1.8   3   ## ¾분위
[5,] 7.9  4.0 6.90  2.5   3   ## outlier 제외한 최댓값

$n
[1] 150 150 150 150 150  ## sample수

$conf
         [,1]     [,2]     [,3]    [,4]     [,5]
[1,] 5.632292 2.935497 3.898477 1.10649 1.741987
[2,] 5.967708 3.064503 4.801523 1.49351 2.258013

$out                       ## outlier
[1] 4.4 4.1 4.2 2.0

$group
[1] 2 2 2 2

$names
[1] "Sepal.Length" "Sepal.Width"  "Petal.Length" "Petal.Width"  "Species"
```

(4) Histogram

```
hist(iris$Sepal.Width)
## freq=FALSE로 하면 확률분포, 즉 y축이 확률값이 됨
```

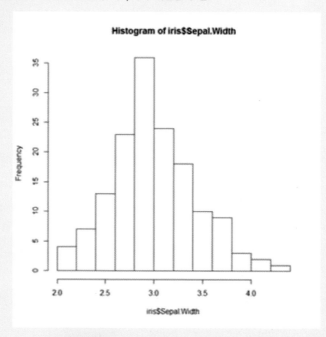

그림 11-19 hist(iris$Sepal.Width) 실행 결과

```
hist(iris$Sepal.Width, freq=FALSE)
(x<-hist(iris$Sepal.Width, freq=FALSE))

$breaks
 [1] 2.0 2.2 2.4 2.6 2.8 3.0 3.2 3.4 3.6 3.8 4.0 4.2 4.4

$counts
 [1]  4  7 13 23 36 24 18 10  9  3  2  1

$density
 [1] 0.13333333 0.23333333 0.43333333 0.76666667 1.20000000 0.80000000
 [7] 0.60000000 0.33333333 0.30000000 0.10000000 0.06666667 0.03333333

$mids
 [1] 2.1 2.3 2.5 2.7 2.9 3.1 3.3 3.5 3.7 3.9 4.1 4.3

$xname
[1] "iris$Sepal.Width"

$equidist
[1] TRUE
attr(,"class")
[1] "histogram"
plot(density(iris$Sepal.Length))
## density는 구간으로 보지 않고 모든 점에서의 데이터 밀도를 추정함
```

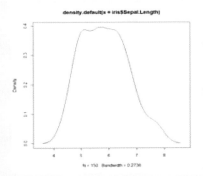

그림 11-20 plot(density(iris$Sepal.Length)) 실행 결과

(5) Mosaicplot

```
data(Titanic)
str(Titanic)
 table [1:4, 1:2, 1:2, 1:2] 0 0 35 0 0 0 17 0 118 154 ...
 - attr(*, "dimnames")=List of 4
 ..$ Class   : chr [1:4] "1st" "2nd" "3rd" "Crew"
 ..$ Sex     : chr [1:2] "Male" "Female"
 ..$ Age     : chr [1:2] "Child" "Adult"
 ..$ Survived: chr [1:2] "No" "Yes"
## 4차원 데이터이므로 각 2차원씩 나누어 그린다. 이때 면적은 상대적 구성비이다.
mosaicplot(Titanic, color=TRUE)
```

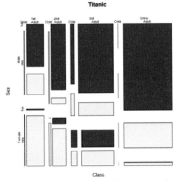

그림 11-21 mosaicplot(Titanic, color = TRUE) 실행 결과

```
## Class, Survived 두 속성만 골라서 객실Class별 생존여부를 보임
mosaicplot(~ Class + Survived, data=Titanic, color=TRUE)
```

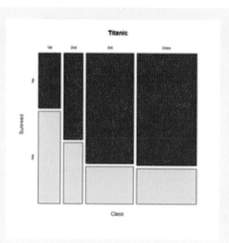

그림 11-22 mosaicplot(~ Class + Survived, data=Titanic, color=TRUE) 실행 결과

mosaicplot(~ Sex + Survived, data=Titanic, color=TRUE)

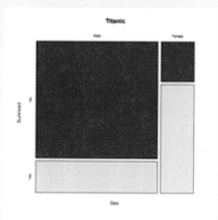

그림 11-23 mosaicplot(~ Sex + Survived, data=Titanic, color=TRUE) 실행 결과

(6) Paired(산점도 행렬)

```
pairs(~ Sepal.Width + Sepal.Length + Petal.Width + Petal.Length, data=iris)
## pch=c(1,2,3)[iris$Species] 는 Species의 세 그룹별로 다른 점 모양을 그리게 하는 효과가
    있음
pairs(~ Sepal.Width + Sepal.Length + Petal.Width + Petal.Length, data=iris,
    pch=c(1,2,3)[iris$Species])
```

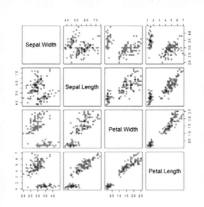

그림 11-24 pairs(~ Sepal.Width + Sepal.Length + Petal.Width + Petal.Length, data=iris) 실행 결과

(7) 지도 그리기

```
install.packages("maps")
library(maps)
m= map("state", fill = TRUE, plot = FALSE)
m
map('county', 'iowa', fill=TRUE, col=palette())
```

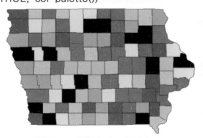

그림 11-25 map('county', 'iowa', fill=TRUE, col=palette()) 실행 결과

```
map('france', fill = TRUE, col = 1:10)
```

그림 11-26 map('france', fill = TRUE, col = 1:10) 실행 결과

```
identify(map("state", fill = TRUE, col = 0))
if(require(mapproj))
        identify(map("world", proj = "lagrange", fill = TRUE, col = 0,
wrap=c(-180,180,-90)))
```

그림 11-27 if(require(mapproj))

identify(map("world", proj = "lagrange", fill = TRUE, col = 0, wrap=c(-180,180,-90))) 실행 결과

```
map('world')
map('lakes', add=TRUE, fill=TRUE, col='white', boundary='black')
```

그림 11-28 map('lakes', add=TRUE, fill=TRUE, col='white', boundary='black') 실행 결과

```
data(ozone)
map("state", xlim = range(ozone$x), ylim = range(ozone$y))
```

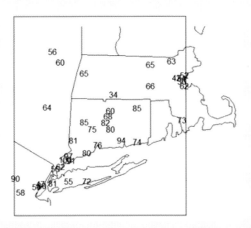

map("state", xlim = range(ozone$x), ylim = range(ozone$y)) 실행 결과

```
text(ozone$x, ozone$y, ozone$median)
box()
```

AI in BUSINESS

## 12장

전통적 데이터마이닝 기법

12.1 단순회귀분석 (Simple regression analysis)

> 종속변수 1개, 독립변수 1개로 두 변수간의 관계를 파악하기 위한 분석기법이다.

- **함수 사용 형식**

  lm함수 사용

  lm(종속변수 ~ 독립변수, 데이터 셋 이름)

- **단순회귀분석 예제**

  R에서 제공하는 데이터 셋 cars를 이용한 단순회귀분석

  cars의 종속변수 dist와 독립변수 speed의 선형관계를 파악할 수 있다.

- R script창

```
data(cars)
head(cars)
(m <- lm(dist~speed,cars))
summary(m)
```

• R console 창

```
> data(cars) #데이터 업로드
> head(cars) #데이터 앞부분을 확인하고 싶을 때 head함수 : 디폴트값으로 상위 6개의 값을 출력
  speed dist
1    4    2
2    4   10
3    7    4
4    7   22
5    8   16
6    9   10
> (m<-lm(dist~speed,cars)) #회귀분석 결과값을 변수 m에 저장
```

#전체 괄호( ) 의미 : 회귀분석 결과값을 변수m에 저장하면서 수행결과까지 바로 보여주는 것이다.

```
Call:
lm(formula = dist ~ speed, data = cars)

Coefficients:
(Intercept)        speed
    -17.579        3.932
```

#기울기가 3.932이고 y절편이 -17.579인 직선임을 알 수 있다.

```
> summary(m) #회귀분석한 결과내용의 상세내용과 추정한 y절편과 기울기 값들이 통계적으로 유의한지 검정결
```
과가 출력된다.

```
Call:
lm(formula = dist ~ speed, data = cars)

Residuals:
    Min      1Q  Median      3Q     Max
-29.069  -9.525  -2.272   9.215  43.201

Coefficients:
            Estimate Std. Error t value Pr(>|t|)
(Intercept) -17.5791     6.7584  -2.601   0.0123 *
speed         3.9324     0.4155   9.464 1.49e-12 ***
---
Signif. codes:  0 '***' 0.001 '**' 0.01 '*' 0.05 '.' 0.1 ' ' 1

Residual standard error: 15.38 on 48 degrees of freedom
Multiple R-squared:  0.6511,     Adjusted R-squared:  0.6438
F-statistic: 89.57 on 1 and 48 DF,  p-value: 1.49e-12
```

#speed의 기울기가 3.9. 통계적으로 유의한지 보려면 p값을 보면 된다.

#p값이 0.1보다 작아야 통계적으로 유의하다.

#1.49e-12는 0.1보다 작은 수로 통계적으로 유의하다.

12.2 다중회귀분석 (Multiple regression analysis)

종속변수 1개, 독립변수가 2개 이상인 경우 두 변수간의 관계를 파악하기 위한 분석기법이다.

- **함수 사용 형식**

  단순회귀분석과 동일한 lm함수 사용

  lm(종속변수 ~ 독립변수1+ 독립변수2+⋯ , 데이터 셋 이름)

  다만 단순회귀분석과 달리 독립변수의 개수가 많으므로 독립변수는 +기호를 통해 나열

- **단순회귀분석 예제**

  R에서 제공하는 데이터 셋 iris를 이용한 다중회귀분석

  iris의 종속변수 Sepal.Length와 독립변수 Sepal.Width, Petal.Length, Petal.Width의 선
  형관계를 파악할 수 있다.

- **R script창**

  ```
  (m<- lm(Sepal.Length~Sepal.Width+ Petal.Length+Petal.Width, iris))
  summary(m)
  ```

- **R console 창**

```
> (m<- lm(Sepal.Length~Sepal.Width+ Petal.Length+Petal.Width, iris))
Call:
lm(formula = Sepal.Length ~ Sepal.Width + Petal.Length + Petal.Width,
    data = iris)

Coefficients:
 (Intercept)   Sepal.Width  Petal.Length   Petal.Width
      1.8560        0.6508        0.7091       -0.5565
> summary(m)
Call:
lm(formula = Sepal.Length ~ Sepal.Width + Petal.Length + Petal.Width,
    data = iris)
```

```
Residuals:
    Min     1Q   Median     3Q     Max
-0.82816 -0.21989  0.01875  0.19709  0.84570

Coefficients:
             Estimate Std. Error t value Pr(>|t|)
(Intercept)   1.85600    0.25078   7.401 9.85e-12 ***
Sepal.Width   0.65084    0.06665   9.765  < 2e-16 ***
Petal.Length  0.70913    0.05672  12.502  < 2e-16 ***
Petal.Width  -0.55648    0.12755  -4.363 2.41e-05 ***
---
Signif. codes:  0 '***' 0.001 '**' 0.01 '*' 0.05 '.' 0.1 ' ' 1

Residual standard error: 0.3145 on 146 degrees of freedom
Multiple R-squared:  0.8586,     Adjusted R-squared:  0.8557
F-statistic: 295.5 on 3 and 146 DF,  p-value: < 2.2e-16
```

회귀모형의 설명력은 조정된 결정계수(Adjusted R^2)를 통해 알 수 있다. 결정계수는 0과 1사이의 값으로 나타나는데 1에 가까울수록 설명력이 높은 것이다. 하지만 다중 회귀분석에서 결정계수는 독립변수의 수가 증가하면 따라서 커지게 된다. 즉 독립변수가 유의하든지 안하든지 그 개수가 증가하면 결정계수가 증가하는 단점을 가진다. 따라서 독립변수의 수를 고려하여 계산하는 조정된 결정계수(Adjusted R^2)를 함께 봐야한다. 똑같은 설명력이라면 변수가 적으면 적을 수록 더 경제성이 있다고 할 수 있다. 따라서 둘 이상의 경쟁모형이 있다면 조정된 결정계수가 더 높은 것을 선택하는 것이 바람직하다.

12.3 로지스틱회귀분석 (Logistic regression)

> X의 분류가 Yes일 확률을 p, No일 확률을(1-p)라고 할 때, log(p/(1-p)) = b0 + b1X와 같은 선형회귀모형을 가진다. 로지스틱은 yes or no의 판정을 하는(종속변수의 값이 두 가지인) 분류알고리즘이다.

- 함수 사용 형식

  glm함수 사용

  glm(종속변수 ~ 독립변수, 데이터 셋 이름, family=binomial)

- 로지스틱회귀분석 예제

  R에서 제공하는 데이터 셋 iris를 이용한 로지스틱회귀분석에서 iris의 species 중 virginica, versicolor를 분류하려고 한다.

  ```
              binomial(link = "logit")
            gaussian(link = "identity")
              Gamma(link = "inverse")
      inverse.gaussian(link = "1/mu^2")
              poisson(link = "log")
              quasi(link = "identity",
                variance = "constant")
          quasibinomial(link = "logit")
          quasipoisson(link = "log")
  ```

- R script창

  ```
  data(iris)
  d <- subset(iris, Species == "virginica" | Species == "versicolor")
  str(d)
  d$Species <- factor(d$Species)
  m<-glm(Species ~ ., data=d, family="binomial")
  summary(m)
  result <- predict(m, newdata=d, type="response")
  result
  ```

• R console 창

```
> data(iris)
> d <- subset(iris, Species == "virginica" | Species == "versicolor")
# binary결과를 보여주는 예제를 만들기 위해 d라는 데이터 세트 만듦
# subset은 부분집합을 뜻하며, species가 virginica와 versicolor인 데이터 셋을 만듦
> str(d)
'data.frame':	100 obs. of	5 variables:
 $ Sepal.Length: num  7 6.4 6.9 5.5 6.5 5.7 6.3 4.9 6.6 5.2 ...
 $ Sepal.Width : num  3.2 3.2 3.1 2.3 2.8 2.8 3.3 2.4 2.9 2.7 ...
 $ Petal.Length: num  4.7 4.5 4.9 4 4.6 4.5 4.7 3.3 4.6 3.9 ...
 $ Petal.Width : num  1.4 1.5 1.5 1.3 1.5 1.3 1.6 1 1.3 1.4 ...
 $ Species     : Factor w/ 3 levels "setosa","versicolor",..: 2 2 2 2 2 2 2 2 2
 ...
# 아직까지 species가 3개의 levels를 가진다.
# 따라서 아래의 과정을 반드시 거쳐야한다.
> d$Species <- factor(d$Species)
#factor로 형변환해야 비로소 2개의 levels로 나타나게 된다.
> m<-glm(Species ~ ., data=d, family="binomial")
> summary(m)
Call:
glm(formula = Species ~ ., family = "binomial", data = d)

Deviance Residuals:
    Min        1Q    Median        3Q       Max
-2.01105  -0.00541  -0.00001   0.00677   1.78065

Coefficients:
             Estimate Std. Error z value Pr(>|z|)
(Intercept)   -42.638     25.707  -1.659   0.0972 .
Sepal.Length   -2.465      2.394  -1.030   0.3032
Sepal.Width    -6.681      4.480  -1.491   0.1359
Petal.Length    9.429      4.737   1.991   0.0465 *
Petal.Width    18.286      9.743   1.877   0.0605 .
---
Signif. codes:  0 '***' 0.001 '**' 0.01 '*' 0.05 '.' 0.1 ' ' 1

(Dispersion parameter for binomial family taken to be 1)

    Null deviance: 138.629  on 99  degrees of freedom
Residual deviance:  11.899  on 95  degrees of freedom
AIC: 21.899

Number of Fisher Scoring iterations: 10
```

```
> result <- predict(m, newdata=d, type="response") # 예측할 때 predict사용
# 아래를 보면 원래 virginica인 51~55행은 0, 나머지는 1로 잘 분류되었음
> result
          51           52           53           54           55
1.171672e-05 4.856237e-05 1.198626e-03 4.220049e-05 1.408470e-03
          56           57           58           59           60
1.018578e-04 1.305727e-03 5.351876e-10 1.458241e-05 1.481064e-05
          61           62           63           64           65
3.990780e-08 3.744346e-05 9.947107e-08 7.988665e-04 1.378280e-08
          66           67           68           69           70
2.828836e-06 1.326003e-03 1.481153e-08 5.959820e-02 8.712675e-08
          71           72           73           74           75
4.048381e-01 3.405812e-07 2.248338e-01 4.023809e-05 1.410660e-06
          76           77           78           79           80
7.060188e-06 7.124099e-04 2.760617e-01 9.651525e-04 1.290424e-10
          81           82           83           84           85
8.469327e-08 5.298820e-09 8.707382e-08 8.676299e-01 2.169221e-03
          86           87           88           89           90
2.129823e-04 2.979719e-04 2.551360e-04 7.884147e-07 1.109268e-05
          91           92           93           94           95
3.969831e-05 1.596216e-04 4.360614e-07 8.158121e-10 1.502115e-05
          96           97           98           99          100
2.541253e-07 3.085679e-06 2.309662e-06 6.163826e-11 2.344150e-06
         101          102          103          104          105
1.000000e+00 9.996139e-01 9.999990e-01 9.997188e-01 9.999999e-01
         106          107          108          109          110
1.000000e+00 8.908123e-01 9.999955e-01 9.999921e-01 1.000000e+00
         111          112          113          114          115
9.902584e-01 9.997429e-01 9.999800e-01 9.999673e-01 9.999999e-01
         116          117          118          119          120
9.999952e-01 9.976994e-01 9.999999e-01 1.000000e+00 9.204923e-01
         121          122          123          124          125
9.999996e-01 9.995130e-01 1.000000e+00 9.484339e-01 9.999824e-01
         126          127          128          129          130
9.995586e-01 8.245440e-01 8.022990e-01 9.999992e-01 9.712013e-01
         131          132          133          134          135
9.999969e-01 9.999189e-01 9.999999e-01 2.048741e-01 9.664047e-01
         136          137          138          139          140
1.000000e+00 9.999999e-01 9.964973e-01 6.691425e-01 9.998717e-01
         141          142          143          144          145
1.000000e+00 9.999440e-01 9.996139e-01 1.000000e+00 1.000000e+00
         146          147          148          149          150
9.999932e-01 9.991067e-01 9.989939e-01 9.999956e-01 9.776789e-01
```

> 데이터를 분석하여 이들 사이에 존재하는 패턴을 예측가능한 규칙들의 조합으로 나타내며, 그 모양이 '나무'와 같아서 의사결정 나무라고 불린다. 분류와 예측을 수행하는 분석 기법이다.

- 함수 사용 형식

  조금 더 개선된 plot을 위해 rpart.plot를 사용

  rpart(종속변수 ~ 독립변수 , 데이터셋이름)

  prp(데이터, type = , extra = , digits =)

- 의사결정나무 예제

  rpart.plot패키지 설치 후 라이브러리

  iris데이터의 종속변수 species와 모든 독립변수를 사용한다.

  prp함수를 이용하여 의사결정나무의 형태를 바꾸며 생성할 수 있다.

- R script창

```
install.packages("rpart.plot")
library(rpart.plot)
(m<- rpart(Species ~., data=iris))
prp(m, type=4, extra=2, digits=2)
head(predict(m, newdata=iris, type="class"))
```

- R console 창

```
> (m<- rpart(Species ~., data=iris))
#.은 모든 독립변수를 뜻한다.
n= 150  #150개의 데이터가 있음

node), split, n, loss, yval, (yprob)
      * denotes terminal node
```

```
1) root 150 100 setosa (0.33333333 0.33333333 0.33333333)
   2) Petal.Length< 2.45 50   0 setosa (1.00000000 0.00000000 0.00000000) *
   3) Petal.Length>=2.45 100  50 versicolor (0.00000000 0.50000000 0.50000000)
      6) Petal.Width< 1.75 54   5 versicolor (0.00000000 0.90740741 0.09259259) *
      7) Petal.Width>=1.75 46   1 virginica (0.00000000 0.02173913 0.97826087) *
> prp(m, type=4, extra=2, digits=2)
# prp는 type과 extra, digits인 세 개의 argument를 가진다.
# type은 decision tree의 모양/유형을 나타내고 extra는 추가정보표현방식, digits는 값의 자릿수를 결정한다.
```

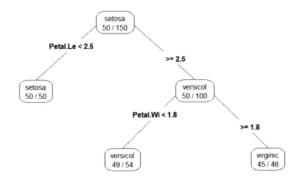

```
> prp(m, type=5, extra=1, digits=4, cex=0.7) # cex는 글자크기를 나타냄.
```

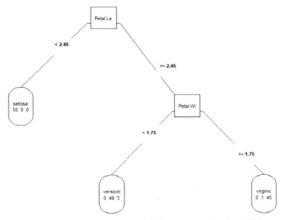

```
> head(predict(m, newdata=iris, type="class"))
# 예측은 predict으로 하며 class대신 prob, vector 등 사용 가능하다.
     1      2      3      4      5      6
setosa setosa setosa setosa setosa setosa
Levels: setosa versicolor virginica
```

12.5 랜덤 포레스트 (Random Forest)

[일종의 앙상블 학습 기법] : 여러 개의 예측 모델들의 결과를 종합하여 최종 판정
- 방법1: 데이터를 여러 부분셋으로 나누어 의사결정나무를 만들고 추론 결과를 종합하는 방법
- 방법2: 데이터셋의 변수 중 일부만 사용하여 여러 가지 의사결정나무를 만들고 추론 결과를 종합하는 방법

[종합하는 방법] : 다수결 방식(voting)이 가장 많이 사용
- Yes로 예측한 모델의 수가 No로 예측한 모델의 수보다 많으면 Yes로 판정 등

• **함수 사용 형식**

randomForest(종속변수 ~ 독립변수, 데이터셋, mtry = ,ntree, improtance =)

• **의사결정나무 예제**

randomForest패키지 불러오고 테스트세트와 트레이닝세트 생성 후 예측한다.

• **R script창**

```
library(MASS)
library(randomForest)
library(caret)

set.seed(10)
test = rbind(iris[21:65,],iris[91:110,])
training = rbind(rbind(iris[1:20,],iris[66:90,]),iris[111:150,])
rf.fit = randomForest(Species ~ ., data= training, mtry = floor(sqrt
(ncol(iris))), ntree = 500, importance = T)
rf.fit = randomForest(Species ~ ., data= iris, mtry = max(1,floor(nco
l(iris)/3)), ntree = 500, importance = T)
rf.fit
y_pred = predict(rf.fit, test)
y_pred
confusionMatrix(y_pred, test$Species)
```

• R console 창

```
> set.seed(10) #난수생성
# 테스트세트와 트레이닝세트 생성
> test = rbind(iris[21:65,],iris[91:110,])
> training = rbind(rbind(iris[1:20,],iris[66:90,]),iris[111:150,])
> rf.fit = randomForest(Species ~ ., data= training, mtry = floor(sqrt(ncol(iri
s))), ntree = 500, importance = T)
```

```
versicolor versicolor versicolor versicolor versicolor versicolor
        94         95         96         97         98         99
versicolor versicolor versicolor versicolor versicolor versicolor
       100        101        102        103        104        105
versicolor  virginica  virginica  virginica  virginica  virginica
       106        107        108        109        110
 virginica  virginica  virginica  virginica  virginica
Levels: setosa versicolor virginica
```

```
> confusionMatrix(y_pred, test$Species)
# confusionMatrix가 인식이 안된다면 먼저 library(e1071)을 한다.
Confusion Matrix and Statistics
```

```
            Reference
Prediction   setosa versicolor virginica
  setosa        30         0          0
  versicolor     0        25          0
  virginica      0         0         10
```

```
Overall Statistics

               Accuracy : 1
                 95% CI : (0.9448, 1)
    No Information Rate : 0.4615
    P-Value [Acc > NIR] : < 2.2e-16

                  Kappa : 1

 Mcnemar's Test P-Value : NA

Statistics by Class:
```

	Class: setosa	Class: versicolor	Class: virginica
Sensitivity	1.0000	1.0000	1.0000
Specificity	1.0000	1.0000	1.0000
Pos Pred Value	1.0000	1.0000	1.0000
Neg Pred Value	1.0000	1.0000	1.0000
Prevalence	0.4615	0.3846	0.1538
Detection Rate	0.4615	0.3846	0.1538
Detection Prevalence	0.4615	0.3846	0.1538
Balanced Accuracy	1.0000	1.0000	1.0000

인공신경망(Artificial Neural Network)

인공신경망이란 아래 〈그림 12-1〉처럼 input node, hidden node, output node로 이루어진 네트워크를 가지고 꺾은선판별식을 찾는 것이다.
hidden node의 수가 많아지면 deep learning이라고 한다. deep learning은 인공신경망의 일종이다.

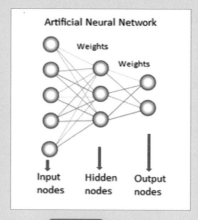

Artificial Neural Network

Weights

Weights

Input nodes   Hidden nodes   Output nodes

그림 12-1 인공신경망

인공신경망은 hidden layer가 존재하지만 그게 어떤것인지 설명하지 않는다. 왜 그러한 추론결과가 나왔는지 정확히 알아야 하지만 추진할 수 있는 법률이나 의료분야에서는 사용하기 힘들게 된다. 따라서 현재 얼굴 표정 인식, 이미지에서의 오류 발견, 지문인식, 주가예측, 문법오류발견, 텍스트 분류 등에 쓰이고 있다.

함수 사용 형식

nnet함수 사용

nnet(종속변수~독립변수, 데이터셋, size =)

neuralnet함수 사용

neuralnet(종속변수~독립변수, 데이터셋, hidden = , act.fct = , linear.output =)

〈인공신경망 예제 1〉

nnet 라이브러리 후 iris데이터 셋을 이용해서 인공신경망을 통해 예측한다.

- R script창

```
library(nnet)
m<-nnet(Species~., data=iris, size=3)
predict(m, newdata=iris)
```

- R console 창

```
> library(nnet) # hidden node가 하나인 경우는 nnet 라이브러리 이용한다.
> m<-nnet(Species~., data=iris, size=3)
# size는 은닉층(hidden layer)의 수를 나타냄.
# weights: 27
initial  value 174.362147 # value는 추정 오차를 의미하는 SSE(sum of squre error)이다.
iter  10 value 103.641079
iter  20 value 69.332370
iter  30 value 69.310646
iter  40 value 18.589382
iter  50 value 7.352589
iter  60 value 6.325320
iter  70 value 5.965482
iter  80 value 5.064441
iter  90 value 4.924670
iter 100 value 4.921960
final  value 4.921960
stopped after 100 iterations
# 참고로 이 함수의 maximum iteration은 1000이다.
> predict(m, newdata=iris)
         setosa   versicolor   virginica
1     1.000000e+00 2.299648e-36 3.801922e-116
2     1.000000e+00 2.299648e-36 3.801922e-116
3     1.000000e+00 2.299648e-36 3.801922e-116
4     1.000000e+00 2.299648e-36 3.801922e-116
5     1.000000e+00 2.299648e-36 3.801922e-116
---중략---
145   1.020059e-33 1.960786e-02  9.803921e-01
146   1.020059e-33 1.960786e-02  9.803921e-01
147   1.020059e-33 1.960786e-02  9.803921e-01
148   1.020059e-33 1.960786e-02  9.803921e-01
149   1.020059e-33 1.960786e-02  9.803921e-01
150   1.020059e-33 1.960786e-02  9.803921e-01
# nnet은 인공신경망의 모델자체가 그려지지 않는다는 단점이 있다.
```

〈인공신경망 예제 2〉

nnet과 달리 인공신경망의 모델을 그려주는 neuralnet을 이용한다.

- R script창

```
install.packages("neuralnet")
require(neuralnet)
nn = neuralnet(Species~.,data=iris, hidden=3,act.fct = "logistic", l
inear.output = FALSE)
plot(nn)
nn$result.matrix
```

- R console 창

```
> install.packages("neuralnet")
> require(neuralnet)
> nn = neuralnet(Species~.,data=iris, hidden=3,act.fct = "logistic", linear.out
put = FALSE)
> plot(nn)
```

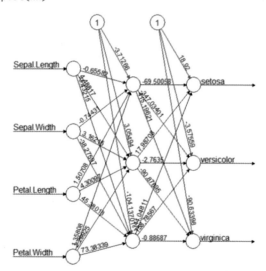

Error: 1.002527 Steps: 38789

```
> nn$result.matrix # weight의 값이 나옴
                            [,1]
error                    1.002527e+00
reached.threshold        9.974240e-03
steps                    3.878900e+04
Intercept.to.1layhid1   -3.712663e+00
Sepal.Length.to.1layhid1 -6.558187e-01
```

```
Sepal.Width.to.1layhid1   -7.443150e-01
Petal.Length.to.1layhid1   1.507079e+00
Petal.Width.to.1layhid1    1.358075e+00
Intercept.to.1layhid2      3.054936e+00
Sepal.Length.to.1layhid2   4.488172e+00
Sepal.Width.to.1layhid2    3.162162e+00
Petal.Length.to.1layhid2   4.300970e+00
Petal.Width.to.1layhid2    2.299247e+00
Intercept.to.1layhid3     -1.041370e+02
Sepal.Length.to.1layhid3  -3.432151e+00
Sepal.Width.to.1layhid3   -3.827597e+01
Petal.Length.to.1layhid3   4.538018e+01
Petal.Width.to.1layhid3    7.338339e+01
Intercept.to.setosa        1.892000e+01
1layhid1.to.setosa        -6.950058e+01
1layhid2.to.setosa         1.798708e+01
1layhid3.to.setosa        -3.440481e+02
Intercept.to.versicolor   -3.575594e+00
1layhid1.to.versicolor    -3.470340e+02
1layhid2.to.versicolor    -2.763502e+00
1layhid3.to.versicolor     1.587857e+02
Intercept.to.virginica    -9.063398e+01
1layhid1.to.virginica      4.151962e+02
1layhid2.to.virginica     -9.087895e+01
1layhid3.to.virginica     -8.868681e-01
```

AI in BUSINESS

13장

판별형 딥러닝

13.1 인공신경망(ANN, Artificial Neural Network)

인공신경망이란 인간 뇌의 뉴런의 작동 원리를 수학적으로 모델링한 통계학적 학습 알고리즘으로 ANN(Artificial Neural Network)이다. 인공신경망은 시냅스의 결합으로 네트워크를 형성한 인공 뉴런(노드)이 학습을 통해 시냅스의 결합 세기를 변화시켜, 문제 해결 능력을 가지는 모델 전반을 가리킨다. 인공신경망은 많은 입력들에 의존하면서 일반적으로 베일에 싸인 함수를 추측하고 근사치를 낼 경우 사용한다. 오늘날 대부분의 인공지능 기술은 인공신경망에 기반을 두고 있다. 인공신경망은 입력값 x 과 가중치 w 의 가중합(weighted sum) 연산 결과를 다음 노드(node)로 출력하는 형태로 구성된다. 이를 그림으로 확인하면 〈그림 13-1〉과 같다.

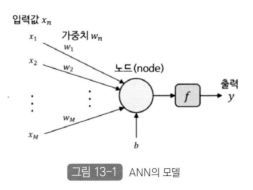

그림 13-1 ANN의 모델

〈그림 13-2〉의 노란색 동그라미인 노드는 여러 층으로 구성될 수 있다. 이전 층의 노드들은 다음 층의 노드들과 완전하게 연결(fully-connected)되어 있다. 만약 노드의 수가 많아지거나 은닉층이 깊어지면 사람이 이를 손으로 계산하는 것은 현실적으로 불가능하다. 또한 컴퓨터로 일일이 코딩하는 것도 많은 노력이 든다. 하지만 복잡한 연산과정을 자체적으로 처리해 주는 딥러닝 라이브러리를 활용하면 쉽게 코딩이 가능하다.

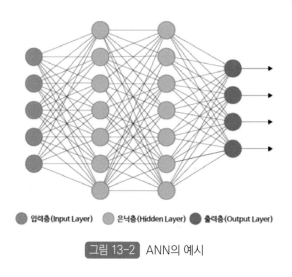

입력층(Input Layer)　은닉층(Hidden Layer)　출력층(Output Layer)

그림 13-2　ANN의 예시

본 실습에서는 아이리스 데이터를 사용할 것이다. 아이리스(붓꽃) 데이터 셋은 R.A.Fisher의 1936년도 논문인 'The Use of Multiple Measurements in Taxonomic Problems'에서 소개한 데이터로 UCI Machine Learning Repository에서 찾을 수 있다. 피셔는 통계학자, 유전학자, 진화생물학자로서 현대 통계학에 지대한 공을 세운 학자다. 아이리스 데이터셋은 각각 50개의 샘플이 있는 3개의 아이리스 꽃의 종류(setosa, versicolor, virginica)와 각 꽃에 대한 꽃받침(sepal)과 꽃잎(petal)의 길이를 정리한 데이터다.

실습에 앞서 인공신경망 실습은 〈그림 13-3〉과 같은 순서로 진행될 것이다. 인공신경망 실습은 원본 데이터를 확보하는 것에서 시작된다. 원본 데이터를 가지고 학습용 데이터와 테스트용 데이터로 분류한 뒤 인공신경망 모델을 만들고 모델을 학습시키면 모델의 성능이 검증 가능하다.

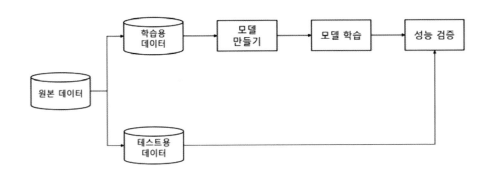

그림 13-3 인공신경망 실습 모델

● **코딩에 필요한 모듈**(라이브러리) **가져오기**

```
# 필요한 모듈 임포트
from keras.models import Model
from keras.layers import Dense, Input
from keras.utils import np_utils

import numpy as np
import pandas as pd
import random

import seaborn as sns
from sklearn.preprocessing import LabelEncoder
```

● **원본 데이터 확보 및 학습용, 테스트용으로 구분하기**

```
# iris 데이터 다운로드
dataset = sns.load_dataset("iris")

# 모델이 학습할 정보에 해당하는 부분과 정답값에 해당하는 부분 분리
train_data = dataset.iloc[:, :4]
train_label = dataset.iloc[:, 4]
```

```
# 정답값을 원-핫 인코딩으로 변환
encoder = LabelEncoder()
temp_label = encoder.fit_transform(train_label)
train_label = np_utils.to_categorical(temp_label)

# iris 데이터 확인
Dataset
```

	sepal_length	sepal_width	petal_length	petal_width	species
0	5.1	3.5	1.4	0.2	setosa
1	4.9	3.0	1.4	0.2	setosa
2	4.7	3.2	1.3	0.2	setosa
3	4.6	3.1	1.5	0.2	setosa
4	5.0	3.6	1.4	0.2	setosa
...	...	...	...	...	...
145	6.7	3.0	5.2	2.3	virginica
146	6.3	2.5	5.0	1.9	virginica
147	6.5	3.0	5.2	2.0	virginica
148	6.2	3.4	5.4	2.3	virginica
149	5.9	3.0	5.1	1.8	virginica

150 rows × 5 columns

```
# label 확인
print("labels:", set(dataset['species']))
```

labels: {'setosa', 'versicolor', 'virginica'}

- 인공신경망 모델 만들기

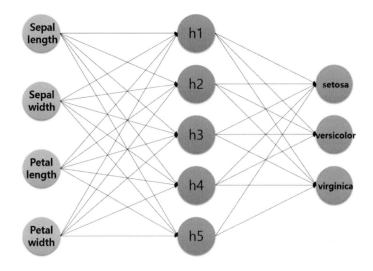

```
# 입력층(노드개수=4) 설정
input_layer = Input(shape=(4, ))

# 은닉층(노드개수=5) 설정
hidden_layer = Dense(units=5, activation='relu')(input_layer)

# 출력층(노드개수=3) 설정
output_layer = Dense(units=3, activation='softmax')(hidden_layer)

# 최종 모델 선언
model = Model(input_layer, output_layer)
```

- 인공신경망 모델을 학습시키기

  - loss: 모델의 예측이 얼마나 틀렸는지 나타내는 지표. 0~무한대의 값을 가짐

  - acc(accuracy): 우리 모델이 정답을 맞춘 개수 / 전체 데이터 개수

  - epoch: 학습 반복 횟수

```
# 모델 학습과 관련된 옵션 설정
model.compile(loss='categorical_crossentropy',
          optimizer='Adam',
          metrics=['accuracy'])

# 학습 진행
history = model.fit(train_data,
              train_label,
              epochs=25,
              batch_size=1)
```

```
Epoch 1/25
150/150 [==============================] - 0s 2ms/step - loss: 1.0015 - accuracy: 0.2933
Epoch 2/25
150/150 [==============================] - 0s 559us/step - loss: 0.8664 - accuracy: 0.4800
Epoch 3/25
150/150 [==============================] - 0s 722us/step - loss: 0.7911 - accuracy: 0.6867
Epoch 4/25
150/150 [==============================] - 0s 623us/step - loss: 0.7528 - accuracy: 0.7733
Epoch 5/25
150/150 [==============================] - 0s 644us/step - loss: 0.7207 - accuracy: 0.7667
Epoch 6/25
150/150 [==============================] - 0s 525us/step - loss: 0.6933 - accuracy: 0.7600
Epoch 7/25
150/150 [==============================] - 0s 508us/step - loss: 0.6682 - accuracy: 0.8200
Epoch 8/25
150/150 [==============================] - 0s 514us/step - loss: 0.6426 - accuracy: 0.8267
Epoch 9/25
150/150 [==============================] - 0s 556us/step - loss: 0.6219 - accuracy: 0.8467
```

데이터 번호: 5
정답값: virginica
예측값: virginica

• 성능 검증하기

```python
# 무작위 값 선정
idx = random.sample(range(150), 1)[0]

# 무작위 값에 해당하는 데이터의 정답값과 모델의 예측값을 출력하는 함수 선언
def evaluate(model, idx):

  pred= np.argmax(model.predict(np.expand_dims(np.array(train_data),
0)[:, idx, :]))

  label = np.argmax(train_label[idx])


  if pred == 0:
    pred = 'virginica'
  elif pred == 1:
    pred = 'setosa'
  else:
    pred = 'versicolor'

  if label == 0:
    label = 'virginica'
  elif label == 1:
    label = 'setosa'
  else:
    label = 'versicolor'

  print("데이터 번호:", idx)
  print("정답값:", pred)
  print("예측값:", label)

# 함수 호출
evaluate(model, idx)
```

13.2 합성곱 신경망(Convolutional Neural Network, CNN)

CNN은 필터링 기법을 인공신경망에 적용함으로써 이미지를 더욱 효과적으로 처리하기 위해 LeCun 등(1989)에 의해 처음 소개되었으며, 이후에 LeCun 등(1998)의 연구에서 현재 딥러닝에서 이용되고 있는 형태의 CNN이 제안되었다. CNN은 딥러닝에서 심층 신경망으로 분류되며, 시각적 이미지 분석에 가장 일반적으로 적용된다. CNN의 기본 개념은 '행렬로 표현된 필터의 각 요소가 데이터 처리에 적합하도록 자동으로 학습되게 하자'는 것이다. 따라서 CNN은 데이터에서 직접 학습하며, 패턴을 사용하여 이미지를 분류하고 특징을 수동으로 추출할 필요가 없다. CNN은 특징을 직접 학습하기 때문에 특징을 수동으로 추출해야 할 필요가 없다. 또 다른 장점으로는 높은 수준의 인식결과가 있다. 때문에 CNN은 이미지에서 객체, 얼굴, 장면을 인식하기 위해 패턴을 찾는 데 특히 유용하다.

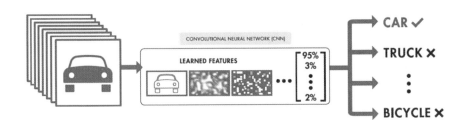

그림 13-4 CNN 구조의 예시

CNN은 〈그림 13-5〉와 같이 합성곱 계층(convolutional layer)과 풀링 계층(pooling layer)이라고 하는 새로운 층을 fully-connected 계층 이전에 추가함으로써 원본 이미지에 필터링 기법을 적용한 뒤에 필터링된 이미지에 대해 분류 연산이 수행되도록 구성된다.

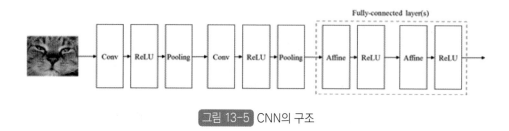

그림 13-5 CNN의 구조

합성곱 계층은 이미지에 필터링 기법을 적용하고, 풀링 계층은 이미지의 국소적인 부분들을 하나의 대표적인 스칼라 값으로 변환함으로써 이미지의 크기를 줄이는 등의 다양한 기능들을 수행한다.

하나의 합성곱 계층에는 입력되는 이미지의 채널 개수만큼 필터가 존재하며, 각 채널에 할당된 필터를 적용함으로써 합성곱 계층의 출력 이미지가 생성된다. 예를 들어, 높이×너비×채널이 20×20×1인 텐서 형태의 입력 이미지에 대해 3×3 크기의 필터를 적용하는 합성곱 계층에서는 〈그림 13-6〉과 같이 이미지와 필터에 대한 합성곱 연산을 통해 18×18×1 텐서 형태의 이미지가 생성된다.

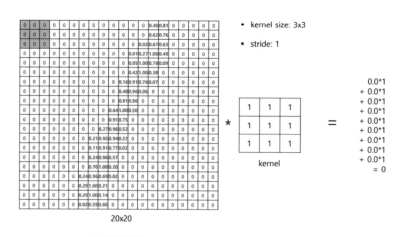

그림 13-6 하나의 채널에 대한 합성곱 계층의 동작

〈그림 13-7〉에서 볼 수 있듯이 입력 이미지에 대해 합성곱을 수행하면, 출력 이미지

의 크기는 입력 이미지의 크기보다 작아지게 된다. 그러므로 합성곱 계층을 거치면서 이미지의 크기는 점점 작아지게 되고, 이미지의 가장자리에 위치한 픽셀들의 정보는 점점 사라지게 된다. 이러한 문제점을 해결하기 위해 이용되는 것이 패딩(padding)이다. 패딩은 〈그림 13-7〉과 같이 입력 이미지의 가장자리에 특정 값으로 설정된 픽셀들을 추가함으로써 입력 이미지와 출력 이미지의 크기를 같거나 비슷하게 만드는 역할을 수행한다. 〈그림 13-7〉예시처럼 이미지의 가장자리에 0의 값을 갖는 픽셀을 추가하는 것을 zero-padding이라고 하며, CNN에서는 주로 이러한 zero-padding이 이용된다.

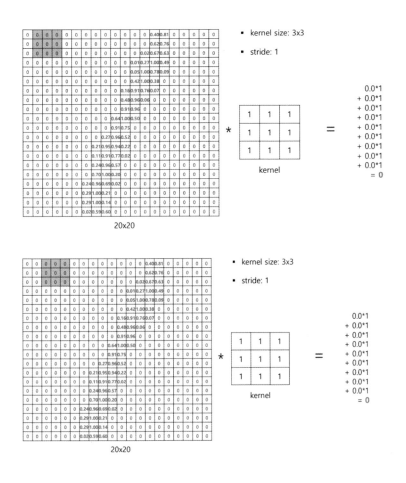

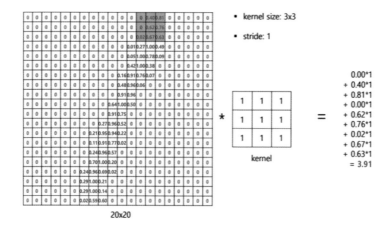

20x20

• kernel size: 3x3

• stride: 1

kernel

$$0.00*1 + 0.40*1 + 0.81*1 + 0.00*1 + 0.62*1 + 0.76*1 + 0.02*1 + 0.67*1 + 0.63*1 = 3.91$$

0	0	0	0	0	0	0	0	0	0	0.02	1.71	3.91	3.89	2.2	0	0	0
0	0	0	0	0	0	0	0	0	0.01	0.3	2.59	4.46	4.17	1.88	0	0	0
0	0	0	0	0	0	0	0	0	0.06	1.35	3.8	4.95	3.66	1.21	0	0	0
0	0	0	0	0	0	0	0	0	0.48	2.75	4.91	5.01	2.74	0.58	0	0	0
0	0	0	0	0	0	0	0	0.16	1.54	4.3	5.37	4.08	1.32	0.09	0	0	0
0	0	0	0	0	0	0	0	0.64	2.93	4.75	4.56	2.27	0.45	0	0	0	0
0	0	0	0	0	0	0	0	1.55	4.38	5.2	3.72	0.89	0.07	0	0	0	0
0	0	0	0	0	0	0	0.64	3.03	5.45	4.87	2.48	0.06	0	0	0	0	0
0	0	0	0	0	0	0	1.55	4.21	5.67	4.12	1.46	0	0	0	0	0	0
0	0	0	0	0	0	0.27	2.78	5.05	5.28	2.77	0.5	0	0	0	0	0	0
0	0	0	0	0	0.21	1.43	4.24	5.52	4.3	1.49	0	0	0	0	0	0	0
0	0	0	0	0	0.32	2.45	5.12	5.56	3.43	0.76	0	0	0	0	0	0	0
0	0	0	0	0	0.56	3.38	5.66	5.34	2.52	0.24	0	0	0	0	0	0	0
0	0	0	0	0	1.05	3.92	5.46	4.43	1.56	0.02	0	0	0	0	0	0	0
0	0	0	0	0.24	2.14	4.79	5.34	3.44	0.79	0	0	0	0	0	0	0	0
0	0	0	0	0.53	3.19	5.09	4.78	2.12	0.22	0	0	0	0	0	0	0	0
0	0	0	0	0.82	3.78	4.82	4.02	1.06	0.02	0	0	0	0	0	0	0	0
0	0	0	0	0.6	3.19	4.14	3.54	0.95	0	0	0	0	0	0	0	0	0

18x18

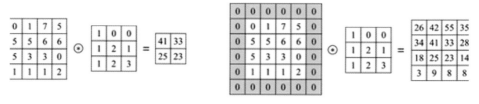

그림 13-7 패딩이 적용되지 않은 합성곱 연산 (좌)과 zero-padding이 적용된 합성곱 연산 (우)

다음으로 CNN에서 합성곱 계층과 ReLU와 같은 비선형 활성 함수를 거쳐서 생성된 이미지는 풀링 계층에 입력된다. 풀링 계층은 주로 max-pooling을 기반으로 구현된다. 아래의 〈그림 13-8〉은 스트라이드가 2로 설정된 max-pooling 기반 풀링 계층의 동작을 보여준다.

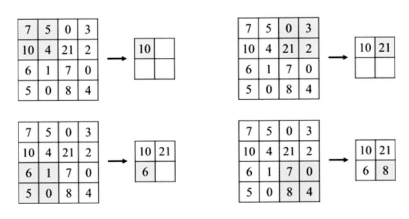

그림 13-8 Max-pooling 기반 풀링 계층의 동작.

〈그림 13-8〉의 예시에서는 2×2 크기의 국소 영역마다 max-pooling을 적용했으며, 일반적으로 풀링 계층의 스트라이드는 국소 영역의 높이 또는 너비의 크기와 동일하게 설정된다.

이미지 데이터의 특징은 인접 픽셀들 간의 유사도가 매우 높다는 것이다. 따라서 이미지는 픽셀 수준이 아니라, 특정 속성을 갖는 국소 영역 수준으로 표현될 수 있으며, 풀링 계층은 이미지 데이터의 이러한 특징을 바탕으로 설계되었다. Max-pooling의 경우에는 국소 영역에서 가장 큰 값을 해당 영역의 대표값으로 설정하는 것과 같다.

• **코딩에 필요한 모듈**(라이브러리) **가져오기**

```
# 필요한 모듈 임포트
from keras.datasets import mnist
from keras.models import Model
from  keras.layers  import  Input,  Dense,  Conv2D,  MaxPooling2D,
Dropout, Flatten
from keras.utils import np_utils
```

```
import matplotlib.pyplot as plt
import random
import numpy as np
import pandas as pd
```

• 원본 데이터 확보 및 학습용, 테스트용으로 구분하기

```
# mnist 데이터 다운 받은 후 전처리
(train_images,   train_labels),   (test_images,   test_labels)   =
mnist.load_data()

# 이미지의 형태 수정
train_images = train_images.reshape(train_images.shape[0], 28, 28,
1).astype('float32') / 255

test_images  =  test_images.reshape(test_images.shape[0], 28, 28,
1).astype('float32') / 255


# 정답값의 형태 수정(one-hot encoding)
train_labels = np_utils.to_categorical(train_labels)
test_labels = np_utils.to_categorical(test_labels)

# 데이터의 형태 확인
print("학습 데이터의 형태:", train_images.shape) # (60000, 28, 28)
print("테스트 데이터의 형태:", test_images.shape) # (10000, 28, 28)
```

학습데이터의 형태: (60000, 28, 28, 1)
테스트 데이터의 형태: (10000, 28, 28, 1)

```
# 데이터 시각화
# 48912
idx = random.sample(range(60000), 1)[0]
plt.figure()
plt.imshow(train_images[idx].squeeze(-1), cmap="gray")
print("정답:", np.argmax(train_labels[idx]))
```

정답: 3

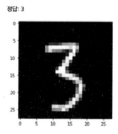

- 합성곱 신경망 모델 만들기

```python
# 입력층 설정
input_layer = Input(shape=(28, 28, 1))

# 컨볼루션 레이어 설정

conv                              = Conv2D(filters=32,kernel_size=(3,3),
activation='relu')(input_layer)

maxpool = MaxPooling2D(pool_size=2)(conv)

# 완전 연결 레이어(fully-connected layer)
fc = Dense(128, activation='relu')(Flatten()(maxpool))
output_layer = Dense(10, activation='softmax')(fc)

# 최종 모델 선언
model = Model(input_layer, output_layer)
```

- 합성곱 신경망 모델을 학습시키기

```python
# 모델 학습과 관련된 설정
model.compile(optimizer='Adam',
              loss='categorical_crossentropy',
              metrics=['accuracy'])

# 모델 학습 진행
history = model.fit(train_images,
                    train_labels,
                    validation_data=(test_images, test_labels),
                    epochs=5,
                    batch_size=200)
```

```
Train on 60000 samples, validate on 10000 samples
Epoch 1/5
60000/60000 [==============================] - 7s 124us/step - loss: 0.2590 - accuracy: 0.9255 - val_loss: 0.1076 - val_accuracy: 0.9680
Epoch 2/5
60000/60000 [==============================] - 8s 128us/step - loss: 0.0790 - accuracy: 0.9767 - val_loss: 0.0678 - val_accuracy: 0.9783
Epoch 3/5
60000/60000 [==============================] - 8s 128us/step - loss: 0.0540 - accuracy: 0.9842 - val_loss: 0.0491 - val_accuracy: 0.9836
Epoch 4/5
60000/60000 [==============================] - 8s 128us/step - loss: 0.0402 - accuracy: 0.9879 - val_loss: 0.0438 - val_accuracy: 0.9845
Epoch 5/5
60000/60000 [==============================] - 8s 129us/step - loss: 0.0304 - accuracy: 0.9911 - val_loss: 0.0470 - val_accuracy: 0.9838
```

- 성능 검증하기

```python
idx = random.sample(range(10000), 1)[0]
predictions = model.predict(np.expand_dims(test_images[idx], 0))
pred = np.argmax(predictions, axis=1)[0]

plt.figure()
plt.imshow(test_images[idx].squeeze(-1), cmap="gray")
print("정답:", np.argmax(test_labels[idx]))
print("예측:", pred)
```

정답: 8
예측: 8

13.3 순환 신경망(Recurrent Neural Network, RNN)

RNN(Recurrent Neural Network)은 시퀀스(Sequence) 모델로 입력과 출력을 시퀀스 단위로 처리하는 모델이다. 번역기를 생각해보면 입력은 번역하고자 하는 문장. 즉, 단어 시퀀스이다. 출력에 해당되는 번역된 문장 또한 단어 시퀀스이다. 이러한 시퀀스들을 처리하기 위해 고안된 모델들을 시퀀스 모델이라고 한다. 그 중에서도 RNN은 딥 러닝에 있어 가장 기본적인 시퀀스 모델이다. LSTM이나 GRU 또한 근본적으로 RNN에 속한다.

앞서 배운 신경망들은 전부 은닉층에서 활성화 함수를 지닌 값은 오직 출력층 방향으로만 향했다. 이와 같은 신경망들을 피드 포워드 신경망(Feed Forward Neural Network)이라고 한다. 그런데 그렇지 않은 신경망들이 있다. RNN(Recurrent Neural Network) 또한 그 중 하나이다. RNN은 은닉층의 노드에서 활성화 함수를 통해 나온 결과값을 출력층 방향으로도 보내면서, 다시 은닉층 노드의 다음 계산의 입력으로 보내는 특징을 갖고 있다. 즉, RNN에는 루프가 있고 과거의 데이터가 미래에도 영향을 미치는 구조인 것이다.

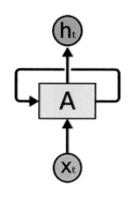

그림 13-9 RNN의 계산 특징

이를 그림으로 표현하면 〈그림 13-10〉과 같다. x는 입력층의 입력 벡터, h는 출력층의 출력 벡터이다. RNN에서 은닉층에서 활성화 함수를 통해 결과를 내보내는 역할을 하는 노드를 셀(cell)이라고 한다. 이 셀은 이전의 값을 기억하려고 하는 일종의 메모리 역할을 수행하므로 이를 메모리 셀 또는 RNN 셀이라고 표현한다. 〈그림 13-10〉에서 A에 해당하는 부분이 RNN 셀이다.

은닉층의 메모리 셀은 각각의 시점(time step)에서 바로 이전 시점에서의 은닉층의 메모리 셀에서 나온 값을 자신의 입력으로 사용하는 재귀적 활동을 하고 있다. 앞으로는 현재 시점을 변수 t로 표현하겠다. 이는 현재 시점 t에서의 메모리 셀이 가진 값은 과거의 메모리 셀들의 값에 영향을 받은 것임을 의미한다. 메모리 셀이 출력층 방향으로 또는 다음 시점 t+1의 자신에게 보내는 값을 은닉 상태(hidden state)라고 한다. 다시 말해 t 시점의 메모리 셀은 t-1 시점의 메모리 셀이 보낸 은닉 상태값을 t 시점의 은닉 상태 계산을 위한 입력값으로 사용한다.

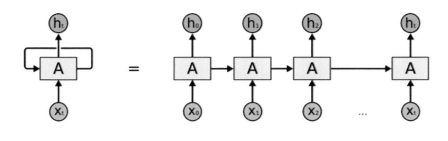

그림 13-10 일반적인 RNN 모델

RNN의 장점은 루프의 존재로 과거의 데이터로 현재의 문제를 해결할 수 있다는 것이다. 예를 들어 바로 전의 비디오 프레임은 현재 비디오 프레임을 해석하는데 도움을 줄 수 있다. 하지만 과거의 데이터와 현재의 데이터의 위치 사이에 갭이 크다면 RNN이 과거의 데이터로 학습을 했지만 정보 예측 오류를 발생시킬 수 있다. 예를 들어 이전 단어 선택을 활용하여 다음에 입력될 단어를 예측하는 모델을 생각해보자. 'I grew up in Korea... I can fluently speak Korean.(나는 한국에서 자라났어... 나는 한국어를 유창하게 해)' 라는 문장을 예측하는 문제가 있다. 첫 번째 문장을 기반으로 'I can fluently speak ____)'에서 빈칸에 언어가 들어갈 것이라는 것은 예측이 가능하다. 하지만 만약 'I grew up in Korea'라는 문장과 'I can fluently speak ____') 표현의 위치가 멀어진다면 RNN이 두 문장의 문맥을 연결하기에는 어려움이 생길 것이다. 이 문제를 해결하고 나타난 것이 있는데, 바로 LSTM이다.

13.4 LSTM(Long Short-Term Memory) Networks

LSTM은 RNN의 특수형태이다. LSTM은 Hochreiter & Schmidhuber(1997)에 의해 소개되었고, 그 후에 여러 분야의 문제를 매우 잘 해결했고 지금도 널리 사용되고 있다. LSTM은 RNN에서 발생했던 데이터 사이의 위치에 따른 잘못된 문맥 분석 문제를 해결하기 위해 체계적으로 설계되어 있다. LSTM 또한 과거의 데이터들이 미래의 데이터에 영향을 주는 체인 모델로 구성되어 있다.

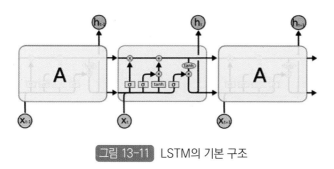

그림 13-11 LSTM의 기본 구조

하지만 LSTM에는 셀 스테이트(cell state) 라는 것이 있다. 셀 스테이트란 아래의 〈그림 13-12〉에서 확인할 수 있는 수평의 선이다. 셀 스테이트는 하나의 컨베이어 벨트와 유사한 역할을 하여 연결된 셀들을 관통한다. 이 구조를 통해 정보가 무수한 셀들을 통과해도 내용상의 변화가 없음을 유지할 수 있다.

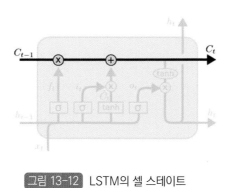

그림 13-12 LSTM의 셀 스테이트

AI in BUSINESS

14장

생성형 딥러닝

14.1 Generative Adversarial Network(GAN)

생성형 딥러닝으로 대표적인 생산적 적대 신경망(Generative Adversarial Network, GAN)은 서로 경쟁하는 두 개의 네트워크 세트로 구성된 심층 신경망 아키텍처로 2014년 몬트리올 대학 연구팀의 논문에서 소개되었다. GAN은 현실을 모방하게 설계되어있다. 즉, GAN은 이미지, 음악, 연설문, 산문 등 모든 영역에서 우리와 비슷한 세상을 만드는 법을 배울 수 있다.

그렇다면 우리는 왜 GAN과 같은 생성모델을 원할까? 그 이유는 이름에 있다. 우리는 무언가를, 일반적으로 데이터를 생성하고 싶어 한다. 자세히 말하자면 단순한 데이터를 넘어서 이전에 볼 수 없었지만 여전히 어떤 데이터 집단에 적절한, 새롭고 의미 있는 데이터를 생성하기를 원한다. 그리고 그러한 생성모델의 궁극적인 목표는 실제와 차이점을 말할 수 없는 새로 만들어진 컨텐츠를 만들어내는 것이다. 그 정도의 시스템이 갖추어진다면, 전에 본 적 없지만 여전히 실제로 존재하는 데이터인 새로운 샘플을 자유롭게 만들어낼 수 있게 된다. 예로 〈그림 14-1〉은 모두 GAN이 만들어낸 가짜 연예인 사진이다.

그림 14-1 GAN이 만든 인물 사진

출처 : Nvidia

위에서 GAN의 생성적 의미를 살펴보았는데 GAN을 이해하기 위해 가장 중요한 것은 적대적 네트워크라는 부분이다. 핵심은 두 개의 신경망의 조합이다. GAN은 네트워크에 생성기(Generator)와 판별기(Discriminator), 두 가지 요소를 가지고 있다. 이 두 구성요소는 서로 적(敵)으로써 네트워크에서 함께 작동하며 서로의 능력을 향상시킨다.

생성기는 가짜 데이터 샘플의 생성을 담당한다. 잠재 변수 z를 입력하여 원래 데이터셋의 데이터와 동일한 형식의 데이터를 출력하는 것인데 만약 우리의 잠재 변수가 z고 목표 변수가 x라면, 우리는 생성기가 하는 일을 'z에서 x로 매핑하는 함수를 학습하는 것'으로 생각할 수 있다. 판별기의 역할은 판별하는 것이다. 샘플의 목록을 가져와 샘플이 실제인지 생성기에 의해 만들어진 것인지에 대한 예측을 담당한다. 판별기는 샘플이 실제라고 믿는 경우 더 높은 확률을 출력한다. 일종의 '거짓말 탐지기'라고 생각할 수 있다.

이 두 구성요소는 함께 모여서 싸운다. 생성기와 판별기는 서로 반대되는 목표를 최대화하기위해 서로에 대항한다. 생성기는 점점 더 실제처럼 보이는 샘플을 만들어내려 하고 판별기는 샘플의 출처를 항상 정확하게 분류하려고 노력한다. 이렇게 목표가 서로 직접적으로 반대된다는 사실이 GAN의 이름에 '적대적인'이라는 단어가 들어가는 것에 기여했다. GAN의 프로세스는 〈그림 14-2〉처럼 도식화시켜볼 수 있다.

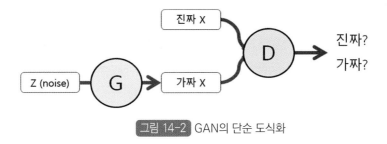

그림 14-2 GAN의 단순 도식화

GAN의 방정식

GAN은 아래와 〈그림 14-3〉과 같은 미니 맥스 방정식을 해결하여 네트워크의 양쪽에서 평형을 찾는 목표를 가지고 있다.

$$\min_{G} \max_{D} V(D,G) = \mathbb{E}_{x \sim p_{\text{data}}(x)}[\log D(x)] + \mathbb{E}_{z \sim p_z(z)}[\log(1 - D(G(z)))]$$

그림 14-3 GAN의 방정식

출처 : What is a Generative Adversarial Network? (2018). from https://towardsdatascience.com/what-is-a-generative-adversarial-network-76898dd7ea65

두 방정식 사이의 평형을 찾기 위해 두 개의 매개변수화 된 네트워크, G와 D를 동시에 최적화하려고 하기 때문에 이 방정식은 미니 맥스 방정식이 된다. 우리는 생성기 G의 실패를 최소화하는 동시에 판별기 D의 혼동을 극대화하고자 한다. 이것이 해결되면 매개변수화 되었고 내제적인 생성 데이터 분포는 원본 데이터 분포와 상당히 일치해야한다.

방정식을 조금 더 부분으로 나누어 보자면, D의 측면에서는 이 방정식이 최대화되기를 원한다. 그래서 D는 진짜 샘플이 들어왔을 때 출력을 최대화하고 가짜 샘플이 들어왔을 때 출력을 최소화한다. 반대로 G는 가짜 샘플이 들어왔을 때 D가 자신의 출력을 최대화하게끔 속이려고 한다. 그것이 미니 맥스 용어가 사용되는 이유이다.

이제 G와 D가 잘 매개변수화 되고 충분한 학습능력을 가졌다고 가정할 때, 이 미니 맥스 방정식은 우리가 둘 사이의 내쉬 균형(Nash Equilibrium))에 도달하는데 도움을 줄 수 있다. 그렇다면 어떻게 이 균형에 도달할 수 있을까? 간단하다. 단지 반복하면 된다. 농담이고 사실 그리 간단하지는 않다. 하지만 간단하게 설명할 수는 있다.

먼저 고정된 버전의 G를 기반으로 D를 최적의 분류기가 되도록 훈련시킨다. 그 후 D를 고정하고 G가 고정된 D를 가장 잘 속이도록 훈련시킨다. 그것을 반복함으로써 우리는 생성 데이터와 실제 데이터가 거의 비슷해 D가 진짜와 가짜를 구분할 수 없는 지점까지 미니 맥스 방정식을 최적화할 수 있다. 이 시점에서 D는 입력되는 모든 샘플에 대해 50%의 확률을 출력할 것이다.

여기까지 GAN에 대해 아주 개략적으로 살펴보았다. GAN은 학습을 '경쟁게임'으로 바꿨다는 점에서 혁신적인 모델로 평가받고 있다. 기존 비지도 학습(unsupervised learning)에서는 데이터의 확률분포를 직접 모델링하는 데 큰 어려움이 따랐는데 경쟁을 통해 이 난제를 해결해낸 것이다.

GAN은 등장 후 몇 년간의 개발동안 안정적인 발전을 이루었다. GAN이 만들어낸 얼굴 사진은 더는 공포영화 같은 모습을 하고 있지 않다. GAN은 이미지 생성, 영상 편집, 텍스트 생성 및 기타 여러 응용 프로그램에 사용되어왔으며 종종 기술 발전의 가시적인 결과를 이끌어냈다. 앞선 Part 1, 2의 사례에서도 GAN과 관련된 사례를 어렵지 않게 찾아볼 수 있다. GAN은 현재까지도 활발하게 연구 중이며 새로운 하위 분야가 다양하게 등장하고 있다.

14.2 CycleGAN

배경

　Cycle GAN은 이미지를 다른 스타일의 새로운 이미지로 만들어내는 GAN의 하위 모델이다. Cycle GAN에 주목할 만한 이유는 다른 모델과 달리 이미지를 직접 대응시킬 필요가 없다는 점이다. 예를 들어 말 이미지를 얼룩말 이미지로 변환시키고 싶을 때, 기존의 다른 GAN 하위 모델의 경우에는 말 이미지를 사람이 직접 얼룩말 형태로 변환한 후 그 두 이미지로부터 말을 얼룩말로 변환하는 것을 교육시켰다. 이렇게 완벽하게 한 쌍을 이루는 데이터셋을 준비하는 것은 시간도 많이 걸리고 비용이 많이 소요되는 일이었다. 반면 CycleGAN의 경우, 말 이미지와 얼룩말 이미지가 여전히 필요하지만 말 이미지와 완벽히 대응되는 같은 형태의 얼룩말 이미지를 필요로 하지 않는다. 이런 방식의 이미지 변환 시스템은 거의 무제한의 응용 프로그램을 가질 수 있다. 〈그림 14-4〉에서처럼 그림의 스타일 변경이나 스케치를 사진으로 바꾸는 것, 사진 속 풍경의 계절 변경이 실제로 CycleGAN이 보여주는 몇 가지 예이다.

그림 14-4 CycleGAN의 다양한 기능

출처 : What is a Generative Adversarial Network? (2018). from
https://towardsdatascience.com/what-is-a-generative-adversarial-network-76898dd7ea65

작동원리

CycleGAN의 작동원리를 알아보기 위해 앞서 들었던 예시를 가져와 말 이미지 X를 얼룩말 이미지 Y로 변환해야 할 때를 가정해보자. 이를 위해 X를 Y로 만드는 데 적합한 생성기 G를 정의한다. 여기서 문제는 쌍을 이루는 이미지를 사용하지 않기 때문에 입력과 출력을 비슷한 모양으로 일치시킬 수 없다는 것이다. 즉, 인풋의 특성이 무시되고 서로 다른 이미지가 같은 아웃풋으로 매몰될 여지가 있다. 그래서 G가 만들어낸 이미지인 Y를 X로 되돌리는 역함수개념의 생성기 F가 필요하다. 말을 얼룩말로 바꿨다가 다시 원래의 말 이미지로 돌아올 수 있을 만큼만 변환시키도록 만드는 것이다.

이 과정에서 판별기 D_x는 입력 이미지 X를 바탕으로 G를 통해 만들어진 이미지 Y가 적합하게 만들어진 이미지인지 아닌지를 판별하고, 판별기 D_y는 이미지 Y를 F를 통해 변환시켜 다시 X의 모습으로 되돌렸을 때 기존 X와 같은 이미지인지 아닌지를 판별한다. 간단하게 보자면 〈그림 14-5〉처럼 나타낼 수 있다.

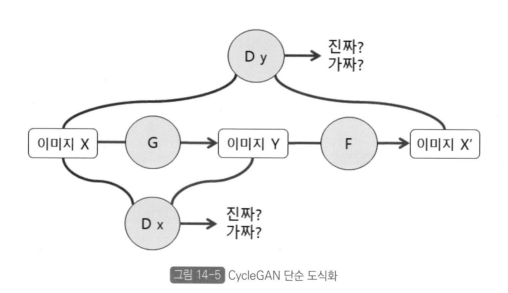

그림 14-5 CycleGAN 단순 도식화

GAN의 기본원리대로 생성기 G, F와 판별기 D_x, D_y가 각각 위조사와 탐정이 되어 싸움을 벌인다. 유의할 점은 D_x와 D_y는 서로의 결과를 공유한다는 점이다. 둘

중 어떤 것이라도 이미지를 가짜로 판별하면 성공적인 변환이라고 말할 수 없다. 생성기 G, F는 판별기 D_x와 D_y를 이기기 위해 점점 더 말 이미지를 바탕으로 한 그럴듯한 얼룩말 이미지를 만들어낼 것이고, 판별기 D_x와 D_y는 생성기 G와 F를 이기기 위해 점점 더 열심히 말 이미지와 얼룩말 이미지 사이의 허점을 찾아낼 것이다.

CycleGAN의 가장 큰 한계점은 스타일은 바꿀 수 있지만 모양을 바꾸기는 어렵다는 점이다. 사과를 오렌지로 바꾸고 싶을 때, 대부분은 사과의 질감뿐만 아니라 모양도 오렌지처럼 바뀌기를 원할 것이다. 여름 풍경을 겨울 풍경으로 바꿀 때는 잎이 무성하던 나무가 앙상해지기를 원할 수도 있다. 아쉽게도 CycleGAN은 그런 기능을 갖추지는 못했다.

또 한 가지 한계점은 시스템 자체의 문제보다는 데이터셋의 문제로, 변환에 필요한 데이터가 충분히 제공되지 않는다면 이미지 변환이 정상 작동하지 않을 수 있다. 예를 들어 말 이미지들과 얼룩말 이미지들로 말을 얼룩말로 변환하는 것을 교육시켰을 때, 말 위에 사람이 타있는 이미지를 변환시키려고 한다면 사람을 인식하지 못하고 사람도 얼룩말 형태 변환시켜버리는 등의 문제이다.

의미와 전망

CycleGAN을 이용하면 위와 같은 이미지 변환뿐만 아니라 일반 사진을 아웃포커스 사진으로 변경하거나 사람의 얼굴을 라면으로 변형시킬 수도 있고, 사진을 고흐풍의 그림으로 바꾸는 등 다양하게 이미지를 변환시킬 수 있다. 단순 변환을 넘어서 〈그림 14-6〉처럼 창문, 벽, 문 등을 라벨링 시킨 스케치 툴을 통해 내가 그린 그림을 실제 사진처럼 만들어낼 수도 있다.

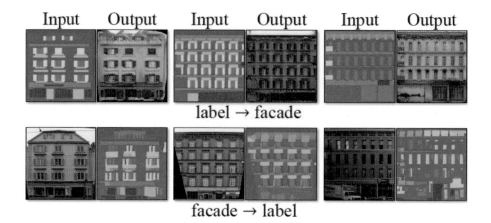

그림 14-6 라벨링 된 그림을 그에 맞는 사진으로 변환시키는 CycleGAN

출처 : Jun-Yan Zhu, Taesung Park, Phillip Isola, Alexei A. Efros. (2018). Unpaired Image-to-Image Translation using Cycle-Consistent Adversarial Networks. Berkeley AI Research (BAIR) laboratory, UC Berkeley. 8.

이처럼 확장성이 굉장히 크기 때문에 상상할 수 있는 비즈니스 활용도도 넓다. 미디어 분야라면 단순히 소비자들의 흥미를 위해 사용될 수 있고, 예술가나 디자이너들이 CycleGAN을 사용한다면 새로운 아이디어를 내고 상품을 만드는데 활용할 수도 있을 것이다. 추후 자연어처리 등과 같은 분야에서 CycleGAN과 같은 방식이 사용될 수 있을지도 생각해 볼 부분이다.

14.3 DiscoGAN

배경

사람이 어떤 물체를 비슷한 형태의 다른 물체로 바꾸는 것은 어렵지 않다. 우리는 데님바지를 데님가방과 연관시킬 수 있고 '사랑합니다'라는 한국어를 'I love you'라는 영어와 연관시킬 수 있다. 또한 우리는 하얀 강아지의 특징을 검은 고양이에게 옮겨 하얀 고양이를 상상할 수도 있다. 사실 이런 변환은 GAN에서도 어느 정도 해결할 수 있다. 하얀 강아지를 제공했을 때 하얀 고양이가 나오게 교육시키면 되는 일이다.

하지만 컴퓨터에게 하얀 강아지와 검은 고양이를 주어줬을 때, 하얀 강아지와 하얀 고양이의 연관성을 컴퓨터가 스스로 배우는 것은 쉽지 않다. 컴퓨터의 프로세스로 말하자면 한 도메인의 특징을 다른 도메인에 적용시킬 수 있는 특정한 함수를 찾아내야 하는 어려운 일인 것이다. DiscoGAN(Discovers cross-domain relations with GANs)은 이 문제를 해결하기 위해 등장했다.

DiscoGAN은 데이터를 페어링(pairing) 할 필요가 없다는 점에서 앞서 보았던 CycleGAN과 동일한 이점을 가진다. 제공하는 데이터와 훈련 데이터를 페어링하지 않고도 원하는 방향으로 적절하게 매핑(mapping)시킬 수 있다. CycleGAN과 다른 점이 있다면 매핑의 방식이다. 간단히 말해 CycleGAN의 최종목표가 말을 얼룩말로 바꾸는 것이었다면 DiscoGAN은 얼룩말을 얼룩말 무늬를 가진 소로 바꾸는 것을 목표로 한다. 어떤 특징을 가진 물체를 그 특징을 가진 다른 영역의 물체로 바꾸는 것이다. DiscoGAN의 이름도 물체와 물체 간에 적용시킬 수 있는 특정 요소의 '관계'를 '발견'할 수 있는 함수를 찾는다는 의미에서 지어졌다. 〈그림 14-7〉은 DiscoGAN의 기능을 잘 보여준다. 가방의 데이터와 신발의 데이터를 가지고 가방과 같은 재질을 가진 신발과, 신발과 같은 재질을 가진 가방을 만들어냈다.

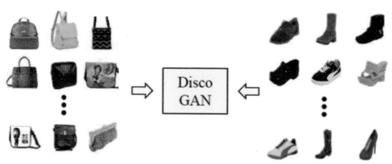

(a) Learning cross-domain relations **without any extra label**

(b) Handbag images (input) & **Generated** shoe images (output)

(c) Shoe images (input) & **Generated** handbag images (output)

그림 14-7 DiscoGAN의 이미지 변환

출처 : Taeksoo Kim, Moonsu Cha, Hyunsoo Kim, Jung Kwon Lee, Jiwon Kim. (2017). Learning to Discover Cross-Domain Relations with Generative Adversarial Networks. 1.

작동원리

DiscoGAN의 원리를 이해하기 위해 말들의 이미지를 모은 도메인A와 소들의 이미지를 모은 도메인B를 가정해보자. 이 모델에서 핵심적인 전제는 하나의 도메인에 속하는 모든 이미지를 다른 도메인의 이미지로 표현할 수 있다는 것이다. 우리는 생성기(Generator)가 말 이미지를 변환시켰을 때 판별기(Discriminator)가 비교하는 특정한 소 이미지가 가진 털의 특징이 적용되기를 원한다. GAN은 어떠한 라벨도 없는 두 종류의 도메인 데이터 셋(data set)을 사전교육 없이 훈련하게 된다. 생성기에 도메인A에 속한 한 갈색 말 이미지를 제공하고 판별기에 도메인B에 속하는 한 흰색 소 이미지를 제공한다고 했을 때 생성기는 갈색 말의 이미지를 흰색 소의 이미지와 비슷하게 바꾸려고 노력한다. 판별기가 소 이미지를 진짜라고 인식하기 때문이다. 결과적으로 생성기는 어떤 형태로든 갈색 말 이미지를 흰색 소 이미지로 바꾸려 할 것이다. 여기까지는 기본적인 GAN의 구조이다.

여기서 생성기2가 등장한다. 생성기2는 앞서 있던 생성기1이 만들어낸 이미지를 다시 말 이미지로 바꾼다. 그리고 생성기2가 만든 말 이미지와 기존에 투입한 말 이미지를 비교한다. 앞 내용을 읽어본 사람은 CycleGAN과의 유사성을 느낄 것이다. 두 생성기를 연관시킴으로써 원래의 형태를 최대한 유지한 결과를 내게 만드는 것이다. 이제는 생성기1이 흰색 소가 아닌 흰색 말을 만들어낼 것이다.

그런데 이렇게 끝나게 되면 생성기1을 거쳐 갈색 말에서 흰색 말이 나오더라도 우리가 원하던 것처럼 GAN이 도메인A와 도메인B의 공통되는 특정 요소를 구분하여 이미지를 만들어낸 것인지를 파악할 수가 없다. 판별기가 진짜라고 여기는 이미지가 흰색 소와 마찬가지로 도메인B에 속하는 얼룩소 이미지로 변했을 때도, 도메인A를 도메인B에 가깝게 바꾸려는 목적을 가진 생성기1이 갈색 말을 도메인B에 적합하게 바꿨다고 생각하는 흰색 말로 바꿔버릴지도 모르기 때문이다. 이를 모드 상쇄(mode collapsing)라 하는데 그 문제를 해결하기 위해 최종적으로 만들어진 구조가 DiscoGAN의 구조이다. 도메인A를 도메인B로 바꾸는 GAN과 도메인B를 도메인A로 바꾸는 GAN을 합쳐버리는 것이다. 〈그림 14-8〉을 보면 더 이해하기 쉬울 것이다. 갈색 말을 흰색으로 바꾸는 네트워크와 흰색 소를 갈색으로 바꾸는 네트워크를 동시에 학습시키고 이렇게 만들어진 4개의 생성기들이 서로 변수를 공유하며 학습하게 한다.

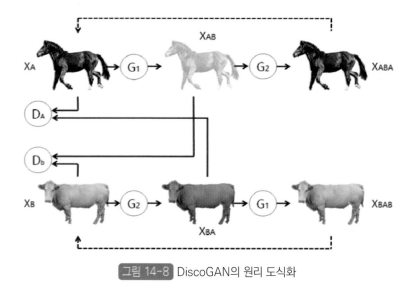

DiscoGAN의 원리 도식화

이렇게 되면 각 판별기에 도달하는 변수가 1대 1로 매핑되게 되어 도메인A와 도메인B 사이의 관계를 발견할 수 있게 된다. 흰색 소는 흰색 말이 되고 갈색 말은 갈색 소가 되었으니 말과 소가 가진 관계성, 즉 각자에게 반영 가능한 공통 요소가 색이라는 것을 파악하는 것이다. 우리는 이제 이 DiscoGAN을 가지고 얼룩말로 얼룩소를 만들 수 있게 되었다.

의미와 전망

DiscoGAN을 이용하면 기본적으로 이미지 데이터나 영상 데이터를 더욱 쉽고 빠르게 다양한 상황으로 변환시킬 수 있어서 방대한 데이터 수집과 가공에 대한 시간과 비용을 절감할 수 있다. 말을 소로 바꾸는 것뿐만 아니라 남자를 여자로 바꿀 수도 있고 금발을 흑발로, 안경 쓴 사람을 안경을 안 쓴 사람으로, 양철 그릇을 양철 냄비로도 쉽게 바꿀 수 있다. 원하는 재질을 다른 물건에 입혀볼 수 있어서 디자이너들에게도 굉장히 유용하게 쓰일 법하다. 단순한 이미지 변형이 아니라 도메인 간의 관계를 발견한다는 점도 염두에 두어야 한다. DiscoGAN을 이용하다 보면 기존에 생각하지 못한 재미있는 물체 간의 관계를 찾을 수도 있을 것이다.

14.4 StarGAN

배경

StarGAN은 앞선 두 개의 GAN처럼 이미지에서 이미지 변환(image-to-image translation)의 기능을 수행하는 GAN의 한 종류이다. StarGAN의 특별한 점이라면 앞서 보았던 DiscoGAN의 경우 한 네트워크상에서 하나의 도메인을 다른 하나의 도메인과만 연관시킬 수 있었던 반면, 한 네트워크에서 하나의 도메인을 여러 개의 도메인으로 변환할 수 있다는 점이다. 〈그림 14-9〉에서 왼쪽의 그림(a)는 각 도메인에 대해 서로 다른 모델을 독립적으로 구축한 경우이다. 많은 네트워크를 사용하기 때문에 확장성이 제한적이고 각 네트워크 간 연결의 견고함도 부족하다. 반면 그 옆의 StarGAN의 경우는 하나의 네트워크에 도메인들이 유기적으로 연결되어있기 때문에 여러 도메인 데이터 셋(data set)을 동시에 교육할 수 있다. 자연히 이전 모델보다 확장성과 연결성이 뛰어나고 훨씬 효율적이다. 이처럼 StarGAN은 여러 개의 도메인에 대한 변환 다루기 위해 등장했다.

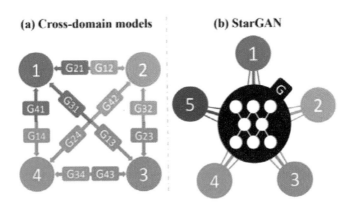

그림 14-9 StarGAN과 다른 GAN의 차이점

출처 : Yunjey Choi, Minje Choi, Munyoung Kim, Jung-Woo Ha, Sunghun Kim, Jaegul Choo. (2018). StarGAN: Unified Generative Adversarial Networks for Multi-Domain Image-to-Image Translation. Korea University, Clova AI Research, NAVER Corp., The College of New Jersey, Hong Kong University of Science & Technology. 2.

작동원리

〈그림 14-10〉은 굉장히 복잡해보이지만 StarGAN을 이해하기에 매우 좋은 예시이다.

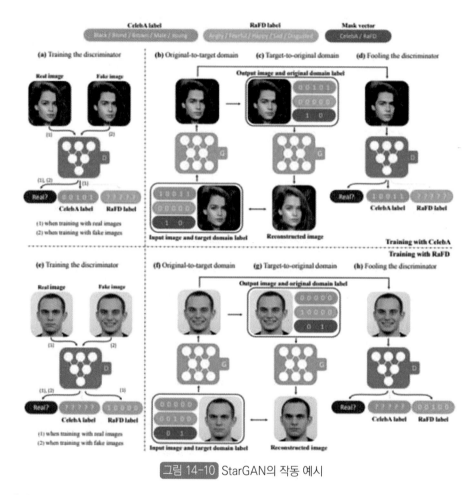

그림 14-10 StarGAN의 작동 예시

출처 : Yunjey Choi, Minje Choi, Munyoung Kim, Jung-Woo Ha, Sunghun Kim, Jaegul Choo. (2018). StarGAN: Unified Generative Adversarial Networks for Multi-Domain Image-to-Image Translation. Korea University, Clova AI Research, NAVER Corp., The College of New Jersey, Hong Kong University of Science & Technology. 10.

우리는 CelebA라는 데이터 셋과 RaFD라는 두 데이터 셋을 가지고 있다. 그리고 CelebA 라벨은 검은 머리, 금발 머리, 갈색 머리, 남자, 여자라는 도메인 요소를 가지고 있고 RaFD 라벨은 화남, 두려움, 기쁨, 슬픔, 혐오라는 도메인 요소를 가지고 있다.

이미지를 변환하기 이전에 먼저 판별기(discriminator)에게 두 가지 미션을 준다. 첫 번째는 늘 그랬듯이 생성기(generator)가 만든 이미지가 진짜인지 가짜인지 판별할 것, 두 번째는 진짜 이미지라고 판단했을 때 이미지가 어떤 라벨을 가졌는지 올바르게 판단하라는 미션이다. 〈그림 14-10〉에서 (a)부분의 과정이다.

그 다음 생성기에게 변환시킬 이미지와 변환돼야할 도메인 라벨을 제공한다. 그런데 생성기는 이 라벨이 CelebA 라벨인지 RaFD 라벨인지 모른다. 표정데이터가 없는 CelebA의 데이터에서 RaFD 라벨을 교육시킬 수는 없으므로 우리는 입력한 이미지에 따라 이 라벨이 어떤 라벨인지 생성기에게 알려줘야 한다. 〈그림 14-10〉에서 볼 수 있는 마스크 벡터(mask vector)의 역할이다.

제공된 라벨이 어떤 라벨인지에 대한 정보도 함께 입력받은 생성기가 라벨에 알맞게 변환시킨 이미지를 만들면, 그 이미지를 다시 제공된 이미지의 라벨로 변환시켜 기존 이미지와 비교한다. 앞서 소개된 하위 GAN들과 마찬가지로 두 생성기를 연관시킴으로써 원래의 형태를 최대한 유지한 결과를 내게 만드는 것이다.

마지막으로는 판별기가 생성기가 만들어낸 이미지를 구분하고 진짜인지 아닌지의 여부를 판단한다. 진짜라고 생각하는 경우 그 이미지의 라벨도 도출한다. 각각의 데이터 셋에 대해 이런 학습과정을 거치면 어느 순간 판별기는 CelebA 데이터 셋의 이미지와 CelebA 라벨의 관계, RaFD 데이터 셋과 RaFD 라벨의 관계를 파악하게 된다. 이제 StarGAN은 이미지를 자유자재로 라벨에 제시된 여러 도메인으로 변환할 수 있다.

의미와 전망

변환시키고자 하는 도메인의 이미지가 아니라 라벨을 제공하여 도메인들 간의 연결을 한 네트워크에서 이루어냈다는 점에서 이전의 모델들과 큰 변화를 가진다. 그 변화 덕분에 StarGAN은 〈그림 14-11〉과 같은 결과를 어느 하위 GAN보다 빠르고 효율적으로 얻을 수 있게 되었다. 만약 StarGAN의 기능이 미용실에 도입된다면 우리는 염색하기 전에 쉽게 어떤 색이 나에게 잘 어울릴지를 판단할 수 있게 될 것이다.

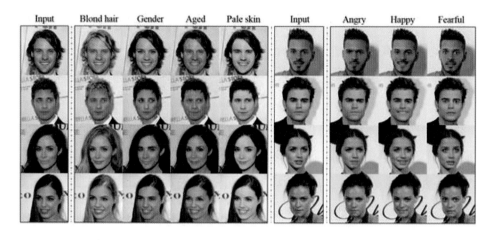

| Input | Blond hair | Gender | Aged | Pale skin | Input | Angry | Happy | Fearful |

그림 14-11 GAN이 만든 인물 사진

출처 : Nvidia

    여러 도메인이 한 네트워크에 교육되기 때문에 〈그림 14-11〉처럼 원하는 도메인을 한 가지씩 적용시킬 수 있을 뿐만 아니라 여러 가지 중복으로도 적용시킬 수 있다. 젊은 여성이 노인 남성이 되면 어떤 모습일까라는 재미있는 상상을 직접 이루어볼 수 있는 것이다. 심지어는 사진이 여러 가지 표정을 짓게 만들 수도 있다. 이처럼 적절한 데이터 셋과 라벨을 가지고 학습을 시키기만 한다면 StarGAN의 활용도는 무궁무진하다. 이미지 변환에 관심이 있다면 StarGAN의 발전형인 StarGAN V2에 대해서도 놓치지 말아야할 것이다.

PART 4

AI 비즈니스
성공

AI in BUSINESS

AI성공 모형

15.1 정보시스템 성공 모델(IS Success Model)

정보시스템 성공 모델은 일반적으로 평가되는 성공의 6가지 변수들의 관계를 설명함으로써, 정보시스템에 대한 포괄적인 이해를 제공하는 이론이다. 1992년 Delone & McLean에 의해 제안되었으며 이후 두 차례에 수정 과정을 거치게 된다.

Delone & McLean은 정보시스템 성공에 영향을 미치는 변수들을 시스템 품질, 정보 품질, 정보시스템 사용, 사용자 만족, 개인적 효과 그리고 조직적 효과로 분류하고, 이들 사이의 인과관계를 설명하기 위해 모델을 제시하였다[1]. 〈그림 15-1〉을 통해 확인할 수 있다. 이후 다양한 학자들이 기존 모델을 확장시키기 위해 노력했으며 10년 뒤인 2002년에 Delone & McLean은 서비스 품질(Service Quality)의 영역을 새롭게 추가하여 수정된 모델을 제시하였다[2]. 수정된 모델 〈그림 15-2〉에 따르면 각각 변

1) DeLone, W. H., & McLean, E. R. (1992). Information systems success: The quest for the dependent variable. Information systems research, 3(1), 60-95.
2) DeLone, W. H. (1988). Determinants of success for computer usage in small business. Mis Quarterly, 51-61.

수들의 내용은 다음과 같다.[3]

① 시스템 품질

시스템 품질은 정보시스템의 바람직한 특성을 나타낸 것으로 직관성, 정교화를 포함해 사용의 용이성, 신뢰성, 응답시간 등을 포함하는 내용이다.

② 정보 품질

정보 품질은 시스템 산출물의 바람직한 특성을 나타낸 것으로 관련성, 정확성, 간결성 등을 포함한다.

③ 서비스 품질

서비스 품질은 시스템 사용자가 정보시스템 부서와 IT 인력지원으로부터 제공받는 품질을 나타낸 것으로 응답성, 정확성, 신뢰성, 기술적 능숙도를 포함한다.

④ 정보시스템 사용/사용 의도

사용 또는 사용 의도는 고객과 직원이 정보시스템을 사용하는 방법 및 범위를 나타낸 것으로 사용 범위, 사용빈도 등을 포함한다.

⑤ 사용자 만족

사용자 만족은 보고서, 지원서비스를 포함한 사용자의 만족도를 나타낸 것을 말한다.

⑥ 순이익(Net benefit)

정보시스템이 개인, 그룹, 기관, 회사, 국가에 기여한 범위를 나타낸 것으로 의사결정 향상, 생산력 향상, 판매 증가, 경제발달 등을 포함한다.

정보시스템 성공 모델을 이용한 많은 연구에서 시스템 품질, 정보 품질 그리고 서비스 품질이 시스템 사용/사용의도와 사용자 만족도에 영향을 주고, 조직의 성과에

---

3) 이순규, 최수빈, & 김희웅. (2018). 이러닝 만족도 증진 방안 연구: 정보시스템 성공모델과 텍스트마이닝의 혼합방법론. 한국경영정보학회 학술대회, 308-316.

영향을 미치는 것으로 나타났다.[4] 이때 사용자 사용/사용의도와 만족도는 서로 영향을 주고받으며, 시스템의 이익은 다시 사용의도와 사용자의 만족에 영향을 주게 된다.

이후 Delone & McLean은 2008년에 새롭게 수정된 모델을 제시했다. 〈그림 15-3〉에서 볼 수 있듯, Delone & McLean은 기존 모델이 개인과 조직 모두에게 적용될 수 없음을 인정하고 정보시스템 성공 모델을 개인과 조직 두 모형으로 분리하였

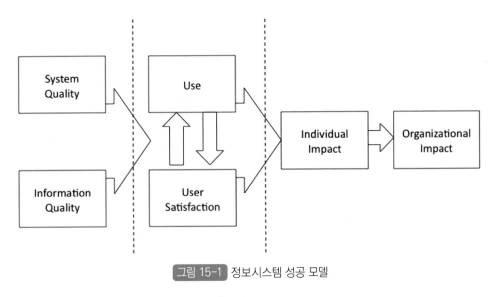

그림 15-1 정보시스템 성공 모델

출처 : DeLone & McLean, IS Success Model (1992)

다. 〈그림 15-3〉의 오른쪽이 새롭게 제안된 조직의 정보시스템 성공 모델이다. 그리고 모델의 복잡성을 피하기 위해 시스템 사용과 사용의도를 '시스템 사용'으로 합친 것이 이전과 달라진 차이점이다[5].

---

4) 이홍제, 김종윤, 오법영, & 한경석. (2018). 정보시스템 지속적 이용과 성과에 미치는 요인에 대한 연구-UTAUT 와 IS 성공모델을 중심으로. 정보화연구 (구 정보기술아키텍처연구), 15(1), 17-30.
5) Mardiana, S., Tjakraatmadja, J. H., & Aprianingsih, A. (2015). DeLone-McLean information system success model revisited: The separation of intention to use-use and the integration of technology acceptance models. International Journal of Economics and Financial Issues, 5(1S), 172-182.

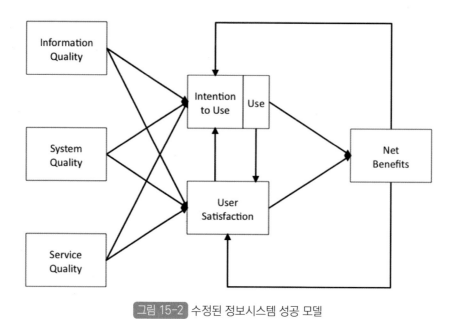

그림 15-2 수정된 정보시스템 성공 모델

출처 : DeLone & McLean, IS Success Model (2003)

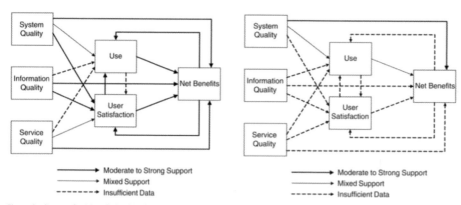

그림 15-3 수정된 정보시스템 성공 모델

출처 : DeLone & McLean, IS Success Model, EJIS (2008)

합리적 행동이론은 인간의 태도와 행동 사이의 관계를 설명하는 이론이다. 한 개인이 기존에 가지고 있는 태도, 주관적 규범 그리고 행동 의도를 바탕으로 행동을 예측하는 데 사용되며, 1975년 Martin Fishbein & Icek Ajzen에 의해 제안되었다.

Martin Fishbein & Icek Ajzen는 1975년에 합리적 행동이론을 제시했다. 합리적 행동이론이란 개인의 행동은 행동의도에 의해 결정되고, 행동의도는 개인의 태도(Attitude)와 주관적 규범(Subjective Norm)에 의해 결정된다는 이론이다.[6] 개인의 어떤 행동을 예측하기 위해서는 행동의도를 측정하는 것이 중요하다고 보며, 대부분의 인간행동은 행위자의 의지에 따라 통제될 수 있기 때문에 행동의 직접적인 결정요인은 행동에 대한 태도가 아니라 행동을 수행하려는 행동의도로 보는 것이다. 〈그림 15-4〉를 통해 합리적 행동이론의 모형을 확인할 수 있다.

이때 태도는 특정 행동에 대한 개인의 긍정적 혹은 부정적인 느낌을 말하며 이는 한 개인의 행동에 대한 개인적인 신념(Behavioral Believes)과 그리고 행동 결과에 대한 전반적인 개인의 평가(Evaluation of results)에 의해 영향을 받는다. 그리고 Ajzen에 따르면, 주관적 규범은 "행동을 하기 위한 지각된 사회적 압박"을 말한다. 이때 행위자가 중요하다고 생각하는 사람들이 특정 행동의 수행을 어떻게 느끼는가에 대한 규범적 신념(Normative Beliefs)과 준거 집단에 순응하려는 순응동기(Motivation to comply with referents)에 의해 영향을 받는다. 정리하면, 제시된 행동에 개인이 긍정적으로 판단(태도)하고 주변 사람들이 원하는 행동(사회적 규범)이면 행동의도는 높아지고 결국 그 행동을 할 가능성이 높아지게 된다.[7]

---

6) 김은희. (2007). 소비자의 재활용 태도 및 행동의 이해.
7) 이재신, & 김한나. (2008). 고등학생과 대학생들의 동영상 UCC 제작의도에 영향을 주는 요인에 관한 연구. 한국언론학보, 52(5), 399-419.

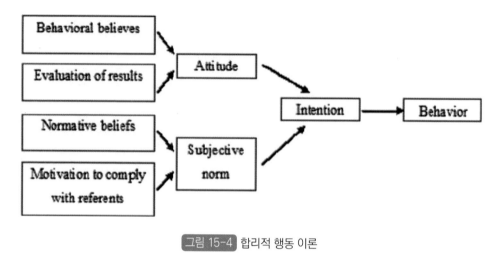

그림 15-4 합리적 행동 이론

출처 : Fishbein, M., & Ajzen, I. (1975).

  합리적 행동이론은 사회과학의 많은 분야에서 널리 적용되었음에도 사회적 행동은 개인의 의지만으로 통제가 되는 것이 아니라는 점에서 적용범위는 제한되었다.[8] 즉, 합리적 행동이론은 사회적 규범측면에서 행동의 예측력을 높였다고 본다면 이는 모든 인간의 행동이 자의적 통제(Volitional Control)하에 있어야 한다는 가정이 전제되어야 한다. 하지만 개인이 행동을 하는데 있어 완전히 통제력을 행사하지 못하는 경우가 많다. 예를 들어, 제한된 능력, 시간, 무의식적 습관 등 제약이 존재한다.[9] 따라서 이러한 한계점을 해결하기 위해 '지각된 행동통제'라는 변수를 추가하여 계획 행동이론(Theory of Planned Behavior)를 제안했다. 이 이론은 다음 장에서 알아보기로 한다.

---

8) Ajzen, I. (1985). From intentions to actions: A theory of planned behavior. In Action control (pp. 11-39). Springer, Berlin, Heidelberg.
9) Wiki. (연도미상). Theory of reasoned action. https://is.theorizeit.org/wiki/Theory_of_reasoned_action

15.3 계획된 행동이론(Theory of Planned Behavior : TPB)

계획된 행동이론은 합리적 행동이론(Theory of Reasoned Action : TRA)의 토대를 두고 있다. 이 이론은 합리적 행동이론에 '지각된 행동 통제력'이란 새로운 변수를 추가하여, 합리적 행동이론이 가지고 있는 한계점을 극복하였다.

계획된 행동이론은 Martin Fishbein & Icek Ajzen가 1980년에 제안한 이론으로, 합리적 행동이론에 '지각된 행동 통제력'이란 새로운 변수가 추가되어 확장된 개념이다. 합리적 행동이론은 행위자가 자신의 행동을 통제할 수 있다는 전제하에 만들어진 것이지만 현실적으로 맞지 않다. 현실에서는 개인이 어떠한 행동을 하고 싶어도 그럴 수 없는 상황에 있다면, 행동의도가 실제 행동으로 이어질 가능성이 낮기 때문이다. 예를 들어, 다른 사람에 의존해야 실행할 수 있거나, 행동을 수행할 적절한 기술이 부족하다면 행동의도와 실제 행동 간의 관계 강도는 약해질 것이다.[10]

계획된 행동이론은 크게 태도와 주관적 규범 그리고 지각된 행동 통제력, 3개의 변수가 소비자의 행동의도에 영향을 미친다고 가정하고 있다. 즉, 계획된 행동이론에 의하면 인간행동의 직접적인 결정요인을 행위의도와 지각된 행동통제로 제시하고 있으며, 행위의도 요인은 태도, 주관적 규범외에 지각된 행동통제에 의해 결정된다는 것이다.[11] 이를 요약하면 〈그림 15-5〉와 같다.

지각된 행동 통제력에 대해 살펴보면, 태도는 행동 또는 대상물에 대한 긍정적 또는 부정적 평가나 일반적 느낌의 정도를 말한다.[12] 그리고 주관적 규범은 어떤 행

---

10) 김명소, & 한영석. (2001). 합리적 행위이론과 계획된 행동이론에 의한 온라인 구매행동 이해. 한국심리학회지: 사회 및 성격, 15(3), 17-32.
11) 김은희. (2007). 소비자의 재활용 태도 및 행동의 이해.
12) Fishbein, M., & Ajzen, I. (1977). Belief, attitude, intention, and behavior: An introduction to theory and research.

동을 할 때 중요한 준거집단으로부터 받을 수 있는 인정의 정도를 말한다.[13] 더 자세한 내용은 합리적 행동이론의 내용을 참고하길 바란다.

마지막으로 새롭게 추가된 지각된 행동 통제력은 행위를 함에 있어서의 용이성으로 나타내는데 크게 외적요소와 내적요소로 나뉘어 볼 수 있다. 외적요소는 시간, 기회, 비용, 용이성 등의 물질적인 자원요소를 말하며, 내적인 요소는 행위자가 실제 행위를 함에 있어 제한적인 상황을 야기할 수 있는 자기효능감(Self-efficacy), 자신감(Self-confidence), 자아통제력(Self-controllability) 등을 의미한다. 즉, 지각된 행동통제력은 주어진 행동을 통제한다고 믿는 정도를 말한다. Ajzen에 의하면 많은 자원을 갖고 자신감이 클수록 의도하는 행동에 대해 더 많은 지각된 행동통제력을 갖는다고 하였다.[14] 이때 지각된 행동 통제력이 낮을 때에는 행동과 직접

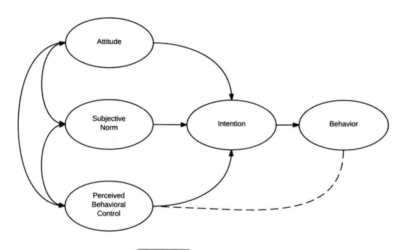

그림 15-5 계획된 행동이론

출처 : Jzen, I. (1991).

---

13) Ajzen, I. (1991). The theory of planned behavior. Organizational behavior and human decision processes, 50(2), 179-211.
14) Ajzen, I. (1991). The theory of planned behavior. Organizational behavior and human decision processes, 50(2), 179-211.

적으로 연결되며, 반대로 높을 때에는 행위의도를 통해서 행동과 간접적으로 연결된다.

결국 계획된 행동이론은 위에서 살펴본 3가지 변수가 행동의도 혹은 행동에 영향을 주는 것으로 이해할 수 있다. 이 모델은 태도, 주관적 규범 뿐만 아니라 개인의 능력 및 물질적 자원과 관련된 지각된 행동통제를 고려하고 있다[15]는 점에서 합리적 행동이론과 다르다고 볼 수 있다.

하지만 일부 학자들은 계획된 행동이론이 기반을 두고 있는 인지적 처리 이론을 비판한다. 또 감정이 우리의 믿음에 영향을 줌에도 불구하고 감정이 무시된 점 그리고 표현된 태도와 무관하게 특정한 행동을 하기 전 개인의 요구를 무시한다는 점에서 이 이론을 비판한다. 예를 들어, 어떤 사람이 소고기 스테이크(Beefsteak)를 좋아하지만 아직 주문하지 않는 경우를 생각해보자. 이 사람은 소고기 스테이크를 좋아하지만 아직 배가 고프지 않기 때문에 주문을 하지 않을 수 있다. 이처럼 계획된 행동이론은 행동을 하기 전 개인의 요구를 무시하고 있다는 점에서 비판을 받았다.

---

15) 권미영. (2014). 계획행동이론 (TPB) 을 적용한 호텔 한식당 이용고객의 소비행동에 관한 연구. 지역산업연구, 37(1), 83-101.

15.4 기술수용모델(Technology Acceptance Model : TAM)

> Davis의 기술수용모델은 합리적 행동이론(TRA)을 근거로 하여 태도와 행동 간의 인과관계를 기술 수용과정에 적용한 기술수용모델이다.

기술수용모델은 이전에 살펴봤던 합리적 행동이론의 영향을 받은 이론이다. 기술수용모델을 제안한 Davis는 수용자들이 정보시스템을 사용하는 중요한 요인으로 지각된 유용성(Perceived Usefulness)과 지각된 용이성(Perceived Ease of Use)을 제시했다. 〈그림 15-6〉에서 보듯이 외부변수가 실제 시스템(System)의 사용으로 이어지는 인과관계를 지각된 유용성, 지각된 용이성, 태도 그리고 행동의도의 관계로 분석할 수 있다.[16] 즉, 지각된 유용성과 용이성이 태도와 행동의도에 영향을 미치고, 행동의도가 실제 사용에 영향을 미친다고 하였다. 이때 Davis는 지각된 유용성을 "특정 시스템이 한 개인의 작업 효율성(Job Performance)을 향상시켜주는 정도"로 정의하고 있으며 지각된 용이성은 "특정 시스템을 사용하는 데 정신적 노력이 적게 드는 정도"로 정의하고 있다.[17] 이 기술수용모델은 수용자의 첨단기술수용에 있어 설명력이 매우 높은 모형으로 많은 실증 연구를 통해서 그 우수성을 인정받고 있다.[18] 이후 기술수용모델은 여러 연구자들에 의해 확장되었으며 대표적으로 기술수용모델2, 기술수용모델3이 있다. Venkatesh & Davis의 기술수용모델2(TAM2)는 지각된 유용성에 대한 6개의 일반적 결정자(Subjective norm, image, job, relevance, output

---

16) Davis, F. D. (1989). Perceived usefulness, perceived ease of use, and user acceptance of information technology. MIS quarterly, 319-340.

17) Davis, F. D. (1989). Perceived usefulness, perceived ease of use, and user acceptance of information technology. MIS quarterly, 319-340.

18) 유재현, & 박철. (2010). 기술수용모델 (Technology Acceptance Model) 연구에 대한 종합적 고찰. Entrue Journal of Information Technology, 9(2), 31-50.

quality, result demonstrability 그리고 perceived ease of use)로 구성한다.[19] 한편 Venkatesh & Bala의 기술수용모델3(TAM3)는 지각된 용이성에 대한 Self efficacy, perception of external control, anxiety, playfulness, perceived enjoyment, object usability 등이 잠재변수로 제시되었다.[20]

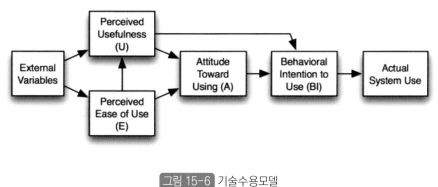

그림 15-6 기술수용모델

출처 : Davis, Bagozzi & Warshaw(1989)

19) Venkatesh, V., & Davis, F. D. (2000). A theoretical extension of the technology acceptance model: Four longitudinal field studies. Management science, 46(2), 186-204.
20) Venkatesh, V., & Bala, H. (2008). Technology acceptance model 3 and a research agenda on interventions. Decision sciences, 39(2), 273-315.

통합기술수용모델(Unified Theory of Acceptance and Use of Technology : UTAUT)

> 통합기술수용모델은 정보기술의 수용을 연구하기 위해 사용되는 연구모형으로 기존에 제시
> 되었던 다양한 모델들을 실증적으로 비교하고 통합하여, 핵심적인 4가지 수용 결정요인을
> 도출한 모델이다.

인간이 새로운 기술을 어떻게 수용하는지에 대해 가장 많이 활용되어 온 연구모형은 앞서 살펴본 Davis의 기술수용이론(TAM)이다. 하지만 TAM은 다양한 외생변수의 영향을 충분히 고려하지 못했다는 한계가 있어 이를 보완하기 위해 다양한 연구가 시도되어 왔다.[21] 이때 Venkatesh는 정보기술수용의 기반 이론에 대한 통합을 시도하였다. Venkatesh는 기술수용 모델 중 중요한 8개를 실증적으로 비교하고 통합하여 핵심적인 4가지 수용 결정요인을 포함하는 통합기술수용모델(Unified Theory of Acceptance and Use of Technology, UTAUT)을 수립하게 되었다.[22]

통합기술수용모델에 통합된 이론에는 David의 합리적 행동이론(TRA), Ajzen의 계획된 행동이론, Venkatesh & Davis의 기술수용모델(TAM), Taylor & Todd의 TAM과 TPB의 통합이론, Davis의 동기모델, Thompson의 PC이용모델, Moore & Benbasat의 혁신확산이론 그리고 Compeau & Higgins의 사회인지이론이 사용되었다. 이를 통해 사용의도에 영향을 미치는 3개의 변수, 사용에 영향을 미치는 1개 그리고 그 과정에서 조절효과를 미칠 수 있는 4가지 통제변수를 제안했다. 〈그림 15-7〉을 통해 볼 수 있듯, 성과기대(Performance Expectancy), 노력기대(Effort Expectancy) 그리고 사회적 영향(Social Influence)은 사용의도에 영

향을 미친다. 그리고 촉진조건(Facilitating Conditions)은 사용에 영향을 미치며 조절변수로는 성(Gender), 나이(Age), 경험(Experience) 그리고 자발적 사용(Voluntariness of Use)을 제시했다.

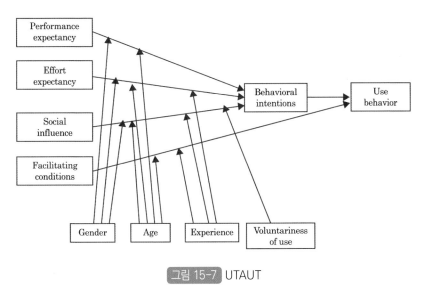

그림 15-7 UTAUT

출처 : Omer, M., Klomsri, T., Tedre, M., Popova, I., Klingberg-Allvin, M., & Osman, F. (2015).

사용의도와 사용에 영향을 미치는 변수들의 내용은 다음과 같다.

① 성과기대

성과기대는 기술수용모델의 이용의 유용성에서 영향을 받은 개념으로 새로운 정보기술을 사용함으로써 작업의 성과를 향상시키는데 도움이 될 것이라고 믿는 정도를 말한다.[23]

---

23) 김영채. (2011). 모바일 특성과 IT 특성, 그리고 관여가 스마트폰 애플리케이션 만족에 미치는 영향에 관한 연구: 패션 애플리케이션 중심으로. e-비즈니스연구, 12(2), 49-77.

② 노력기대

노력기대는 기술수용모델의 이용의 용이성에서 영향을 받은 개념으로, 새로운 정보기술을 사용하는 것이 용이하다고 믿는 정도로 정의된다.

③ 사회적 영향

사회적 영향은 기술수용모델의 주관적 규범의 영향을 받은 개념으로, 주변에 있는 중요한 사용자가 새로운 정보기술을 사용해야 된다고 느낌을 주는 정도로 정의된다.[24]

④ 촉진조건

촉진조건은 시스템 사용을 지원하기 위한 조직적으로 기술적인 인프라가 존재한다고 믿는 정보로 정의된다.[25]

통합기술수용이론은 기술수용모델보다 더 높은 설명력을 갖은 것으로 알려져 있으며 때문에 최근 새로운 정보기술의 사용자 수용을 연구하는 많은 연구자들이 이 연구모형을 적용하고 있다.[26]

---

24) Venkatesh, V., Morris, M. G., Davis, G. B., & Davis, F. D. (2003). User acceptance of information technology: Toward a unified view. MIS quarterly, 425-478.
25) Venkatesh, V., Morris, M. G., Davis, G. B., & Davis, F. D. (2003). User acceptance of information technology: Toward a unified view. MIS quarterly, 425-478.
26) 양승호, 황윤성, & 박재기. (2016). 통합기술수용이론 (UTAUT) 에 의한 핀테크 결제서비스 사용의도에 관한 연구. 경영경제연구, 38(1), 183-209.

15.6 사회교환이론(Social Exchange Theory)

> Hormans의 사회교환이론은 인간은 상대방으로부터 혜택을 받았으면 보답을 해야 한다는 의무감을 느낀다고 설명한다.

Hormans의 사회교환이론은 공리주의(Utilitarianism)적인 판단기준을 기초로 신고전파 경제학(Neoclassical economics)과 행동주의 심리학(Behaviorism psychology)에 근본적 바탕을 두고 있으며, 대인관계를 포함한 사회적 관계의 시작, 강화, 지속, 유지를 설명하기 위해 발전되어 왔다.[27]

이 사회교환이론은 사회적 상호작용에 근거하여 인간은 교환의 상대방으로부터 보상과 같은 혜택을 받았을 때 언젠가 이에 대한 보답을 해야 할 것이라는 의무감을 갖게 하는 교환관계가 형성되는 것으로 정의한다.[28] 그리고 타인과의 상호작용에서 보상을 극대화하고 비용을 최소화하는 상황을 선택한다고 가정하고 있다.[29] 따라서 사회교환이론은 다른 사람에게 도움을 주는 이유는 보상을 원하기 때문이라고 설명한다. 타인과의 관계에 있어 보상과 비용을 계산하며 보상은 극대화, 비용은 최소화하는 것을 목표로 하며 이것을 '미니맥스전략(Minimax Strategy)'이라고 한다. 〈그림 15-8〉에서 확인할 수 있듯, 타인을 도와줌으로써 얻는 혜택이 낮고 도우지 않았을 때의 혜택이 높은 경우에 '타인을 돕지 않는다(Not help)'고 설명하고 있다.

---

27) 정승환. (2017). 사회교환이론과 사회적 자본을 통한 온라인 환경에서의 사회적 지식공유에 대한 논의: 게임이론과 행위자기반모형을 적용하여. 박사학위논문. 한양대학교.
28) Homans, G. C. (1958). Social behavior as exchange. American journal of sociology, 63(6), 597–606.
29) Emerson, R. M. (1976). Social exchange theory. Annual review of sociology, 2(1), 335–362.

		Benefit of helping / Cost of NOT helping	
		High	Low
Benefit of NOT helping / Cost of helping	High	Indirect intervention or reappraise the situation	Not help
	Low	directly help	Depends on norms

그림 15-8 사회교환이론

출처 : popflock.com

15.7 프라이버시 계산 이론(Privacy Calculus theory)

> 프라이버시 계산 이론은 경제적인 관점에서 위험-이익분석(Risk-benefit analysis)을 통해 정보제공과 관련된 의사결정을 과정을 설명하는 이론이다.

오랫동안 개인의 행동을 이해하고 이를 예측하기 위한 다양한 연구모형들이 제시되었다. 앞서 살펴본 것처럼, 합리적 행동 이론(TRA), 계획된 행동 이론(TPB) 등이 존재한다. 이를 기반으로 개인의 행동을 이해하고 예측하기 위한 보다 진보된 이론적 근거를 제시하고자 노력해 왔다.[30] 하지만 인간이 합리적인 방향으로 행동을 결정한다는 주장은 프라이버시 침해 위험에도 불구하고 개인정보를 제공하는 모순적인 행동을 설명하기에 적합하지 못하다. 따라서 이를 설명하기 위해 프라이버시 계산 이론이 등장하게 되었다.

프라이버시 계산 이론은 경제적인 관점에서 정보제공과 관련된 인간의 행동을 설명한다. 소비자는 개인정보를 제공하기 전에 개인정보를 제공함으로써 얻게 되는 이익과 그에 따라 발생할 수 있는 잠재적인 위험에 대해 평가하는 계산 과정을 거치게 된다. 이때 이익이 위험보다 높거나 최소한의 균형을 이룰 때 개인정보를 제공하게 된다는 것이다.[31] 〈그림 15-9〉처럼 정리할 수 있다. 예를 들어 소비자들은 자신의 개인정보를 침해당함에도 불구하고 개인화된 추천 서비스를 이용하며 이는 추천의 효용이 더 커 개인정보가 희생됨을 의미한다.

이처럼 프라이버시 계산 이론은 소비자의 정보제공 행동은 이익과 위험의 결과론

---

30) Davis, F. D., Bagozzi, R. P., & Warshaw, P. R. (1989). User acceptance of computer technology: a comparison of two theoretical models. Management science, 35(8), 982-1003.
31) Culnan, M. J., & Bies, R. J. (2003). Consumer privacy: Balancing economic and justice considerations. Journal of social issues, 59(2), 323-342.

적 상충관계(Trade-Off)를 추정함으로써 결정된다고 가정한다.[32] 즉, 인터넷 사용자들은 자신에게 돌아올 부정적인 결과를 최소화하는 범위 내에서 개인에게 돌아올 긍정적인 결과를 최대화 하는 방법으로 행동하게 된다.[33]

이후 Krasnova는 인간이 소셜네트워킹서비스(SNS)에서 의사결정을 하는데 있어 신뢰하는 믿음(Trusting belief), 프라이버시 위험(Privacy risk) 그리고 이익(Benefits)의 영향을 연구했다. Krasnova에 따르면 프라이버시 위험과 이익은 서로 상충관계이며, 신뢰하는 믿음과 이익이 크면 프라이버시 위험이 있을지라도 소비자는 소셜네트워킹서비스를 이용하게 된다[34].

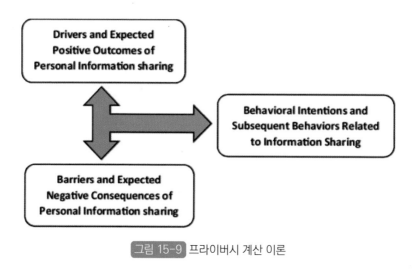

그림 15-9 프라이버시 계산 이론

출처 : Kordzadeh, N., Warren, J., & Seifi, A. (2016).

---

32) Smith, H. J., Dinev, T., & Xu, H. (2011). Information privacy research: an interdisciplinary review. MIS quarterly, 35(4), 989-1016.
33) 김진성, & 김종기. (2017). 개인정보 제공에 대한 인터넷 사용자의 경제적 행동에 관한 연구: Privacy Calculus, CPM 이론을 중심으로. 정보시스템연구, 26(1), 93-123.
34) Krasnova, H., & Veltri, N. F. (2010, January). Privacy calculus on social networking sites: Explorative evidence from Germany and USA. In 2010 43rd Hawaii international conference on system sciences (pp. 1-10). IEEE.

15.8 매체 풍부성 이론(Media Richness Theory)

> Draft & Lengel의 매체 풍부성 이론은 조직의 정보처리 모형(Information processing model)에서 출발한 이론으로, 매체 풍부성이라는 용어를 사용함으로써 의사소통 매체의 특성을 설명하고 있다.

Draft & Lengel의 매체 풍부성 이론은 조직의 정보처리 모형에서 시작한다. 이 모형에서는 조직이 정보처리를 요구하는 데는 크게 두 가지 이유가 있다고 본다.[35] 불확실성(Uncertainty)을 줄이고 애매모호함(Ambiguity)을 감소시키는 것이 그 이유이다. Galbraith에 따르면, 불확실성이란 '조직이 필요한 정보의 양와 가지고 있는 정보의 양과의 차이'를 말한다. 그리고 애매모호함은 '조직의 상황에 대한 해석의 갈등으로 인해 생겨나는 업무의 모호함'을 말한다.[36] 이때 Draft는 이 두 개를 조직이 정보처리를 하게 하는 힘으로 보고 모든 조직은 불확실성을 줄이고 애매모호함을 감소시키기 위해 정보시스템을 사용한다고 보았다.[37]

Draft & Lengel는 '매체 풍부성'이라는 용어를 사용하여 의사소통 매체의 특성을 설명한다. 매체풍부성이란 의사소통 매체가 갖는 능력으로 아래과 같은 4가지 풍부성 기준(Criteria)을 제시했다.[38]

① 서로 다른 준거의 틀을 연결시키는 능력

35) 김영걸, & 오승엽. (2000). 업무특성과 전자결재시스템 활용간의 관계에 대한 탐색적 연구: 매체 풍부성 이론 관점. 경영과학, 17(1), 31-40.
36) Galbraith, J. R. (1974). Organization design: An information processing view. Interfaces, 4(3), 28-36.
37) Daft, R. L., & Lengel, R. H. (1983). Information richness. A new approach to managerial behavior and organization design (No. TR-ONR-DG-02). Texas A and M Univ College Station Coll of Business Administration.
38) Daft, R. L., & Lengel, R. H. (1986). Organizational information requirements, media richness and structural design. Management science, 32(5), 554-571.

② 여러 이슈들의 모호성을 감소시키는 능력

③ 다양한 단서(Cue)들을 전달하고 다양한 감정들을 실어 전달할 수 있는 능력

④ 주어진 시간간격에 학습 기회를 제공하는 능력

Draft & Lengel는 이러한 기준을 가지고 전통적인 의사소통 매체들의 풍부성을 판단하였다. 이때 대면대화(Face-to-Face)가 가장 풍부한 의사소통 매체이며 전자 메일이 가장 풍부성이 낮은 매체라고 주장했다. 〈그림 15-10〉을 통해 매체 풍부성을 확인할 수 있다. 이때 대면대화는 기업들이 가장 많이 이용하는 의사소통 매체이다.[39]

Draft & Lengel은 풍부성이 낮은 매체는 애매모호함을 감소시키는 일에는 부적합하다고 보았다. 또 애매모호함을 감소시키는데 적합한 매체와 많은 양의 자료를 처리하여 불확실성을 줄이는데 적합한 매체는 다르다고 보았다. 개인적이고 감정적인 일이나 사람들 사이의 대면 접촉이 필요한 경우는 풍부성이 높은 매체를 사용하여야 하고, 비개인적이고 규칙에 의하거나 정해진 형식이나 절차대로 일을 진행할 때, 또는 데이터베이스를 이용하고자 할 때는 풍부성이 낮은 매체를 사용해야 한다고 주장하고 있다.[40]

최근에는 전통적인 매체일수록 매체 풍부성의 영향이 크며 상황적인 변수(시간, 장소 등)들이 중요해진다고 본다. 왜냐하면 이런 매체들은 오랫동안 사람들 사이에서 사용되어 왔기에 일반적으로 사용자들이 매체 사용에 쉽게 동의하므로 사회적 영향력이 덜 중요하기 때문이다. 시간이 지날수록 매체에 대한 사회적 개념이 명확해지며, 매체의 특성과 같아지게 된다.[41][42]

---

39) 정인근, 윤종욱, & 서원욱. (1994). 우리나라에서의 집단의사결정의 특성에 관한 탐색적 연구. Asia Pacific Journal of Information Systems, 4(1), 74-114.

40) 김영걸, & 오승엽. (2000). 업무특성과 전자결재시스템 활용간의 관계에 대한 탐색적 연구: 매체 풍부성 이론 관점. 경영과학, 17(1), 31-40.

41) Markus, M. L. (1994). Electronic mail as the medium of managerial choice. Organization science, 5(4), 502-527.

42) Orlikowski, W. J. (1992, December). Learning from notes: Organizational issues in groupware implementation. In Proceedings of the 1992 ACM conference on Computer-supported cooperative work (pp. 362-369).

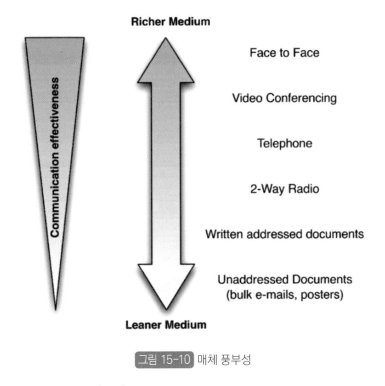

그림 15-10 매체 풍부성

출처 : Za, S., & Braccini, A. M. (2012)

> Eligh Katz의 이용과 충족이론은 사용자는 능동적으로 미디어(Media)에 대해서 평가하고 구매 또는 소비를 결정한다는 이론으로 사용자를 미디어 수용에 있어 수동적이 아닌 능동적으로 바라본다.

Eligh Katz가 제안한 이용과 충족이론은 사용자는 능동적으로 미디어(Media)에 대해서 평가하고 구매 또는 소비를 결정한다는 이론이다. 미디어를 평가하는데 사용자들이 적극적으로 개입한다는 의미로, "미디어가 사람들에게 무엇을 하느냐"라는 기존의 입장에서 탈피하여 "사람이 미디어를 가지고 무엇을 하느냐"라는 이용자의 입장에 개념적 기반을 두고 있다.[43] 즉, 미디어 수용자들은 개인적 특정한 욕구를 충족시키기 위해 미디어의 산물을 능동적으로 소비한다는 이론이다. 이 욕구는 추구충족(기대하는 정도)와 획득충족으로 나뉘며 획득충족은 실제 이용 후 느끼는 만족요인과 불만족요인으로 나뉜다. 〈그림 15-11〉을 통해 추구충족과 획득충족의 기대 가치 모델을 확인할 수 있다.

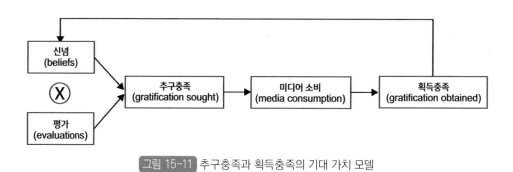

그림 15-11 추구충족과 획득충족의 기대 가치 모델

출처 : Palmgreen, P., & Rayburn, J. D. (1985).

43) 심성욱, & 김운한. (2011). 대학생들의 소셜미디어 이용동기가 소셜미디어 광고 이용의향에 미치는 영향. 한국광고홍보학보, 13(2), 342-376.

이용과 충족이론은 1940년대부터 미디어를 사용함으로써 얻는 충족에 대한 유형을 도출하고 이를 파악하는 연구를 중심으로 시작되었고, 1950년대 Katz 등의 연구자에 의해 이론적 토대가 구축되었다.[44] 이어 1960년대에 Klapper가 이를 이용과 충족이라고 명명하면서 이용과 충족이론이라는 용어로 사용되었다. 이 이론은 많은 학자들에 의해 신문과 방송 등 여러 매체의 사용 행태를 연구하는 유용한 이론적 틀로 쓰였으며,[45] 특히 뉴미디어가 출현할 때 마다 많은 연구자들은 이를 적용시켜 기존과 다른 미디어의 기능을 발굴하고 해당 뉴미디어로부터 수용하고 추구하는 욕구와 기대에 관한 연구를 수행해왔다.[46] 이후, GAN 등에 의해 만들어지는 AI 주도의 창작품에 대해서 소비자들의 소비 현상을 설명하는 이론이 될 수 도 있다.

44) 전유희, & 구철모. (2017). 관광정보 획득을 위한 소셜 큐레이션 기반의 해시태그 활용에 대한 연구: 이용과 충족 이론 및 SNS 피로감을 적용하여. 서비스경영학회지, 18(5), 133-163.

45) Lin, C. A. (1996). Standpoint: Looking back: The contribution of Blumler and Katz's uses of mass communication to communication research.

46) 김유정. (2013). 소셜네트워크서비스 이용에 대한 비교 연구: 싸이월드, 페이스북, 트위터 간의 이용동기와 만족 비교. 언론과학연구, 13(1), 5-32.

15.10 자원기반관점(Resource-Based View)

> 자원기반관점은 기업이 보유하는 자원들을 토대로 기업의 강점과 약점을 파악하여 경쟁사와 차별화된 전략을 수립함으로써, 산업 내에서 경쟁적 우위를 점하기 위해 사용된다.

　자원기반관점은 기업의 내적자원(Internal Resources)을 토대로 기업의 잠재력을 분석하여 그렇지 않은 기업에 대한 경쟁적 우위를 선점할 수 있는 전략을 제시함으로써 동일 산업 내에서 유리한 위치를 선점할 수 있다고 주장한다. 즉, 기업이 가지고 있는 자원들을 토대로 기업의 강점과 약점을 파악하여 경쟁사와 차별된 전략을 수립함으로써, 산업 내에서 경쟁적 우위를 점하기 위해 사용된다. 여기서 자원은 유형자원(Tangible Resource)와 무형자원(Intangible Resource)으로 구분된다.[47] 〈그림 15-12〉를 통해 자원기반관점의 전체적인 구조를 확인할 수 있다. 유형자원은 눈으로 볼 수 있는 자원으로 자금조달 능력, 신용도, 현금의 흐름 등과 같은 재무자원과 생산설비나 기구 등과 같은 물적 자원을 들 수 있다. 반면에 무형자원은 기업의 역사와 오랜 시간에 걸쳐 누적된 문화 등에 바탕을 둔 것으로 지적 자산, 아이디어, 기업의 명성 그리고 소비자, 공급자, 사원들과의 관계 등이 그 예가 될 수 있다.[48] 이러한 관점에서 기업은 시장에서 쉽게 거래될 수 없는 독특한 자원들로 이루어져 있는 자원의 집합체로 정의되며,[49] 자원의 이질성(Heterogeneity)과 비이동성(Immobility)이 전제될 때에 지속적인 경쟁우위를 가질 수 있는 것으로 보았다.[50]

---

47) Hanson, D., Hitt, M. A., Ireland, R. D., & Hoskisson, R. E. (2016). Strategic management: Competitiveness and globalisation. Cengage AU.

48) 장병희, & 이양환. (2010). 자원기준관점 (Resource-based View) 을 적용한 영국, 독일, 일본의 공영방송 지배구조 분석. 언론과학연구, 10(2), 502-543.

49) Penrose, E., & Penrose, E. T. (2009). The Theory of the Growth of the Firm. Oxford university press.

50) Mata, F. J., Fuerst, W. L., & Barney, J. B. (1995). Information technology and sustained competitive advantage: A resource-based analysis. MIS quarterly, 487-505.

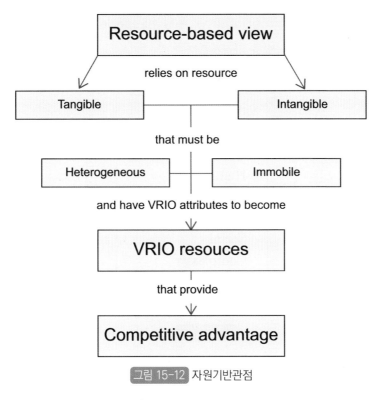

그림 15-12 자원기반관점

출처 : strategicmanagementinsight.com/

한편, 기업이 보유하고 있는 자원이 지속적인 경쟁우위를 가질 수 있도록 하는 속성에 대한 연구도 진행되었는데, 대표적으로 Barney가 제시한 VRIO 분석 프레임워크(Frame-Word)가 있다. VRIO 분석은 경영자원의 특성을 파악하기 위해 가치 있고(Value), 희소하며(Rarity), 모방이 어렵고(Imitability), 조직적인 특성(Organization)과 결합되어 경영자원인지를 평가하는 것이며,[51] 〈그림 15-13〉을 통해 확인할 수 있다. 그리고 Collis & Montgomery는 VRIO 분석에 지속성

---

51) 장익훈, 김지연, & 최영찬. (2013). 자원기반관점 (Resource-Based View) 의 농업경영체분석을 통한 전략적 시사점. 식품유통연구, 30(3), 1-27.

(Durability), 적합성(Appropriability), 우월성(Superiority)에 대한 추가적인 분석을 제안하여 VRIO 분석법을 확장시켰다.

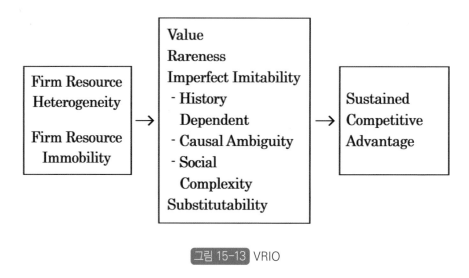

그림 15-13 VRIO

출처 : Netland, T. H., & Aspelund, A. (2013)

16장
AI윤리

16.1 AI윤리 사례

AI의 등장과 함께 인간 윤리와 관련된 기술적, 심리적, 신체적, 사회적, 경제적 문제가 생겨나고 있다. 안전성 문제와 성차별, 인종차별, AI접근성의 차이에 의한 빈부격차 심화 우려, 일자리 문제 등은 그 한 예이다. AI의 윤리 이슈에 대한 감수성과 해결방안에 대한 노력이 필요한 때이다.

배경

전 세계는 인공지능(AI) 기술의 발전을 주목하고 있다. 경제, 금융, 국방, 의료, 사법 및 교육 등 사회 전반에서 인공지능 분야에서 눈에 띄는 발전을 보인다. 그러나 동시에 AI에 포함된 윤리적 가치와 알고리즘이 기본적인 인간 존중 등에 대한 우려가 증가한다. AI의 등장과 함께 시작된 논쟁의 예시들은 다음과 같다.

[사례1] 트롤리 딜레마

구글이 추구하는 자율주행기술은 압도적인 기술이다. 그러나 교통안전에 관해 등장하는 이슈는 '트롤리 딜레마(Trolley Dilemma, Trolley Problem)'

이다. "성인과 어린이를 태우고 가던 자율주행차가 전방에서 보행신호를 무시하고 횡단보도를 건너고 있는 노인들을 발견했을 때, 그대로 직진해서 노인들을 죽게 할 것인지 아니면 방향을 틀어서 노인들을 피하는 대신 차가 장애물을 부딪쳐서 승객 세 명을 죽게 할 것인지"라고 질문한다.

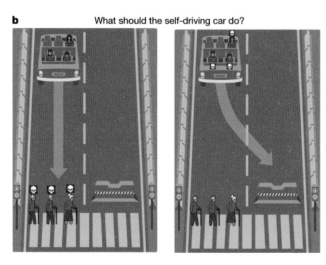

그림 16-1 구글의 트롤리 딜레마. SENIOR PLANET

[사례2] 무기 개발 및 군용 AI의 등장

그림 16-2 AI군사의 등장

출처 : 국민일보

기술 혁신이 가속화되면서 AI가 전쟁과 관련된 활동에 사용될 수 있는지에 관한 논의가 있었다. 구글은 윤리규정에서 군사용도의 AI를 설계하거나 배포하지 않을 것이라는 입장을 밝혔다. 군사용도 AI에는 '인간에게 상해를 입히거나 그것을 촉진하도록 설계된 무기 또는 기타 기술', '국제규범을 위반하는 감시를 위한 정보를 수집하고 사용하는 기술', '국제법과 인권 원칙에 어긋나는 목적의 기술' 등이 포함된다. 규정을 명확하게 위해 AI 애플리케이션의 사용 여부에 '위해의 가능성이 중대한 경우, 이익이 실질적으로 위험보다 중요할 경우 적절한 안전장치를 마련할 것' 등을 추가하였으나, 다른 많은 회사들은 이 규범을 채택하지 않았다.

미국의 빅데이터 기업 팔란티어(Palantir)는 국방, 정보 기관, 국토 안보부 및 법 집행 기관에서 인기있는 제품에 관해 최소 12억 달러의 연방 계약을 체결했다. 주요 응용 프로그램 중 고담(Gotham) 은 하나는 스프레드 시트와 같은 구조화된 데이터와 이미지 등 비정형 데이터를 하나의 중앙 데이터베이스에 가져와 모든 정보를 하나의 작업 영역에서 시각화하고 분석할 수 있다. 목표는 군사 응용 프로그램을 보다 효율적이고 효과적으로 만드는 기술을 사용하고 군사관계자가 현장에서 목표를 달성하도록 돕는 것이다. 여태껏 군사 지도자들은 역량을 업그레이드하고 무기 개발을 위해 최신 기술을 통합해야 할 필요성을 끊임없이 언급해왔다.

미 국방부는 대규모 인공지능 프로젝트를 개선하기 위해 공동 인공지능 센터를 설립했고, 민간 회사 및 대학 연구원과 협력해 미국이 최신 AI 기술을 군사 부문에 활용할 수 있도록 계획하고 있다. 세계가 하이퍼 워(hyperwar)로 발전하고 있기 때문이다. 첨단 기술은 물리적-디지털 방식의 융합에 기반한 빠른 속도로 결합될 것이다. 따라서 적의 공격에 대비할 수 있는 수단을 갖는 것이 중요하다. 많은 군사전문가들은 러시아, 중국, 이란, 북한 등 국가들이 AI 기능을 보유하고 있으며 하이테크 무기 개발에 활용을 제한하지 않는다고 지적했다. 미국 등 한 국가만 개발을 금지할 수는 없는 상황이다. 한편, 미국방위고등연구계획국(DARPA) 'Explainable AI(XAI)'PM 데이비드 거닝(David Gunning)은 '2018 International Explainable AI Symposium'에서 AI가 위협이 될수 있는지 묻는 기자의 질문에 군사기술에 AI를 활용하는 것도 문제지만 중국 등 AI 군사기술 개발을 비공개로 진행 중인 것이 위협으로 다가온다고 설명했다.

[사례3] 법 집행의 불공정성

그림 16-3 AI의 법 집행

출처 : 조선일보

법률가들의 법적 사고 패턴은 ① 문제되는 법적 쟁점을 확정기 → ② 해당 법적 쟁점과 관련된 법령·판례·문헌을 검색하기 → ③ 해당 사례가 기존 판례에 적용 가능한지 여부를 판단(문제된 사례가 검색된 사건들의 집합에 포함되는지 여부)하기라는 단계를 거친다. AI가 위 단계 가운데 쟁점이 주어진 상태에서라면 ② 단계(법령·판례·문헌 검색)는 어느 정도 할 수 있을 것으로 보이나, 판사로서 핵심 쟁점을 찾는 것이 쉽지 않은 상황에서 ① 단계(법적 쟁점 확정)가 가능할지는 상당한 시간을 두고 AI 발전 단계를 지켜볼 필요가 있다. ③ 단계(적용 여부 판단)는 '인간의 고유한 통찰력이 필요한 지적 작업'이기에 AI가 발전해도 이 작업을 컴퓨터가 하기는 어려울 것이다. 이어 설령 법률적인 판단을 수행하는 ③ 단계가 가능하다고 하더라도, 일정한 가치 판단이 개입될 수밖에 없는 ③ 단계 작업을 법적·윤리적 책임을 지지 않는 AI에게 맡기기는 적절하지 않다. 당분간 AI가 판사를 대체하는 일은 어려울 것이라고 전망한다. 비슷한 판례를 검색하는 기계학습기법을 이용해 AI가 판사처럼 결론을 내릴 수 있지만, 최종판단은 사람의 몫이라는 것이다. 기계는 책임, 도덕적 문제, 법률적 문제 등을 고려하지 못한다. 따라서 전적으로 AI에 판결을 맡기는 것은 불가능하다. 인간은 정량화를 하지 않고 결정, 판단을 할 수 있지만 인공지능은 수치로 표현하는데, 그 수치가 오류가 날 수도 있고, 그 안에 도덕적이고 감정적인 가치 판단이 이루어졌는지 그 신뢰에 관한 문제가 있다.

인공지능 판사의 문제를 논하기 위해 알아야 할 가장 중요한 개념은 '지도학습(Supervised Learning)'이다. 지도학습은 데이터로부터 패턴을 찾아내는 작업이다. 중요한 것은 '데이터의 질' 또는 '품질 좋은 데이터'인데, 마이크로소프트사의 채팅 로봇 '테이'나 IBM사의 AI가 자체 학습 기능을 통해 욕설과 성차별적 발언을 한 사례가 있었던 것에 비춰볼 때 유념할 만한 지적이다. 또한 바이다미국의 비영리 탐사보도 매체인 '프로퍼블리카'는 범죄자의 가석방, 보석금, 형량 등을 결정할 때 범죄자의 재범 가능성을 알려주는 '콤파스'라는 프로그램의 판단 결과를 분석했다. 콤파스는 미국 일부 주들이 활용하는 프로그램이다. 프로퍼블리카는 콤파스가 플로리다에서 체포된 범죄자 1만명을 대상으로 재범 가능성을 예측한 결과, 흑인을 백인보다 2배나 억울하게 재범 대상으로 예측했다고 보도했다. AI의 잘못된 활용은 차별이나 편향성을 확대할 수 있다는 의미다. 인종·성·사회 이슈에 따라 입력되는 데이터 자체에 편견이 내재돼 있을 경우 AI도 편견을 가질 수 있다. 특정 기업의 지원을 받아 제작된 AI 프로그램이 특정 판결에 부적절한 영향을 미칠 여지도 있다. 또한 AI 판사가 서류작업 외에도 재판을 진행하고 각종 심문을 하기 위해서는 인간과 흡사한 로봇의 개발이 필요하고, 여기에 커뮤니케이션을 위한 시스템 등이 해결돼야 하는데 현재 단계로는 비현실적인 구상으로 보인다.

[사례4] 대화형 챗봇

그림 16-4   대화 챗봇의 등장

출처 : 게티이미지뱅크

 챗봇이 일상생활의 일부가 되어가면서, 데이터 프라이버시 권리가 침해되는지 살펴볼 필요가 있다. 소비자로서 우리는 수많은 온라인 서비스를 이용하면서 챗봇과 상호작용하고 있지만, 얼마나 많은 이가 사람인지 아니면 챗봇인지 인지하지 않으며, 실제 그 차이를 인식하지 못할 수도 있다. 챗봇에 가까운 미래에 얼마나 광범위하게 이용될 지에 대한 의견이 분분하다. 그러나 우리가 혁명의 중간에 있다는 것은 사실이다. 기업들이 인간보다 인공지능을 탑재한 봇을 선호하는 데는 많은 이유가 있다. 이들은 많은 훈련 시간이 소요되지 않으며, 24시간 내내 소비자들을 응대할 수 있다. 소비자들의 경우 사람보다 챗봇을 이용하는 것에 대해 점차 선호도가 높아져가고 있다. Gartner社에 따르면 봇을 이용할 경우 소비자 만족도가 33% 올라가고, 콜이나 챗 또는 이메일 질의가 70% 감소하는 것으로 나타났다.

메도우스는 한 언론과의 인터뷰에서 우리는 잠재적인 문제에 직면하고 있다고 말했다. 즉, 인공지능은 사람들이 인공지능 시스템에 대해 알고 있는 지식보다 더 많은 지식을 축적하고 분석할 수 있기 때문에 윤리적인 문제를 안고 있을 수밖에 없다고 말했다. 수집되는 이용자 정보는 인공지능의 훈련에 사용되며, 이용자 정보 수집이 동의에 의해서 이루어지는 것만은 아니다. 스테픈 소렐은 인공지능 챗봇에게 자신의 재정 상태에 대한 우려사항을 논의했던 이용자에게 단기 대부업체가 서비스를 제공하는 사례를 제시했다. 소렐은 대부분의 소비자들이 이처럼 민감한 이슈에 대한 유출이 발생할 것이라는 기본적인 프라이버시 보호 이슈에 대해 고려할 것이라고 말했다. 그러나 이용자가 정보공유에 대한 명시적인 동의를 제공할 경우 이는 변화할 것이라고 설명했다. 영국의 개인정보감독기구인 ICO(Information Commissioner's Office)는 이에 동의했다. 개인정보가 어디에서 처리되건 데이터 보호법률이 적용된다고 말했다. 조직은 개인정보를 공정하고 합법적으로, 그리고 투명하게 처리해야 하며 이는 어떠한 기술이 사용되건 불변하는 원칙이라고 말했다. 중요한 것은 개인이 정보처리에 대해 적절히 정보를 제공받고, 그들의 권리를 어떻게 행사하는지 확실히 인식하도록 하는 것이라고 설명했다. 인공지능 개발의 경우에도 디자인 초기단계부터 개인정보 보호를 고려하도록 하는 정책을 지속적으로 시행해야 한다고 지적했다. 특정 기술의 경우 조직은 디자인 단계에서의 개인정보보호를 고려하도록 해야 하고, 필요한 경우 개인정보 영향평가(DPIA, Data Protection Impact Assessment)를 수행해야 한다고 지적했다. 이를 통해 조직은 정보의 처리가 기본적인 개인정보보호 원칙에 부응하도록 조치할 수 있다고 ICO는 덧붙였다. 챗봇에 대한 투자가 증가하고, 이를 활용한 서비스가 많아지면서, 그 뒤에 있는 인공지능이 우리 자신도 모르는 우리들에 대한 많은 정보를 수집할 것으로 보인다.

[사례5] 정부의 감시

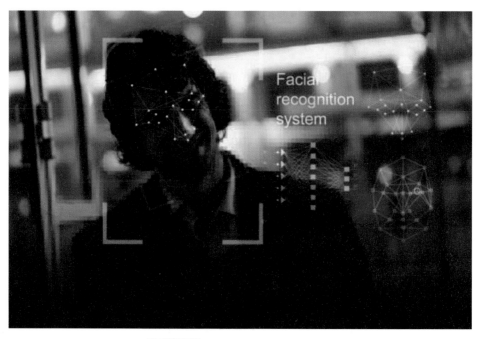

그림 16-5 페이셜탐지에 관한 정부감시

출처 : AI타임스

최근 몇 년 동안 많은 나라들이 권위주의에 대한 열망을 드러냈다. 정부의 감시는
많은 국가의 도전 과제다. 인터넷을 통제하고 반체제 정치인, 언론인, NGO, 판사를
제한했다. 이처럼 사람들을 감시하거나 투옥하기위한 정부의 기술 사용에 대한 우려
가 커지고 있다. 그 결과 일부 회사는 정부 기관에 기술 판매를 거부했다. 이미지 인
식 AI 회사 어팩티바(Affectiva) CEO 라다 엘 말리우비(Rana el Kaliouby)는 우
리는 사람들을 감시하는 애플리케이션에는 관심이 없다는 입장을 드러냈다. 여기에
는 보안 기관, 공항 당국과 거짓말 탐지 계약이 포함된다. 또한 마이크로소프트의 브
레드 스미스(Brad Smith)는 프라이버시와 표현의 자유와 같은 근본적인 인권 보호
의 핵심으로 떠오르는 문제를 제기한다며 전문가위원회에 의해 처음으로 마련한 얼
굴 인식 기술의 정부 주도 사용 규제를 지지했다. 그러나 다른 입장을 보인 회사들도

있다. 일부 직원은 반대하지만 아마존은 경찰과 다른 종류의 정부 부처에 인식 인식 소프트웨어를 판매한다. 정부 당국은 최신 기술을 이용할 수 있어야한다는 견해를 가지고 있다. 그러나 이 회사는 "서비스가 악용되고 있다고 판단될 시 서비스를 사용 권리를 정지할 것"이라고 발표했다. 중국에서는 인구를 추적하기 위해 비디오 카메라 및 인공지능과 결합된 안면 인식의 사용이 증가하고 있다. 중국은 굉장한 규모의 감시가 가능한 2억 대의 비디오 카메라를 설치한 것으로 추정되며, 개인 식별 정보와 이미지를 일치시키는 인공지능 분석과 결합하면 심층적 인구 통제 능력이 엄청나다. 브루킹스(Brookings) 학자 윌리엄 갤스턴(William Galston)은 안면 인식 소프트웨어의 윤리 분석에서 '익명성에 대한 합리적인 기대'를 지적했다. 그는 정부 당국은 그렇게 할 수 없다는 가정을 무시할만큼 정당한 이유가 없다면 그러한 기술을 배치해서는 안된다며 이 과정은 충분히 법률에 의해 규제되어야 하고(활용 절차는) 수색 영장과 동등해야 한다"고 말했다. 그는 명백한 법적 기준을 지키는 것이 기술 남용을 막기 위해 중요하다고 강조한다.

[사례 6] 인종 차별

얼굴 인식 소프트웨어에는 인종적 편견에 대한 상당한 증거가 있다. 일부 시스템은 흑인 여성의 경우 35%, 흑인 남성은 12%를 오인했다. 이는 백인의 비율보다 훨씬 높은데, 대부분의 시스템은 사람의 얼굴을 데이터베이스의 이미지 범위와 비교해 작동한다. '알고리즘 정의 리그(Algorithmic Justice League)' 조이 부올람위니(Joy Buolamwini)는 "얼굴 인식 데이터가 주로 백인 얼굴을 포함한다면, 프로그램은 백인을 인식하는 것을 배우게 된다"고 지적한다. 데이터베이스가 다양한 데이터에 액세스 할 수 있는 경우가 아니면 아프리카계 미국인 또는 아시아계 미국인의 특징을 인식하는데 성능이 떨어지는 이유다. 많은 역사적인 데이터 세트는 현재 시스템에서 원하는 기본 설정을 나타낼 수도 있고 그렇지 않을 수도 있는 전통적인 값을 반영한다. 누가 보험에 가입했는지, 대출 채무 불이행 가능성 또는 누군가의 재범 가능성, 입학 결정 등과 같은 중대한 결정을 위한 자동화와 알고리즘에 대한 의존도 증가는 기술의 편파성이 해결되어야 할 필요가 있음을 의미한다. 과거의 구조적 불평등을 다가오는 미래에 되풀이할 수 없는 노릇이다. AI 개발자가 훈련을 목적으로 대용량 데이터 세트에 액세스 할 수 있도록 데이터 개방성을 높이는 것이 중요한 해결책 중 하나다. 특정 패턴을 인식하고 합리적인 결정을 내리는 방법에 대해 AI 시스템에 적절하게 지시하기 위해서는 편견 없는 정보가 필요하기 때문이다. 정부는 정보에 대한 접근성을 늘림으로써 도움을 줄 수 있다. 정부는 가장 큰 데이터웨어하우스를 가지고 있으며, 이 정보는 AI 교육 및 과거 문제 극복에 탁월한 해결책의 발판이 될 수 있다. 부정확한 사회통제 시스템은 범죄를 저지르지 않은 무고한 피고인들에게 무죄 입증 책임을 전가시킬 수 있다. 또한 범죄와 같은 영역에서 부정확으로 인해 투옥률이 높아질 수 있으므로 안면 인식 소프트웨어의 최소한의 정확성 기준을 적용해야 한다.

[사례 7] 사회 통제 시스템의 불투명성

그림 16-6 중국의 사회 신용 시스템의 사용

출처 : AI타임스

중국은 일상 생활에서 사회 신용 시스템의 사용을 확대하고 있다. 사람들의 소셜 미디어 활동, 개인적인 법 위반 및 세금 납부에 대한 데이터를 수집하고 신용도, 여행, 학교 입학, 공직에 대한 사람들의 평가를 실시한다. 높은 점수를 받은 사람들에게는 특별 할인과 특권이 주어진다. 그렇지 못한 사람들은 여행을 금지하거나, 선호하는 학교에 등록을 거부하거나, 정부 고용을 제한할 수 있다. 이러한 시스템의 큰 문제점은 불투명성이다. 어떤 요인이 누군가의 점수에 영향을 미치는지 명확하지 않으며 점수가 낮은 사람들은 이유를 모른 채 배제될 수 있다. 또한 그러한 시스템은 사회 경제적 배경, 인종, 교육 수준에 따라 불균형을 증가시킬 수 있다. 권위주의 정권은 인구 통제에 AI를 악용할 수 있다. 해당 주제를 둘러싼 윤리적 문제를 해결하는 것은 쉽지 않다. 그들 각각은 중요한 윤리적, 법적 및 정치적 관심을 불러 일으키므로 쉽게 해결할 수 없다. 그러나 이러한 윤리적 딜레마 중 일부는 조직적이고 절차적인 메커니즘 등 명확한 프로세스와 심의 방법을 통해 특정 문제를 해결할 수 있다는 의견이 있기도 하다.

16.2 AI윤리 해결과 전망

AI윤리에 관한 대책은 기업과 정부차원으로 나누어 진다. 먼저, 기업 차원에서 보면 윌리엄 갤스턴 (William Galston)이 "기업 차원의 개선이 부족하다 판단될 시 마땅한 안전 장치를 시행하기 위한 법률이 필요할 수도 있다."와 같이 제안한 것처럼, 이러한 개선이 부적절하다고 판단되면 적절한 안전장치를 시행하기 위한 법률이 필요할 수도 있다. 인종 편견 및 차별의 영역에서 보호를 개선하는 것이 특히 중요하다. 또한 전쟁을 위한 기술 개발을 어느 범위까지 허용할 것인지 결정하는 것도 중요하다.

AI윤리원칙과 주요내용

사람중심 서비스	인간 존엄성 보호하는 방향의 지능정보서비스 제공 및 이용
투명성과 설명가능성	이용자에 지능정보서비스가 중대한 영향 미칠 때 이행가능한 정보 작성
책임성	관련 법령과 계약 준수
안전성	안전하고 신뢰 가능한 지능정보서비스 개발과 이용을 위해 모두가 노력
차별금지	알고리즘 개발과 사용의 모든 단계서 차별적 요소 최소화
참여	공적주체, 제공자와 이용자가 의견 제시할 수 있는 정기적인 통로 조성
프라이버시와 데이터거버넌스	지능정보서비스 전 과정서 개인정보 및 프라이버시 보호

그림 16-7 기본 AI윤리원칙과 내용

출처 : 파이낸셜뉴스

기업 차원에서 AI 윤리를 검토하기 위한 6가지 단계는 다음과 같다.
① 기업 의사 결정자 및 소프트웨어 개발자와 협력하는 윤리 전문가 고용
② 다양한 문제 처리 방법에 관한 AI 윤리 강령 개발
③ 기업의 윤리적 질문에 정기적으로 답변하는 인공지능 검토 보드 마련
④ 코딩진행 중 의사 결정 과정을 보여주는 AI감사 추적기법 개발

⑤ 일상 업무 시 직원이 윤리적 고려 사항을 참고할 수 있는 AI 교육 프로그램 구현

⑥ 인공지능 솔루션이 사람이나 조직에 피해를 줄 시의 복구 방법 제공.

○ 윤리 전문가 고용

기업이 윤리 전문가를 존중, AI 개발 및 적용 과정에서 윤리를 생각하는 데 도움을 주는 것이 중요하다. 이들에게 직책이 주어지면 윤리 문제가 심각하게 받아들여지고 윤리적 딜레마가 발생할 때 적절한 검토가 이루어지며 정기적으로 일을 추진할 수 있다. 또한 AI 윤리 문화를 창출하고 조직 내에서 기업의 사회적 책임 등 기업 리더십을 지원할 수 있다. 이 윤리 전문가들은 연례 보고서를 작성, 전년도에 제기한 문제와 그 의사 결정의 윤리적 측면을 어떻게 해결했는지에 대한 개요를 회사위원회에 제출해야 한다.

○ AI 윤리 강령

기업은 AI 개발의 윤리적 측면을 다루는 원칙, 프로세스 및 방법을 설명하는 공식 윤리 강령을 가지고 있어야 한다. 이 코드는 회사의 웹 사이트에 공개, 이해 관계자와 외부 당사자가 회사가 윤리적 문제와 신흥 기술을 다루는 데 있어 지도자가 한 선택에 대해 어떻게 생각하는지 볼 수 있어야 한다.

○ AI 검토위원회 설립

기업은 제품 라인을 평가하고 회사 의사 결정에 통합된 내부 AI 검토를 의무화해야 한다. 이 이사회는 회사 이해 관계자의 대표적인 의견을 포함하고 AI 관련 결정에 대한 자문을 구해야 한다. 포트폴리오에는 특정 제품 라인의 개발, 정부 계약 조달 및 AI 제품 개발에 사용되는 절차가 필수적으로 포함되어야 한다.

○ AI 감사 추적

특정 알고리즘이 결합된 방식이나 개발 프로세스 중에 어떤 선택이 이루어 졌는지를 설명하는 AI 감사 추적 기능을 갖추고 있어야 한다. 이것은 외부 당사자에게 어느

정도의 "사실상"의 투명성과 설명 가능성을 제공할 수 있다. 그러한 도구는 특히 소송 사건으로 끝나고 소비자 피해의 경우 판사 또는 배심원에게 설명될 필요가 있는 경우에 적절하다. 제조물책임법은 AI 유해성 판정에 지배적인 영향력을 부여할 것이다. 외부의 투명성과 설명 능력을 모두 제공하는 감사 추적이 필요하다.

○ AI 교육 프로그램

기업은 개발의 기술적 측면뿐만 아니라 윤리적, 법적 또는 사회적 파급 효과를 다루는 AI 교육 프로그램을 보유해야 한다. 이는 소프트웨어 개발자가 단순히 자신의 개인적 가치에 따라 행동하는 것이 아니라 AI 개발에 대한 이해도 있는 더 넓은 사회의 일부임을 이해하는 데 도움이 된다. AI는 기존 인간의 가치를 위해할 수 있는 잠재력을 가지고 있기때문에 AI에 대해 깊은 고찰을 사람들에게 교육시키는 것이 중요하다.

○ AI 상해 회복 방안

인공지능으로 인해 소비자 피해가 발생하거나 상해를 입는 경우 그 방안이 있어야 한다. 이는 합법적인 경우, 중재 또는 기타 협상 절차를 통해 발생할 수 있다. 이것은 AI에 의해 해를 입은 사람들이 문제를 해결하고 상황을 바로잡는 것을 도움이 된다. 재해가 발생하거나 신기술의 예기치 않은 결과가 발생할 때 명확한 절차를 마련하여 대비한다.

다음은 정부 차원의 대책이다.

알고리즘의 조작가능성, 의사결정의 편향성 등의 부작용은 AI의 신뢰성 문제와 직결되는 문제로서 중대한 현안으로 다루어져야 할 과제이다. 주요국 정부 및 국제기구는 AI의 안전성과 일자리 대체, 법적 책임, 인간 고유성 담보 등 윤리적 문제에 대응하기 위한 사회시스템 및 규범 마련에 적극적이어야 한다.

기술적 측면

  인공지능 윤리에서 제기되는 원칙이나 가이드라인을 준수하기 위해서는 그와 관련한 기술적 뒷받침이 필수적이다. 예를 들어, 인공지능의 의사결정에 대해 이용자에게 설명 요구권을 부여해야 한다고 제안되고 있으나, 딥러닝 방식의 인공지능 기술은 알고리즘 작동 과정에서의 설명을 기술적으로 완벽히 재현하는 것은 현재의 기술 수준에서는 쉽지 않다. 다시 말해, 현 기술 수준에 대한 고려 없이 윤리 규범으로 규율할 경우, 규율 자체가 현실성이 없거나 설명 가능성이 없음을 이유로 딥러닝과 같은 최신 기술의 사용을 제한하는 문제를 야기할 수 있다. 정부는 혁신성장 프로젝트를 통해 2017년에서 2021년까지 '의사결정 이유를 설명할 수 있는 인간 수준의 학습 추론 프레임워크(XAI)' 연구 과제를 추진 중에 있다. 이러한 설명가능한(Explainable) AI에 관한 연구는 크게 ① 기존 알고리즘을 설명 가능하도록 수정하는 방향과 ② 설명 가능한 완전히 새로운 모델을 개발하는 방향으로 추진되고 있다. 다만, 현 시점에서 딥러닝처럼 정확성 높은 복잡한 모델은 추론 및 결과에 대한 입증에 한계가 존재하기 때문에 고성능의 학습 과정에서 이러한 설명가능성이 완전히 실현되기까지는 지속적인 연구개발이 필요하다. 알고리즘 설계 단계에서의 접근뿐만 아니라 훈련데이터 자체에서 차별적인 패턴이 있는지를 검토한다거나 차별적인 데이터 세트에서 비차별적 알고리즘 개발 등 데이터 자체를 검증하는 방법론적 연구가 병행될 필요가 있다. 이 외에도 인공지능의 안전성 확보를 위해 비예측적, 비의도적 행위의 발생가능성을 낮추는 시스템 설계, 고도화된 AI시스템을 쉽게 이해하고 작동시키는 디버깅 툴 및 테스트 환경 개발, '고장모드' 작동 시 적용 회피방법, AI시스템 작동여부 확인방법, 오작동 시 시스템 정지·수정 방법 등의 기술도 필요할 것으로, 정부도 원천기술 측면에서의 기술개발 연구를 지속 추진해 나갈 것이다.

제도적 측면

인공지능의 자율적 추론과 판단에 대한 법적, 제도적 틀에서의 준비도 필요하다. 최근 국내외에서 인공지능의 활용에 따른 법적 관계나 책임 귀속의 문제 등이 활발히 다루어지고 있다. 이를 통해 인공지능의 사회적 수용 과정에서 발생하는 다양한 양상과 양태를 이해하고 파악하는 것을 토대로 점진적인 대응책을 마련해 나갈 필요가 있다.

즉 인공지능의 발전을 경제적 요소의 관점에서만 바라볼 것이 아니라 위험의 적절한 배분과 책임 귀속 주체의 명확화와 같은 규범적 관점에서의 제도화가 수반되어야 한다.

향후에는 더 많은 인공지능 서비스가 나타날 것인데 생명에 영향을 미치는 것인지, 재산적 가치에 막대한 영향을 주는 것인지, 기업에 효율성 제고 수준인 것인지 등에 따라 최소한의 규율 수준을 더 세분화할 필요가 있으며, 이는 구체적인 서비스 모델을 두고 계속적으로 연구해 나갈 필요가 있다.

의미와 전망

개인은 기업이 불공평함, 편견, 책임 회피, 부적절한 개인 정보 보호 및 투명성 부족으로부터 보호하기 위해 의미 있는 조치를 취하기를 원한다. 이러한 조치가 실패하면 법안 제정도 필요할 것이다. 이러한 단계에 대한 높은 지지는 사람들이 인공지능 및 신기술로 인한 윤리적 위험성과 기술 기반 조직의 중요한 행동에 대한 필요성을 이해하고 있음을 나타낸다.

2018년에는 국제 앰네스티, 액세스 나우(Access Now) 등이 주관한 '토론토 선언'이 뒤따랐다. 선언은 기계학습에 중점을 두고 국가들과 사적 행위자는 사람들이 자신의 인권을 더 쉽게 행사하고 즐기도록 돕기 위해 이러한 기술의 개발과 사용을 장려해야 한다는 기본 원칙을 마련했다. 열거한 권리 중에는 "다양성과 형평성을 증진하고 평등을 보호한다"는 원칙을 포함했다. 이러한 목적을 위해 서명 단체들은 개발자들에게 위험을 식별하고 투명성을 보장하며 감독을 강화하고 사적인 행위를 제재한다. 구글은 '책임 있는 AI 개발(responsible development of AI)' 문서를 발표했다. AI는 사회적으로 유익해야 하고, 불공정한 편견을 강화하지 않아야 하며, 안전성 테스트, 사람에 대한 책임성, 프라이버시 디자인을 포함해야 한다. 또한, 높은 수준의 과학적 탁월성은 이러한 원칙에 부합하는 용도로 사용할 수 있어야 한다. 한편 마이크로소프트는 '계산된 미래(the future computed)'에 관한 광범위한 보고서를 발표했다. AI에 대한 기회, 즉 AI의 책임 있는 사용 원칙, 정책 및 법률의 필요성을 제시하고 미래의 일자리 및 업무에 대한 잠재적 파급효과에 주목했다. 여러 기업이 인류와 사회에 이익을 주기 위해 인공지능 파트너십을 형성하기 위해 함께 했다. 여기에는 Google, Microsoft, Amazon, Facebook, Apple 및 IBM이 참여했다. 이들은 '윤리, 공정성 및 포괄성' 증진을 목표로 인공지능 개발을 안내하는 산업 모범 사례를 개발하고자 한다. 투명성, 개인 정보 보호 및 상호 운용성 사람과 인공지능 시스템 간의 협력, 신뢰성과 견고함을 추구한다.

AI in BUSINESS

참고문헌
REFERENCE

2장 ──

▶ Amelia Lucas. (2019). if A.I. tech can help improve customer service.
https://www.cnbc.com/2019/10/16/outback-steakhouse-is-testing-ai-to-help-improve-customer-service.html

▶ Dan Berthiaume. (2019). Outback Steakhouse minds the store with computer vision.
https://chainstoreage.com/outback-steakhouse-minds-store-computer-vision

▶ Presto. (2019). Presto Launches Computer Vision Product for Real-Time Restaurant Operation Insight.
https://presto.com/2019/10/16/presto-launches-computer-vision-product-for-real-time-restaurant-operations-insights-2/

▶ 김영하. (2019). AI 탑재 CCTV로 운영되는 레스토랑...장단점은?.
http://www.aitimes.com/news/articleView.html?idxno=120758

▶ 조성준. (2018). 고객이 불편 경험하기 전에 선제적으로 대응해야.
http://economy.chosun.com/client/news/view.php?boardName=C24&page=21&t_num=12925

▶ 민소연, 이종희. (2017). 대형 유통매장의 고객을 위한 IoT기반 드라이브 스루 서비스 시스템 설계. 한국산학기술학회논문지, 18, 151-157.

▶ Sarah Ely. (2019). Mastercard and ZIVELO Leverage Artificial Intelligence to Revamp the Ordering Experience at Quick Service Restaurants.
https://newsroom.mastercard.com/press-releases/mastercard-and-zivelo-leverage-artificial-intelligence-to-revamp-the-ordering-experience-at-quick-service-restaurants/

▶ Liza B. Zimmerman. (2019). Mastercard And Zivelo Launch Artificial Intelligence-Fueled Food Ordering System.
https://www.forbes.com/sites/lizazimmerman/2019/05/24/mastercard-and-zivelo-launch-artificial-intelligence-fueled-food-ordering-system/#451b40d41608

▶ CIO korea. (2019). AI 기반의 자동화와 초개인화… 마스터카드가 꿈꾸는 '결제 혁명'.

http://www.ciokorea.com/news/124148

▶ Drug Store News. (2019). Oral-B launches Genius X, artificial intelligence toothbrush.
https://drugstorenews.com/oral-b-launches-genius-x-artificial-intelligence-toothbrush

▶ Shruti Shekar. (2019). Oral-B Genius X with AI is the Lamborghini of electric toothbrushes.
https://mobilesyrup.com/2019/12/13/oral-b-genius-x-review-electric-tooth-brush/

▶ Ashley Keegan. (2020). Oral-B Unveils New iO Electric Toothbrush, a CES 2020 Innovation Award Honoree.
https://www.askmen.com/news/tech/oral-b-unveils-new-io-electric-toothbrush-a-ces-2020-innovation-award-honoree.html

▶ Joe Rossignol. (2020). CES 2020 : Oral-B and Colgate Unveil New iPhone-Connected Smart Toothbrushes.
https://www.macrumors.com/2020/01/06/oralb-io-colgate-plaqless-pro-ces-2020/

▶ Kimberley Mok. (2019). How AI Will Help Us Find New, Innovative Flavors of the Future.
https://thenewstack.io/how-ai-will-help-us-find-new-innovative-flavors-of-the-future/

▶ Robin Lougee. (2019). Using AI to Develop New Flavor Experiences.
https://www.ibm.com/blogs/research/2019/02/ai-new-flavor-experiences/

▶ Rob Lever. (2019). Kitchen disruption : Better food through artificial intelligence.
https://www.thejakartapost.com/life/2019/07/21/kitchen-disruption-better-food-through-artificial-intelligence.htm

▶ CEB Detroit. (2019). Artificial Intelligence Can Now Make a Pizza.
https://detroit.cbslocal.com/2019/07/01/artificial-intelligence-can-now-make-a-pizza/

▶ Kristin Houser. (2019). MIT'S NEW AI CAN LOOK AT A PIZZA, AND TELL YOU HOW TO MAKE IT.
https://futurism.com/the-byte/mit-pizza-ai

▶ Jon Fingas. (2019). MIT is turning AI into a pizza chef.
https://www.engadget.com/2019/06/19/pizza-making-ai-mit/

▶ Papadopoulos, D. P., Tamaazousti, Y., Ofli, F., Weber, I., & Torralba, A. (2019).
How to make a pizza: Learning a compositional layer-based GAN model.
In Proceedings of the IEEE Conference on Computer Vision and Pattern
Recognition (pp. 8002-8011).

▶ Bernard Marr. (2019). Artificial Intelligence Can Now Create Perfumes, Even
Without A Sense Of Smell.
https://www.forbes.com/sites/bernardmarr/2019/07/29/artificial-intelligence-can-
now-create-perfumes-even-without-a-sense-of-smell/#48ccb8586e62

▶ IBM Research Editorial Staff. (2018). Bringing Art and Science Together.
https://www.ibm.com/blogs/research/2018/10/ai-fragrances/

▶ Bernard Marr. (2019). Artificial Intelligence Can now Create Perfumes, Even
Without A Sense Of Smell.
https://www.forbes.com/sites/bernardmarr/2019/07/29/artificial-intelligence-can-
now-create-perfumes-even-without-a-sense-of-smell/#48ccb8586e62

▶ Isobel Asher Hamilton. (2019). These fashion models were created using AI, but
they look spookily life-like.
https://www.businessinsider.com/datagrid-ai-created-spookily-life-like-fashion-
models-2019-5

▶ Abhimanyu Ghoshal. (2019). This AI generates ultra-realistic fashion models
from head to toe.
https://thenextweb.com/artificial-intelligence/2019/05/01/this-ai-generates-ultra-
realistic-fashion-models-from-head-to-toe/

▶ Wilkinson. (2019). Fully AI generated Models By DataGrid.
https://www.visualatelier8.com/fashion/fully-ai-generated-models-by-datagrid

▶ Vardaan. (2019). AI to Steal Fashion Model Jobs?, New AI Able to Generate
Entire Bodies of People Who Don't Exist.
https://www.indianweb2.com/2019/05/05/ai-to-steal-fashion-model-jobs-new-ai-
able-to-generate-entire-bodies-of-people-who-dont-exist/

▶ 이신형, & 김샛별. (2019). 인플루언서 마케팅의 부메랑 효과: 인플루언서 유형
과 사회적 거리의 상호작용이 부정적 구전 의도에 미치는 영향. 대한경영학회지,
32(11), 2005-2028.

▶ Wiedmann, K. P., Hennigs, N., & Langner, S. (2010). Spreading the word of fashion: Identifying social influencers in fashion marketing. Journal of Global Fashion Marketing, 1(3), 142-153.

▶ Eleanor Dowling Semeraro. (2019). Is A.I The Next Step For Influencer Marketing? Meet Lil Miquela.
https://www.tubefilter.com/2019/10/15/ai-next-step-influencer-marketing-lil-miquela/

▶ Julia Alexander. (2019). Virtual creators aren't AI - but AI is coming for them.
https://www.theverge.com/2019/1/30/18200509/ai-virtual-creators-lil-miquela-instagram-artificial-intelligence

▶ Jason Dike. (2018). Here's How to Create Your Own Virtual Influencer.
https://hypebeast.com/2018/5/lil-miquela-cgi-influencer-design-process

▶ Kyle Wiggers. (2019). Saleforce launches new Einstein email capabilities for Marketing Cloud.
https://venturebeat.com/2019/10/24/salesforce-launches-new-einstein-email-capabilities-for-marketing-cloud/

▶ Jennifer Cannon. (2019). Saleforce Marketing Cloud brings Einstein AI capabilities to email marketers.
https://marketingland.com/salesforce-marketing-cloud-brings-einstein-ai-capabilities-to-email-marketers-262629

▶ Brian Anderson. (2019). Salesforce Launches 4 Einstein AI Engagement, Tagging Tools For Marketing Cloud.
https://www.demandgenreport.com/features/news-briefs/salesforce-launches-4-einstein-ai-engagement-tagging-tools-for-marketing-cloud

▶ Jennifer Cannon. (2019). Salesforce adds AI, interactive components to its email platform.
https://martechtoday.com/salesforce-adds-ai-interactive-components-to-its-email-platform-236446

▶ Tnooz & Boxever. (2015). A brief History of Personailzation : Past, Present, Future.
https://cdn2.hubspot.net/hubfs/328080/Reports%20and%20ebooks%20/Boxever-Tnooz-History_of_Personalization_June_2015_1.pdf

▶ Salesforce. (2019). Einstein Engagement Frequency.

https://help.salesforce.com/articleView?id=mc_anb_eef.htm&type=5

▶ Salesforce. (2019). Einstein Send Time Optimization.
https://help.salesforce.com/articleView?id=mc_anb_einstein_sto_app.htm&type=5

▶ Salesforce. (2019). Einstein Content Tagging.
https://help.salesforce.com/articleView?id=mc_ceb_einstein_content_tagging.htm&type=5

▶ Kyle Orland. (2019). Steam uses machine learning for its new game recommendation engine.
https://arstechnica.com/gaming/2019/07/steam-turns-to-ai-to-help-users-find-gems-amid-thousands-of-games/

▶ Adi Robertson. (2019). Steam's new Interactive Recommender is built for finding 'hidden games'.
https://www.theverge.com/2019/7/11/20690231/valve-steam-!abs-interactive-recommender-game-recommendation-machine-learning-tool

3장

▶ Eline Chivot. (2019). 5 Q's for Pinar Yanardag and Emily Salvador, co-founders of GLITCH
https://www.datainnovation.org/2019/07/5-qs-for-pinar-yanardag-and-emily-salvador-co-founders-of-glitch/

▶ Machine Learning Mastery. (2019). A Gentle Introduction to CycleGAN for Image Translation.
https://machinelearningmastery.com/what-is-cyclegan/

▶ Angela Chen. (2018). How AI is helping us discover materials faster than ever.
https://www.theverge.com/2018/4/25/17275270/artificial-intelligence-materials-science-computation

▶ 김성중. 폐기물 소각기술의 변천과정 및 신기술 동향.
http://www3.konetic.or.kr/include/EUN_download.asp?str=WEBZINE.dbo.TBL_REPORT&str2=249&str3=view

▶ Hitachi Zosen Corporation. (2016). Clean Authority of Tokyo and Hitachi Zosen Partner in Big Data Analytics for Development of Optimal Operation

Control System for Suginami Incineration Plant.
https://www.hitachizosen.co.jp/english/release/2016/10/002353.html

▶ Hitachi Zosen Corporation. (2017). Hitachi Zosen Completes Construction of Suginami Incineration Plant for Clean Authority of Tokyo--Set to Undertake Big Data Analytics for Technology Development.
https://www.hitachizosen.co.jp/english/release/2017/10/002884.html

4장

▶ 김형식. (2019). AI OCIO 플랫폼.
https://brunch.co.kr/@qraft/4

▶ QRAFT. (2019).
https://www.qraftec.com/

▶ 매일경제. (2019). AI와 하나된 금융...핀테크가 세상을 바꾼다
https://www.mk.co.kr/news/special-edition/view/2019/08/665650/

▶ 매일경제. (2019). AI로 '착한 기업' 선별하는 지속가능발전소.
https://www.mk.co.kr/news/it/view/2019/09/722039/

▶ beSUCCESS. (2015). '지속가능발전소',기업 비재무 분야 최초 로보 애널리스트 '후즈굿' 출시.
https://www.besuccess.com/startup/96707/whosgood/

▶ 미디어 SR. (2017). 당신은 어떻게 좋은 기업을 판별하는가? 지속가능발전소 윤덕찬 대표.
http://www.mediasr.co.kr/news/articleView.html?idxno=36758

▶ 후즈굿. (2020).
http://www.whosgood.org/

▶ BLOTER. (2015). 블록체인이란?.
http://www.bloter.net/archives/230157

▶ BLOTER. (2015). P2P 금융혁신.
http://www.bloter.net/archives/230365

▶ ZDNet Korea. (2016). 모인, 해외송금 수수료 최대 80%까지 낮춰.
https://m.zdnet.co.kr/news_view.asp?article_id=20161006164708

▶ Block media. (2019). 서일석 모인(MOIN) 대표.
  https://www.blockmedia.co.kr/archives/85715

▶ 모인(moin). (2020).
  https://www.themoin.com/

▶ 매일경제. (2019). AI와 하나된 금융...핀테크가 세상을 바꾼다 .
  https://www.mk.co.kr/news/special-edition/view/2019/08/665650/

▶ QRAFT. (2019).
  https://www.qraftec.com/

▶ IT Chosun. (2019). 임팩트 핀테크 속속 등장..."기술로 사회 문제 해결".
  http://it.chosun.com/site/data/html_dir/2019/06/14/2019061402324.html

▶ 알바워치 페이워치. (2020).
  http://albawatch.net/14

▶ Financial Conduct Autority. (2017). TechSprins.
  https://www.fca.org.uk/firms/innovation/regtech/techsprints

▶ 변혜원. (2019). 레그테크(RegTech) 현황과 전망. kiri 보험연구원. 28-31.

5장

▶ MidasHRi. (2019). AI for recruiting.
  https://www.midashri.com/intro/process/ai-interview/p6game

▶ 중앙일보. (2019). 피도 눈물도 없는 AI면접.
  https://www.midashri.com/intro/process/ai-interview/p6game

▶ Juliet Childers. (2018). Career Site "Gloat" Seeks to Use AI as Tinder for Recruitment
  https://edgy.app/career-site-gloat-seeks-to-use-ai-as-tinder-for-recruitment

▶ Ben Reuveni. (2019). Why Companies Need to Look within
  https://www.hrtechnologist.com/articles/recruitment-onboarding/why-companies-need-to-look-within/

▶ Kyle Wiggers. (2019). A Gloat raises $25 million to provide employees with professional development.
  https://venturebeat.com/2019/12/17/gloat-raises-25-million-to-provide-

employees-with-professional-development/

▶ Sudipto Ghosh. (2019). TecHR Interview with Ben Reuveni, Co-Founder at Gloat.
https://www.techrseries.com/interviews/techr-interview-with-ben-reuveni-co-founder-at-gloat/

▶ MIT News Office. (2019). Artificial intelligence could help data centers run far more efficiently.
http://news.mit.edu/2019/decima-data-processing-0821

▶ Hongzi Mao, Malte Schwarzkopf, Shaileshh Bojja Venkatakrishnan, Zili Meng, Mohammad Alizadeh. (2019). Learning Scheduling Algorithms for Data Processing Clusters.
https://web.mit.edu/decima/content/sigcomm-2019.pdf

6장

▶ Matt McFarland. (2018). I spent 53 minutes in Amazon Go and saw the future of retail.
https://edition.cnn.com/2018/10/03/tech/amazon-go/index.html

▶ Nick Wingfield. (2016). Amazon Moves to Cut Checkout Line, Promoting a Grab-and-Go Experience.
https://www.nytimes.com/2016/12/05/technology/amazon-moves-to-cut-checkout-line-promoting-a-grab-and-go-experience.html

▶ Matt Burgess. (2018). The technology behind Amazon's surveillance-heavy Go store.
https://www.wired.co.uk/article/amazon-go-seattle-uk-store-how-does-work

▶ Hayley Peterson. (2019). Amazon demands selfies from delivery drivers to combat fraud.
https://www.businessinsider.com/amazon-demands-selfies-from-delivery-drivers-2019-4

▶ Shannon Liao. (2019). Amazon is now making its delivery drivers take selfies
https://www.theverge.com/2019/4/19/18507789/amazon-delivery-drivers-selfies-facial-recognition-fraud-protection-flex-app

▶ Hayley Peterson. (2019). Amazon demands selfies from delivery drivers to combat fraud

https://www.businessinsider.com/amazon-demands-selfies-from-delivery-drivers-2019-4

▶ Bryan Menegus. (2019). Amazon Will Force Its Flex Delivery Drivers to Snap Selfies for Face-Recognition Authentication

https://gizmodo.com/amazon-will-force-its-flex-delivery-drivers-to-snap-sel-1834178502

▶ Matt Smith. (2019). Walmart's New Intelligent Retail Lab Shows a Glimpse into the Future of Retail, IRL.

https://corporate.walmart.com/newsroom/2019/04/25/walmarts-new-intelligent-retail-lab-shows-a-glimpse-into-the-future-of-retail-irl

▶ Walter Loeb. (2019). Walmart Unveils A New Retail Lab Store That Uses AI .

https://www.forbes.com/sites/walterloeb/2019/04/29/walmart-unveils-a-new-lab-store-for-the-future/#c8a9d4504f85

▶ Research Briefs. (2017). Walmart's IoT Patent Application Takes Aim At Amazon Dash

https://www.cbinsights.com/research/walmart-iot-patent/

7장

▶ livemint. (2019). This company uses machine learning to tell cows apart from each other.

https://www.livemint.com/technology/tech-news/this-company-uses-machine-learning-to-tell-cows-apart-from-each-other-1568386227724.html

▶ FJ Ordóñez, & D Roggen. (2016). Deep convolutional and lstm recurrent neural networks for multimodal wearable activity recognition. Sensors. 16. 115.

▶ Xin Hua Jia. (2017). Image recognition method based on deep learning. Chinese Control and Decision Conference. 29.

▶ 보눔. (2019). 지켜줄개.

http://bonumpet.co.kr/

▶ 사이언스타임즈. (2018). 사람이어 동물도 얼굴 인식…중국서 돼지 맞춤형 사육.

https://www.sciencetimes.co.kr/?p=184455&cat=36&post_type=news&paged=1

▶ Cassandra Handan-Nader, & Daniel E.Ho. (2019). Deep learning to map concentrated animal feeding operations. *Nature Sustainability. 2.* 298-306.

▶ New Atlas. (2019). *Machine learning helps robot harvest lettuce for the first time.* https://newatlas.com/robot-harvest-lettuce-vegetable-machine-learning-agriculture/60465/

▶ Eastern Peak. (2018). *IoT in Agriculture: 5 Technology Use Cases for Smart Farming (and 4 Challenges to Consider).* https://easternpeak.com/blog/iot-in-agriculture-5-technology-use-cases-for-smart-farming-and-4-challenges-to-consider/

▶ Eastern Peak. (2019). *3 Edge Computing Use Cases for Smart Farming.* https://easternpeak.com/blog/3-edge-computing-use-cases-for-smart-farming/

▶ Yun Chao Hu, Milan Patel, Dario Sabella, Nurit Sprecher, & Valerie Young. (2015). Mobile Edge Computing A key technology towards 5G. *ETSI White Paper.* 11.

8장

▶ Elexonic. (2019). This Startup Is Selling "Little Black Dresses" Designed by AI https://elexonic.com/2019/06/05/this-startup-is-selling-little-black-dresses-designed-by-ai/

▶ Rob Dozier. (2019). This Clothing Line Was Designed By AI https://www.vice.com/en_us/article/vb9pgm/this-clothing-line-was-designed-by-ai

▶ How to generate (almost) anything. (2018). Episode 3: Human-AI Collaborated Fashion https://howtogeneratealmostanything.com/fashion/2018/09/01/episode3.html

▶ Glitch homepage https://glitch-ai.com

▶ Rich Haridy. (2019). Booksby.ai is a bookshop entirely created by artificial intelligence https://newatlas.com/computers/booksbyai-artificial-intelligence-creative-writing-machine-learning-art/

▶ Booksby.ai homepage

https://booksby.ai

▸ Sara Castellanos. (2019). Visa to Test Advanced AI to Prevent Fraud
https://www.wsj.com/articles/visa-to-test-advanced-ai-to-prevent-fraud-1565205158

▸ Visa. (2019). Visa Prevents Approximately $25 Billion in Fraud Using Artificial Intelligence
https://usa.visa.com/about-visa/newsroom/press-releases.releaseId.16421.html
https://www.youtube.com/watch?v=96k0sncyoXA

▸ Amira khalid. (2019). Amazon's StyleSnap puts fashion from photos in your shopping cart
https://www.engadget.com/2019/06/05/amazons-stylesnap-puts-fashion-from-photos-in-your-shopping-car/
https://blog.aboutamazon.com/shopping/stylesnap-will-change-the-way-you-shop-forever

▸ James Vincent. (2019). Amazon launches AI-powered 'Shazam for clothes' fashion search
https://www.theverge.com/2019/6/5/18653967/amazon-fashion-ai-stylesnap-mobile-app-clothes-search
https://amazon-affiliate.eu/en/introducing-stylesnap/

▸ Meghan McDowell. (2019). Facebook experiments with AI-powered styling program
https://www.voguebusiness.com/technology/facebook-ai-fashion-styling

▸ Fashion++ 공식 홈페이지
http://vision.cs.utexas.edu/projects/FashionPlus/

▸ Fashion ++ 에 사용된 코드를 확인할 수 있는 깃허브
https://github.com/facebookresearch/FashionPlus

▸ Khari Johnson. (2017). Pinterest launches Lens Your Look fashion search feature and visual scan codes
https://venturebeat.com/2017/11/14/pinterest-launches-new-visual-search-feature-and-scan-codes/

▸ Tereza Litsa. (2018). Pinterest Lens one year on: Where is Pinterest's visual search tool now?
https://www.searchenginewatch.com/2018/02/15/pinterest-lens-one-year-on-

where-is-pinterests-visual-search-tool-now/
https://help.pinterest.com/ko/article/pinterest-lens

▶ Saeb, S., Zhang, M., Karr, C. J., Schueller, S. M., Corden, M. E., Kording, K. P., & Mohr, D. C. (2015). Mobile phone sensor correlates of depressive symptom severity in daily-life behavior: an exploratory study. Journal of medical Internet research, 17(7), e175.

▶ Dagum, P. (2018). Digital biomarkers of cognitive function. npj Digital Medicine, 1(1), 10.

▶ 최윤섭. HealthcareInnovation
http://www.yoonsupchoi.com/

▶ 신다은.(2020). 빅데이터·플랫폼 쥔 샤오미, AI·IoT 일상을 장악하다
http://www.hani.co.kr/arti/economy/it/923413.html

▶ 전혜리. (2016). 디지털콘텐츠기업 성장지원센터.
https://smartcontentcenter.tistory.com/63

▶ NK경제
http://www.nkeconomy.com

▶ 소울의 IT 길잡이
https://itguidesoul.tistory.com/35

▶ 중앙일보. 빅데이터의 배신

▶ 컴퓨터, 독서, 학습, 그리고 사람.
https://blog.acronym.co.kr/416

▶ 이주연, 이중화, & 박유현. (2016). 구글 검색엔진을 활용한 키워드 검색결과 수 관리시스템 설계 및 구현. 한국정보통신학회논문지 (J. Korea Inst. Inf. Commun. Eng.)Vol, 20(5), 880-886.

▶ 권치명, 황성원, & 정재운. (2014). 인터넷 검색어를 활용한 계절적 유행성 독감 발생 감지. 한국시뮬레이션학회논문지, 23(4), 31-39.

▶ GMP news . BASF will develop new catalyst technologies with Citrine Informatics. BASF

▶ Chemical Processing Staff. AI Collaboration Could Accelerate Catalyst Development. Chemical Processing

▶ Cesar F. Garcia.BASF and Citrine Informatics collaborate to use artificial intelligence to develop new catalyst technology. BASF

▶ Philip Ball .Using artificial intelligence to accelerate materials development. cambridge.org

▶ Ross Neitz, University of Alberta. (2019). Researchers creating AI-powered chatbot to help families living with neurodevelopmental disabilities. https://techxplore.com/news/2019-08-ai-powered-chatbot-families-neurodevelopmental-disabilities.html

▶ Gereports.kr. (2019). 폐 질환을 빠르게 발견하는 환상의 짝꿍 - 의사 +AI. https://www.gereports.kr/ai_helping_doctors_spot_life/

▶ Brestel, C., Shadmi, R., Tamir, I., Cohen-Sfaty, M., & Elnekave, E. (2018). RadBot-CXR : 딥 러닝을 이용한 흉부 X- 선에서의 4 가지 임상 적 발견 범주 분류. https://pdfs.semanticscholar.org/fd75/79976b2d7477712850aad9 9d81ed44627421.pdf?_ga=2.53070444.596570035.1581353604-1409050876.1581353604

▶ Jonathan Laserson. (2018). TextRay: Mining Clinical Reports to Gain a Broad Understanding of Chest X-rays https://arxiv.org/abs/1806.02121

▶ lgchallenger. (2017). Artificial intelligence introduction for improvement of Korea mental health service. http://www.lgchallengers.com/wp-content/uploads/global/global_pdf/2017_S0917

▶ Kyle wiggers. (2019). AI estimates depression severity from sight and sound. https://venturebeat.com/2019/04/17/ai-predicts-depression-severity-from-sight-and-sound/

▶ Putha, P., Tadepalli, M., Reddy, B., Raj, T., Chiramal, J. A., Govil, S., ... & Rao, P. (2018). Can Artificial Intelligence Reliably Report Chest X-Rays?: Radiologis t Validation of an Algorithm trained on 2.3 Million X-Rays. *arXiv preprint arXiv:1807.07455*. https://arxiv.org/abs/1807.07455

▶ qure.ai. (2019). Artificial intelligence algorithms for medical imaging, Automated Chest X-ray Interpretation - qXR v2.0
http://qure.ai/qxr.html

▶ Descript. (2019). Lyrebird AI. Using artificial intelligence to enable creative expression.
https://www.descript.com/lyrebird-ai?source=lyrebird

▶ Moses, D.A., Leonard, M.K., Makin, J.G. et al. (2019). Real-time decoding of question-and-answer speech dialogue using human cortical activity. *Nat Commun* 10, 3096
https://doi.org/10.1038/s41467-019-10994-4

10장

▶ Mengting Wan, Rishabh Misra, Ndapa Nakashole, Julian McAuley. (2019). Fine-Grained Spoiler Detection from Large-Scale Review Corpora. University of California, San Diego, Amazon.com, Inc. Retrieved from
https://arxiv.org/pdf/1905.13416.pdf

▶ Hate spoilers? This AI tool spots them for you. (2019). Retrieved 6 February 2020, from
https://jacobsschool.ucsd.edu/news/news_releases/release.sfe?id=2830

▶ SE - Mathematicians work out how to predict success in show business - Queen Mary University of London. (2019). Retrieved 7 February 2020, from
https://www.qmul.ac.uk/media/news/2019/se/mathematicians-work-out-how-to-predict-success-in-show-business.html

▶ A Song of Ice and Data. (2019). Retrieved 7 February 2020, from
https://got.show/characters?match=&page=2&sort=pageRank&order=-1&book=false&show=true

▶ A Song of Ice & Fire (and Data): Team Reveals Patterns in "Game of Thrones" Deaths. (2019). Retrieved 7 February 2020, from
https://www.davidson.edu/news/2019/01/10/song-ice-fire-and-data-team-reveals-patterns-game-thrones-deaths

▶ Better Language Models and Their Implications. (2019). Retrieved 8 February 2020, from https://openai.com/blog/better-language-models/

▶ OpenAI Just Launched A Smarter Version Of Its Fake News-Writing AI. (2019). Retrieved 8 February 2020, from

https://in.mashable.com/tech/6037/openai-just-launched-a-smarter-version-of-its-fake-news-writing-ai

▶ Speedgate - AKQA. (2019). Retrieved 6 February 2020, from

https://www.akqa.com/work/speedgate/

▶ They asked artificial intelligence to create a game. One of its first ideas involved exploding Frisbees. (2019). Retrieved 6 February 2020, from

https://www.washingtonpost.com/technology/2019/04/23/they-asked-artificial-intelligence-create-new-game-one-if-its-first-ideas-involved-an-exploding-frisbee/?noredirect=on

▶ YouTube. (2020). Living Archive: A tool for choreography powered by AI. [online] Available at: https://youtu.be/qshkvUOc35A [Accessed 30 Jan. 2020].

▶ Los Angeles Times. (2020). Can artificial intelligence become a choreographer? Wayne McGregor brings AI to L.A.. [online] Available at: https://www.latimes.com/entertainment/arts/la-et-cm-wayne-mcgregor-artificial-intelligence-premiere-20190710-story.html [Accessed 30 Jan. 2020].

▶ From The Future World. (2019). Retrieved 7 February 2020, from https://www.fromthefutureworld.cz/en

▶ Z budoucího světa: PKF zahraje Dvořákovu skladbu složenou umělou inteligencí. (2019). (2019). Retrieved 7 February 2020, from

https://www.casopisharmonie.cz/aktuality/z-budouciho-sveta-pkf- zahraje-dvorakovu-skladbu-slozenou-umelou-inteligenci.html

▶ Umělá inteligence dokončila Dvořákovo dílo. Poslechněte si premiéru skladby Z budoucího světa. (2019). Retrieved 7 February 2020, from

https://vltava.rozhlas.cz/umela-inteligence-dokoncila-dvorakovo-dilo-poslechnete-si-premieru-skladby-z-8107414

▶ Robot, A. (2019). Ai-Da Robot Artist. Retrieved 7 February 2020, from

https://www.ai-darobot.com/jointhemovement

▶ Meet Ai-Da: World's first humanoid robot that is able to draw people from life prepares for its first art exhibition. (2019). Rory tingle. Retrieved 7 February

2020, from
https://www.dailymail.co.uk/news/article-7098025/Meet-Ai-Da-worlds-humanoid-robot.html

▶ This website uses AI to turn your selfies into haunted classical portraits. (2019). Retrieved 10 February 2020, from
https://www.theverge.com/tldr/2019/7/22/20703810/ai-classical-portrait-apps-selfie-web-transformation?fbclid=IwAR17GMs4mM8iouT3oJekQLPh2bJcNpJb xjQ9wsTK9aBAhZl7aV_qzANnG3s

▶ This AI Can Transform Your Photos Into A Renaissance Masterpiece – Z6 Mag. (2019). Retrieved 10 February 2020, from
https://z6mag.com/2019/07/22/this-ai-can-transform-your-photos-into-a-renaissance-masterpiece/

▶ Salvador Dalí Museum. (2020). Dalí Lives: Museum Brings Artist Back to Life with AI - Salvador Dalí Museum. [online] Available at:
https://thedali.org/press-room/dali-lives-museum-brings-artists-back-to-life-with-ai/ [Accessed 30 Jan. 2020].

▶ 미디어 통합의 심층 발전 (2020). Retrieved 2 February 2020, from
http://media.people.com.cn/n1/2019/0220/c14677-30806688.html

▶ Loeffler, J., Young, C., English, T., Papadopoulos, L., & Papadopoulos, L. (2020). Meet The World's First Female AI News anchor, Xin Xiaopeng. Retrieved 2 February 2020, from
https://interestingengineering.com/meet-the-worlds-first-female-ai-news-anchor

▶ This AI magically removes moving objects from videos. (2019). Retrieved 10 February 2020, from
https://thenextweb.com/apps/2019/07/17/ai-removes-moving-objects-video/

▶ Wang, Q. (2019). Fast Online Object Tracking and Segmentation: A Unifying Approach. Retrieved 10 February 2020, from
http://www.robots.ox.ac.uk/~qwang/SiamMask/

▶ Page, V. (2019). VINet Project Page. Retrieved 10 February 2020, from
https://sites.google.com/view/deepvinet/

▶ nbei/Deep-Flow-Guided-Video-Inpainting. (2019). Retrieved 10 February 2020, from
https://github.com/nbei/Deep-Flow-Guided-Video-Inpainting

▶ Deep Flow-Guided Video Inpainting. (2019). Retrieved 10 February 2020, from
https://nbei.github.io/video-inpainting.html

14장

▶ Ian J. Goodfellow, Jean Pouget-Abadie, Mehdi Mirza, Bing Xu, David Warde-Farley,

▶ Sherjil Ozairy, Aaron Courville, Yoshua Bengioz. (2014). Generative Adversarial Nets

▶ Ian. D´epartement d"informatique et de recherche op´erationnelle. Universit´e de Montr´eal. Montr´eal. Retrieved from
https://arxiv.org/pdf/1406.2661.pdf

▶ What is a Generative Adversarial Network? (2018). Retrieved 8 February 2020, from
https://towardsdatascience.com/what-is-a-generative-adversarial-network-76898dd7ea65

▶ GANs from Zero to Hero: Best Resources for Newcomers. (2019). Retrieved 8 February 2020, from
https://towardsdatascience.com/gans-from-zero-to-hero-best-resources-for-newcomers-a7c7cf1024b5

▶ Jun-Yan Zhu, Taesung Park, Phillip Isola, Alexei A. Efros. (2018). Unpaired Image-to-Image Translation using Cycle-Consistent Adversarial Networks. Berkeley AI Research (BAIR) laboratory, UC Berkeley. Retrieved from
https://arxiv.org/pdf/1703.10593.pdf

▶ Finding connections among images using CycleGAN. (2017). Retrieved 6 February 2020, from
https://youtu.be/Fkqf3dS9Cqw

▶ Image-to-Image Translation using CycleGAN Model. (2019). Retrieved 6 February 2020, from
https://towardsdatascience.com/image-to-image-translation-using-cyclegan-model-d58cfff04755

▶ CycleGANs to Create Computer-Generated Art. (2019). Retrieved 6 February 2020, from https://towardsdatascience.com/cyclegans-to-create-computer-generated-art-161082601709

▶ CycleGANS and Pix2Pix. (2017). Retrieved 6 February 2020, from
https://towardsdatascience.com/cyclegans-and-pix2pix-5e6a5f0159c4

▶ Taeksoo Kim, Moonsu Cha, Hyunsoo Kim, Jung Kwon Lee, Jiwon Kim. (2017). Learning to Discover Cross-Domain Relations with Generative Adversarial Networks. Retrieved from
https://arxiv.org/pdf/1703.05192.pdf

▶ DiscoGan (Learning to Discover Cross-Domain Relations with Generative Adversarial Network). (2017). Retrieved 9 February 2020, from
https://dogfoottech.tistory.com/170

▶ DiscoGAN 논문 이해하기. (2017). Retrieved 9 February 2020, from
https://github.com/YBIGTA/Deep_learning/blob/master/GAN/2017-09-09-DiscoGAN-paper-reading.markdown

▶ Yunjey Choi, Minje Choi, Munyoung Kim, Jung-Woo Ha, Sunghun Kim, Jaegul Choo. (2018). StarGAN: Unified Generative Adversarial Networks for Multi-Domain Image-to-Image Translation. Korea University, Clova AI Research, NAVER Corp., The College of New Jersey, Hong Kong University of Science & Technology. Retrieved from
https://arxiv.org/pdf/1711.09020.pdf

▶ Dye Your Hair-Or Look Older-Using AI. (2019). Retrieved 10 February 2020, from
https://towardsdatascience.com/dye-your-hair-or-look-older-using-ai-930bc6928422

▶ StarGAN : Unified Generative Adversarial Networks for Multi-Domain Image-to-Image Translation. (2019). Retrieved 10 February 2020, from
https://hichoe95.tistory.com/39

▶ 페이퍼 데이 2018 - GAN - 카카오브레인. (2018). Retrieved 10 February 2020, from
https://www.kakaobrain.com/blog/30

▶ 이순규, 최수빈, & 김희웅. (2018). 이러닝 만족도 증진 방안 연구: 정보시스템 성공모델과 텍스트마이닝의 혼합방법론. 한국경영정보학회 학술대회, 308-316.

▶ 이홍제, 김종윤, 오법영, & 한경석. (2018). 정보시스템 지속적 이용과 성과에 미치는 요인에 대한 연구-UTAUT 와 IS 성공모델을 중심으로. 정보화연구 (구 정보기술아키텍처연구), 15(1), 17-30.

▶ DeLone, W. H., & McLean, E. R. (1992). Information systems success: The quest for the dependent variable. Information systems research, 3(1), 60-95.

▶ DeLone, W. H. (1988). Determinants of success for computer usage in small business. Mis Quarterly, 51-61.

▶ Mardiana, S., Tjakraatmadja, J. H., & Aprianingsih, A. (2015). DeLone-McLean information system success model revisited: The separation of intention to use-use and the integration of technology acceptance models. International Journal of Economics and Financial Issues, 5(1S), 172-182.

▶ 김은희. (2007). 소비자의 재활용 태도 및 행동의 이해.

▶ 이재신, & 김한나. (2008). 고등학생과 대학생들의 동영상 UCC 제작의도에 영향을 주는 요인에 관한 연구. 한국언론학보, 52(5), 399-419.

▶ Ajzen, I. (1985). From intentions to actions: A theory of planned behavior. In Action control (pp. 11-39). Springer, Berlin, Heidelberg.

▶ Wiki. (연도미상). Theory of reasoned action.
https://is.theorizeit.org/wiki/Theory_of_reasoned_action

▶ 김명소, & 한영석. (2001). 합리적 행위이론과 계획된 행동이론에 의한 온라인 구매행동 이해. 한국심리학회지: 사회 및 성격, 15(3), 17-32.

▶ 김은희. (2007). 소비자의 재활용 태도 및 행동의 이해.

▶ 권미영. (2014). 계획행동이론 (TPB) 을 적용한 호텔 한식당 이용고객의 소비행동에 관한 연구. 지역산업연구, 37(1), 83-101.

▶ Fishbein, M., & Ajzen, I. (1977). Belief, attitude, intention, and behavior: An introduction to theory and research.

▶ Ajzen, I. (1991). The theory of planned behavior. Organizational behavior and human decision processes, 50(2), 179-211.

▶ 유재현, & 박철. (2010). 기술수용모델 (Technology Acceptance Model) 연구에 대한 종합적 고찰. Entrue Journal of Information Technology, 9(2), 31-50.

▶ Davis, F. D. (1989). Perceived usefulness, perceived ease of use, and user acceptance of information technology. MIS quarterly, 319-340.

▶ Venkatesh, V., & Davis, F. D. (2000). A theoretical extension of the technology acceptance model: Four longitudinal field studies. Management science, 46(2), 186-204.

▶ Venkatesh, V., & Bala, H. (2008). Technology acceptance model 3 and a research agenda on interventions. Decision sciences, 39(2), 273-315.

▶ 김영채. (2011). 모바일 특성과 IT 특성, 그리고 관여가 스마트폰 애플리케이션 만족에 미치는 영향에 관한 연구: 패션 애플리케이션 중심으로. e-비즈니스연구, 12(2), 49-77.

▶ 민수진, 김헌진, & 송근혜. (2017). 통합기술수용이론(UTAUT) 을 이용한 챗봇(chatbot) 의 수용 결정요인에 대한 탐색적 연구. 한국기술혁신학회 학술대회, 623-643.

▶ 양승호, 황윤성, & 박재기. (2016). 통합기술수용이론 (UTAUT) 에 의한 핀테크 결제서비스 사용의도에 관한 연구. 경영경제연구, 38(1), 183-209.

▶ Gwon, O. J., Oh, J. I., Seo, H. S., Choi, H. S., Im, G. H., & Yang, H. J. (2008). 기술수용모형과 기술 사용자수용의 통합이론을 이용한 공공부문 BSC 시스템 수용에 관한 연구. 한국경영정보학회: 학술대회논문집, 680-688.

▶ Venkatesh, V., Morris, M. G., Davis, G. B., & Davis, F. D. (2003). User acceptance of information technology: Toward a unified view. MIS quarterly, 425-478.

▶ 정승환. (2017). 사회교환이론과 사회적 자본을 통한 온라인 환경에서의 사회적 지식공유에 대한 논의: 게임이론과 행위자기반모형을 적용하여. 박사학위논문. 한양대학교.

▶ Homans, G. C. (1958). Social behavior as exchange. American journal of sociology, 63(6), 597-606.

▶ Emerson, R. M. (1976). Social exchange theory. Annual review of sociology, 2(1), 335-362.

▶ 김진성, & 김종기. (2017). 개인정보 제공에 대한 인터넷 사용자의 경제적 행동에 관한 연구: Privacy Calculus, CPM 이론을 중심으로. 정보시스템연구, 26(1), 93-123.

▶ Davis, F. D., Bagozzi, R. P., & Warshaw, P. R. (1989). User acceptance of computer technology: a comparison of two theoretical models. Management science, 35(8), 982-1003.

▶ Culnan, M. J., & Bies, R. J. (2003). Consumer privacy: Balancing economic and justice considerations. Journal of social issues, 59(2), 323-342.

▶ Smith, H. J., Dinev, T., & Xu, H. (2011). Information privacy research: an interdisciplinary review. MIS quarterly, 35(4), 989-1016.

▶ Krasnova, H., & Veltri, N. F. (2010, January). Privacy calculus on social networking sites: Explorative evidence from Germany and USA. In 2010 43rd Hawaii international conference on system sciences (pp. 1-10). IEEE.

▶ 김영걸, & 오승엽. (2000). 업무특성과 전자결재시스템 활용간의 관계에 대한 탐색적 연구: 매체 풍부성 이론 관점. 경영과학, 17(1), 31-40.

▶ 정인근, 윤종욱, & 서원옥. (1994). 우리나라에서의 집단의사결정의 특성에 관한 탐색적 연구. Asia Pacific Journal of Information Systems, 4(1), 74-114.

▶ Daft, R. L., & Lengel, R. H. (1983). Information richness. A new approach to managerial behavior and organization design (No. TR-ONR-DG-02). Texas A and M Univ College Station Coll of Business Administration.

▶ Daft, R. L., & Lengel, R. H. (1986). Organizational information requirements, media richness and structural design. Management science, 32(5), 554-571.

▶ Galbraith, J. R. (1974). Organization design: An information processing view. Interfaces, 4(3), 28-36.

▶ Markus, M. L. (1994). Electronic mail as the medium of managerial choice. Organization science, 5(4), 502-527.

▶ Orlikowski, W. J. (1992, December). Learning from notes: Organizational issues in groupware implementation. In Proceedings of the 1992 ACM conference on Computer-supported cooperative work (pp. 362-369).

▶ 심성욱, & 김운한. (2011). 대학생들의 소셜미디어 이용동기가 소셜미디어 광고 이용의향에 미치는 영향. 한국광고홍보학보, 13(2), 342-376.

▶ 전유희, & 구철모. (2017). 관광정보 획득을 위한 소셜 큐레이션 기반의 해시태그 활용에 대한 연구: 이용과 충족 이론 및 SNS 피로감을 적용하여. 서비스경영학회지, 18(5), 133-163.

▶ 김유정. (2013). 소셜네트워크서비스 이용에 대한 비교 연구: 싸이월드, 페이스북, 트위터 간의 이용동기와 만족 비교. 언론과학연구, 13(1), 5-32.

▶ Lin, C. A. (1996). Standpoint: Looking back: The contribution of Blumler and Katz's uses of mass communication to communication research.

▶ 장병희, & 이양환. (2010). 자원기준관점 (Resource-based View) 을 적용한 영국, 독일, 일본의 공영방송 지배구조 분석. 언론과학연구, 10(2), 502-543.

▶ 장익훈, 김지연, & 최영찬. (2013). 자원기반관점 (Resource-Based View) 의 농업경영체분석을 통한 전략적 시사점. 식품유통연구, 30(3), 1-27.

▶ Mata, F. J., Fuerst, W. L., & Barney, J. B. (1995). Information technology and sustained competitive advantage: A resource-based analysis. MIS quarterly, 487-505.

▶ Penrose, E., & Penrose, E. T. (2009). The Theory of the Growth of the Firm. Oxford university press.

▶ Hanson, D., Hitt, M. A., Ireland, R. D., & Hoskisson, R. E. (2016). Strategic management: Competitiveness and globalisation. Cengage AU.

16 장

▶ 강승만. 美 브루킹스硏, 인공지능 윤리적 딜레마 대책 논의…구글, MS, IBM, OpenAI 등 파트너십, 브루킹스硏, '국방AI' 극비 개발 "위협"…얼굴인식, 치안·프라이버시 "딜레마"인공지능 부작용, 편견·불투명성·무책임 등에 대처하는 6가지 방법 (2018). Scimonitors.

▶ KISTI. 대화형 인공지능 (conversational AI)의 윤리 이슈. KISTI 과학향기

▶ 이은광. 4차 산업혁명, AI 윤리 문제와 대응안. 데일리비즈온

국문 찾아보기
INDEX

AI in BUSINESS

영문 찾아보기
INDEX

저자약력
BIOGRAPHY

권 오 병 저자

- 서울대학교 경영대학 경영학사 (1988.2)
- 한국과학기술원 경영과학과 공학석사, 박사 (1995.2)
- 한동대학교 경영경제학부 부교수 (1996~2003)
- 미국 카네기멜론대학 방문과학자 (2002~2003)
- 경희대학교 경영대학 교수 (2004~현재)
- Asia Pacific Journal of Business Review 편집위원장
- 차세대정보기술연구센터 센터장
- 前 전국대학교기획처장협의회 회장

Ohbyung Kwon, PhD

- Professor, School of Management
  (http://kbiz.khu.ac.kr/board5/bbs/board.php?bo_table=02_02&wr_id=15)
- Director, Center for Advanced Information Technology
  (http://caitech.khu.ac.kr)
- PI, BK21+, Data Science Education
  (http://datascience.khu.ac.kr)
- PI, Social Science Korea, Artificial Intelligence and Human Behavior
- Kyung Hee University
  (http://www.khu.ac.kr/eng)
  Kyung Hee Dae Ro 26 Seoul 02447, Korea

AI 비즈니스

2020년	4월 10일 인쇄
2020년	4월 15일 발행

지은이	권오병
발행인	이낙용
발행처	도서출판 **범한**
등 록	1995년 10월 12일(제2-2056)
주 소	10579 경기도 고양시 덕양구 통일로 374 우남상가102호
전 화	(02) 2278-6195 팩스 (02) 2268-9167
메 일	bumhanp@hanmail.net
홈페이지	www.bumhanp.com

정가 25,000원 ISBN 979-11-5596-180-3 93320